本书获国家自然科学基金青年项目"新兴产业背景下创业行动学习的结构、影响因素及作用机制研究"资助（项目编号715020690）

创业行动学习的概念、测量与理论

—— 以新兴产业为研究背景

管理
MANAGEMENT

陈燕妮 著

The Concept, Measurement and Theory of
Entrepreneurial Action Learning in Emerging Industries

上海交通大学出版社
SHANGHAI JIAO TONG UNIVERSITY PRESS

内容提要

    本书以中国新兴产业创业情境为背景,提出创业行动学习新构思并通过多个研究构建了本土化的创业行动学习理论。中国的创业情境特征在发生变化:创业领域向新兴产业转移;经营模式往团队项目形式发展。聚焦于传统行业和个体学习行为的创业学习理论面临新挑战。为此,本书基于行动理论提出创业行动学习新构思,即创业者解决新兴产业创业情境中的创业难题并从该经历中获得学习的过程;基于亲验学习理论和行动学习理论,通过三个深度案例的研究提出创业行动学习的四要素模型,即体验搜集、交互反思、系统整合和行动验证;按照量表开发流程,开发了创业行动学习的测量量表,并采用多个实证研究来检验量表的信效度;从多种理论视角提出并实证检验了创业行动学习的影响因素模型和效能机制模型。

图书在版编目(C I P)数据

    创业行动学习的概念、测量与理论:以新兴产业为研究背景 /
陈燕妮著. —上海:上海交通大学出版社,2020
    ISBN 978 - 7 - 313 - 24040 - 8

    Ⅰ.①创… Ⅱ.①陈… Ⅲ.①新兴产业-产业发展-研究-中
国 Ⅳ.①F279.244.4

    中国版本图书馆 CIP 数据核字(2020)第 214369 号

创业行动学习的概念、测量与理论
    ——以新兴产业为研究背景
CHUANGYE XINGDONG XUEXI DE GAINIAN、CELIANG YU LILUN
—YI XINXING CHANYE WEI YANJIU BEIJING

著　　者:陈燕妮
出版发行:上海交通大学出版社　　　　　地　　址:上海市番禺路 951 号
邮政编码:200030　　　　　　　　　　　电　　话:021 - 64071208
印　　刷:上海天地海设计印刷有限公司　经　　销:全国新华书店
开　　本:710mm×1000mm　1/16　　　印　　张:15.75
字　　数:255 千字
版　　次:2020 年 11 月第 1 版　　　　　印　　次:2020 年 11 月第 1 次印刷
书　　号:ISBN 978 - 7 - 313 - 24040 - 8
定　　价:78.00 元

前　言

　　我从 2011 年开始研究创业者的行动学习行为,至今仍沉湎其中"不可自拔"。本书是我对过去十年研究做的阶段性总结,研究历程可分为两个阶段:在导师王重鸣教授指导下的博士学位论文的研究阶段(2001 年至 2014 年);工作后得到国家自然科学基金资助下的独立探索阶段(2015 年至 2020 年)。

　　本书的所有研究都受益于一个创业能力提升项目,即博士生导师与全球知名商学院的合作项目。项目共有五期(2009 年至 2013 年),每期为百位女性创业者提供能力提升训练。每期有五个模块(6 月开学,10 月结业),每个模块有四天学习时间。我从 2009 年 8 月进入师门时,就开始参与该项目的前期招生、过程管理和后期跟踪调研等工作,直至该项目结束。该项目让我能与大量女性创业者直接接触:管理所有材料;旁听并观察课堂的学习互动;担任行动学习小组的教练;指导商业计划书和创业故事写作;走访企业现场;从事后续跟踪调研。本硕计算机专业的训练使我形成了阶段性储存资料和写工作周记的习惯,这为本书的研究积累了丰富的一手素材,而它们也是本书中所有研究问题的来源。

　　"创业行动学习"是本书的核心构思,它的提出和内涵界定过程经历了多次波折。2011 年初定博士论文研究方向时,导师让我研究女性创业者的行动学习行为。当时,我已观察了两期学员的学习过程并跟踪调研了部分企业,发现很多热衷学习的创业者的创业进展并不明显,如何有效学习是她们面临的关键问题。所以,一开始我就把研究方向定在探索女性创业者有效的学习行为特征。在摸索半年后,我放弃了"女性"这一研究对象的限制,因为性别差异和行动学习的综合研究对我这个新手而言实在太难了,虽然有大量女性创业者这一便利样本,但类似条件的男性样本很难与之匹配。于是,我将研究精力转向"行动学习"领域的文献阅读和理论探索。2011年7月,我又将焦点转回"创业学习",因为我认为"行动学习"构思在应用于创业学习研究时,应该是借鉴其核心思想,而不能直接照搬作为研究构思。结合理论探索和现实考察,我提出了"创业行动学习"这一构思,聚焦创业者的有效学习行为,以区别于一般的创业学习行为。

2011年10月,我完成了第一个创业行动学习过程的单案例研究,但导师敏锐地指出我没有抓住行动学习的要点,特别是"团队性"这一特征。这一问题后来困扰了我8个月时间。为了让构思拥有"团队性"的内涵,我曾将其改成"创业团队行动学习导向",也曾将"创业行动学习"界定为创业团队的学习行为,甚至还完成了一篇创业团队行动学习的多案例研究论文。2012年6月,我汇报完这篇论文后,老师指出我偏离原意太多。经过深入探讨和调研材料反思,我才清醒过来,才真正理解"团队性"的要领,开始将创业行动学习界定为创业者个体层面的"基于问题"和"开放团队"的学习行为。这也正是本书理论背景中有"团队学习"这一模块,以及第七章的效能机制研究采用"网络资源能力"和"协进型领导"这两个中介变量产生的原因。2012年暑假,我完成了创业行动学习的四个案例研究,开发出创业行动学习的四要素模型。后来由于期刊发表篇幅所限,我只选了其中三个案例。

尽管创业行动学习构思的提出和内涵界定经历了一波三折的过程,然而积累的一手访谈材料和企业调研资料却是非常丰富的。导师给我定博士论文研究方向时,正值第三期学员的招生期间,这让我从招生阶段就开始有意识地收集材料,一方面是工作需要,另一方面是潜意识世界的呼唤。我保存每一份纸质材料;备份好所有电子材料;全程旁听每一堂课并记录课堂情况;课间访谈学员以收集学习反馈意见;整合各个创业指导老师的反馈;不断筛选最合适的案例研究对象。那一期项目进行到第三模块时(2011年8月),我已掌握大部分学员的真实情况,并已调研位于杭州的部分企业,从一百位学员中筛选出了十多位创业者作为案例研究对象。在之后两个模块的学习时间里,我除了继续观察这些学员外,还在课间访谈她们的同组学员以增加资料的丰富程度。第三期学员结业(2011年10月)之后,我又阶段性地去她们公司调研并访谈她们的创业团队成员。虽然这个项目的学员都是女性,但很大一部分是团队创业,并且不少是男性创业者作为主导者。于是当时,我也抓住机会访谈了不少男性创业者。所以,不论是聚焦于创业者个体还是创业团队的学习行为,我都有非常丰富的案例资料,能很快依据理论模型开发出对应的概念模型。

2012年8月开始,我进入本书研究最"黑暗"的测量题项的开发阶段。那三个月时间里,我感觉自己仿佛坠入黑暗深渊,看不到一点光,而且四周冰冷至极,连睡梦中都经常在研究题项该怎么编写。该题项我前后开发过三套版本,虽然每个版本都是基于相同的理论框架和案例资料编写的,但由于思路不同设计出来的句子也是不一样的。每个版本的开发过程,都是在较大时间压力下完成的,因为我要利用好第四期学员结业前这三个月时间。每个版本的题项都会经历四轮修订。量表开发出来后,我会先请同门们给我提供修改建议,然后我赶在下一模块上课前修改好。学员回来上课的那四天我过得紧张而充实:第一天我找几位学员来帮忙改进题项的语句表达,改到她们一看就能理解的程度;第二天,我在她们休息时间,再新找部分学员填写问卷,当天录入问卷并初步分析;第三天我访谈这些学员,了解个别题项没有变异度或均值偏高/低的原因;第四天中午前,我会再修订出一版,然后让关系要好的学员拿回去给其他创业朋友填写。所有问卷在一周之内回收。之后我分析数据,反思量表,然后回到理论中寻找方向,再回到访谈资料中修订,尔后再进入下一个月的循环。直到2012年11月,我的量表题项才达到让人满意的结果:契合我的构思内涵;得到同门的肯定;学员们很容易理解并且认为很贴合创业者的行为;预测的分析效果较好。

博士论文的初稿到定稿(本书前七章)花费了8个月时间,过程中大改六稿。2013年2月底,我将初稿打印出来提交给导师,当时他刚好要出差,就将论文一起带走了。过几天,老师一回来,就约我谈论文的修改。那本齐整的论文,再次出现在我面前时已经是"旧书"了,随处可见各种折痕与笔迹。老师把问题比较大的页面折起来;思路不对的页面,他写了大段的评语;句子和段落逻辑没写好的地方,包括个别错别字,也都被圈出来了。老师不仅指出我论文的问题,也指出了我的思维逻辑漏洞。我逐一修订,并在4月份又提交一版。当时我以为改得挺好了,没想到再返回时老师又反馈了许多问题。于是我放弃暑假前送审论文的奢望,静下心来按照老师的意见慢慢改,一直改到了10月份才送审。工作后我特别怀念这段时间,感谢老师不厌烦我这个蹩脚的学生,耐心助我将长篇幅的学位论文一遍又一遍地打磨出来。那是我读博期间研究能力提升最显著的时间,其间老师的研究造诣至今令我钦佩不已。

　　导师对我博士论文的指导，是促成我后来得到国家自然科学课题资助的直接原因，也间接促成本书的产生。在修改博士论文时，老师要求我将行动调节理论作为论文的基础理论。当时我虽然把该理论放进理论背景模块，但其实是理解不深的。之后，导师指导我的预答辩时指出：创业行动学习新构思提出的依据，是需要考虑创业产业情境转移这一独特情境的。这一观点如醍醐灌顶，使我意识到博士论文写作过程中采用的大部分样本，或是直接来源于新兴产业，或是处于跟新兴产业情境特征相似的情境。所以，后来我的文章发表或课题申请，都将其与新兴产业创业情境进行了关联。2013 年年底答辩完后，我在杭州继续从事半年研究工作：重新研究行动理论（因为我坚信老师的理论判断）；修改论文投稿期刊；继续跟踪调研女性学员企业；在杭州到处寻找新兴产业中的新创企业来调研；继续跟进行动调节理论的学术前沿动态。这些不仅为我 2015 年国家自然科学基金项目的成功申请奠定学术基础，也为本书中的两个拓展研究奠定了数据基础。

　　本书量表开发部分的论文投稿过程经历了一波三折，这也推动着我继续研究创业行动学习。2016 年，量表开发的部分修改成论文后投稿到国内一个知名期刊。经过我一年多时间的多次修订，投稿系统终于显示"本书被录用并于 10 月刊出"。然而，系统中的这一状态只持续了三天，之后它告知我该文需要"增强理论分析"。我提交修改稿后没几天，该刊就让我转投他刊。这事至今仍给我非常大的冲击。该论文后来的"投稿之路"也是不顺。痛定思痛，我决定放弃该篇论文的投稿，开始正视自己理论积累方面的不足，回到文献和理论的学习中。2017 年 6 月至 2018 年底，我把国际顶级期刊上与创业学习和行动理论有关的重要论文都精心研读，在这一过程中，我又产生了很多新的研究想法，其中有两个在我 2014 年调研的数据中得到验证，形成论文并发表。然而，量表开发的论文在发表路上一直不顺利，我对自己量表的信心转而消沉。因此，后来在设计验证新研究想法的调研问卷时，我采用刻意练习量表作为创业学习的替代量表。但我又不甘心，又把自己精心开发的量表也一起放进去。2019 年上半年，我调研了 200 多家企业。2020 年上半年，我又对这些企业进行了第二轮调研。在分析这一批不限行业的调研数据时，我发现创业行动学习测量结构的拟合指数仍然"非常漂亮"，并且比刻意练习产生了更好的预测效度。这让我又重拾信心，也让我在撰写这本书时有了更多底气。

　　以上是我在开展本书所涉及研究过程中经历的一些难忘事。由于时间距离产生的知觉差异,有些细节可能被忽略了。本书只是我进入管理学大门后完成的第一部著作,其最大的特色是扎根创业实践,而在理论深度方面还有待日后修订时进一步改进。毕竟我是2009年博士入学才开始进入管理学领域学习的,深知自己在管理学科理论上的积累还不够,在研究方法的运用上亦欠缺深度思考。因此,本书中必然存在一些不足之处,恳请方家读者们指教! 诚然,我也已正视这些不足,在努力改进中。期待未来能有让自己更满意的作品面世。

　　时值2020这一特殊年份,致敬参与抗击新冠肺炎疫情的所有英雄们! 致敬北斗卫星系统的所有研发者们!

陈燕妮

2020 年 9 月

目 录

第1章　研究问题的提出

1.1　新兴产业背景下创业学习研究遇到新的挑战

鼓励新兴产业中创业对我国制造经济新增长点、优化经济结构和缓解就业压力具有重要意义。新兴产业中,资源稀缺、存在新进缺陷(liabilities of newness)的新创企业面临更多的生存与发展挑战:一方面,新产业不成熟市场的低行业参照和高竞争性特征,要求新创企业具备更优秀的资源获取能力;另一方面,新技术产业化所具有的高技术壁垒和高风险特征给企业的问题解决能力提出更高要求。

新创企业规模较小,企业发展主要依赖于创业者的创业能力(Brettel & Rottenberger,2013;Lans et al.,2008),这种能力是随企业的发展而不断学习提升的(Cope,2005;Man,2007)。创业学习是创业者应对中国独特创业情境所带来挑战的重要举措,是创业成功的关键(蔡莉和单标安,2013)。创业学习是当前创业管理领域与组织行为领域的研究前沿与热点。实证研究新兴产业创业背景下创业者如何通过学习来提升创业能力进而促进企业发展的问题不仅具有重要的理论价值,也有助于指导我国新兴产业创业实践,对促进我国经济转型具有重要实践意义。

在新兴产业创业背景下,以往聚焦于传统行业和个体学习行为的创业学习理论遇到新挑战:新兴产业的低经验性和低参照性使创业者面临更大的不确定性和挑战性,创业者的学习行为受情境特征影响更大;团队项目模式使创业者更需要依靠他人力量来实现创业成功。在这种背景下,既有的创业学习研究遇到如下研究挑战。

1.1.1 缺乏能整合不同视角、被广泛认同的创业学习概念框架

新兴产业背景下,创业学习理论需要新的突破,创业学习的概念模型需要改变。然而,当前创业学习研究还处在概念内涵的探索阶段,缺乏能集成不同研究视角、能被广泛认同的概念框架(Minniti & Bygrave,2001;Santarelli & Tran,2012)。发展创业学习概念体系不仅是创业学习理论自身发展的迫切需要,也是发展中国本土化创业学习实证研究的必经之路(Wang & Chugh,2014;朱秀梅等,2013)。而采用何种视角、如何整合不同研究是当前研究的最大挑战。创业学习仍然只是不可识别的抽象构思。创业学习研究需要进一步对其进行概念具体化,即开发测量指标和测量方法,以对其进行直观的、量化的操作并进而进行理论构建。

1.1.2 需要从多方面来考察影响创业学习的因素

以往研究在创业学习的影响因素探索上取得一定研究成果,然而这些研究过于局限于创业学习的局部特征展开讨论,且在方法上或基于理论探讨,或基于有限样本的定性研究,缺乏具有普遍意义的实证研究结论。创业学习的影响因素研究需要紧密围绕创业者所在环境的情境特征、任务特征和个体差异等多方面因素来展开大范围调研,通过科学的实证方法来获得具有普遍意义的影响因素模型,进而建构适应于特定情境特征的创业学习理论模型。

1.1.3 创业学习对企业绩效影响的实证研究匮乏

创业者的创业学习行为对企业发展具有的重要影响已在研究上得到广泛支持,但由于缺乏可实证检验的创业学习测量结构,这些研究或对创业学习采用间接测量方式,或笼统地使用组织学习来替代创业学习(Brettel & Rottenberger,2013),或采用有限样本的定性研究方法(Karata C S O Zkan,2011),创业者的学习行为如何对组织层次的创业绩效产生影响的实证研究匮乏。

1.2　有效创业学习行为是企业生存与发展的关键

新创企业规模较小,企业的生存与发展较多依赖于创业者的创业能力。虽然许多研究表明创业者的人格特质、创业技巧和创业知识等是影响新创企业绩效的最主要因素,是创业成功的关键(Minniti & Bygrave,2001;Santarelli & Tran,2012;Deakins et al.,2000;Man & Theresa Lau,2002),但并未表明创业能力是一种与生俱来的恒定能力。苏联创业者先前所拥有的职业经历、教育培训、家庭背景等因素是创业能力形成的基础(Deakins et al.,2000;Man & Theresa Lau,2002),大部分创业能力是在企业创办以后才不断发展和提升的。企业的发展需要创业者扮演不同角色——创新者、管理者和小企业拥有者等,这些角色对应于不同的创业能力,这要求创业者需要不断学习以匹配企业发展的能力要求(Man,2006)。

通过执行创业任务来学习是创业能力提升的最有效形式(McCall,2004)。传统观点认为,管理咨询服务和创业培训是创业能力提升的有效方式(Mitchelmore & Rowley,2010)。咨询服务针对企业存在的具体问题,借鉴经验丰富的专家团队来分析问题和制定解决方案,并从中获得学习的过程(刘宏伟,齐二石,2010)。咨询服务能产生较好的学习效果,但由于费用较高,并不适用于资金短缺且企业发展还不成熟的新创企业。创业培训一般采用课堂授课方式,具有学习时间周期长、课堂互动度低和过于强调理论等特征,不仅不能显著改善企业绩效(Mitchelmore & Rowley,2010),更不适用于业务繁忙的创业者。显然,这两种能力提升方式并不适用于资源稀缺、资金短缺、时间欠缺、人员紧缺和经验奇缺的创业者。那么,研究创业者应该通过何种途径来有效学习的问题,不仅影响新创企业的生存与发展,也对促进我国经济发展具有重要意义。近年来,创业者在创业过程中围绕任务所展开的创业学习行为及其对创业成功的重要影响在研究上得到很多支持(Man,2007)。

创业学习主要指创业者开发必要知识以有效创办与管理企业的持续过程(Politis,2005)。严格来讲,创业学习的内涵界定还存在较大争论,当前研究主要聚焦在使用不同视角建构创业学习的概念内涵(Cope,2005;Politis,2005),其中比较有影响力的视角是经验、认知与网络观点(Man,2006;Rae & Carswell,

2000)。经验观点基于亲验学习（experiential learning theory）理论，认为创业学习是创业者通过实践获得具体体验、反思获取概念并持续修改创业知识与行为的过程，是创业体验转化成创业知识的过程（Politis，2005）。认知观点基于信息加工理论，认为创业学习是人们应用认知策略和已有知识结构来同化吸收新知识的过程（Holcomb et al.，2009）。然而，这两种视角只将创业学习视为个体的自我学习，忽略创业行为所具有的社会交互性特征。网络观点则关注他人对创业学习的影响，认为创业者的学习行为是嵌入在创业者与组织内外的社会关系进行交互的过程（Down，1999）。这些研究极大丰富了创业学习的内涵特征，然而作为一个抽象构思，创业学习的概念内涵与外延边界仍不清晰。创业学习的理论构建研究缺乏一个能集成这些观点的核心特征并形成统一的概念框架，这限制了实证研究的进一步开展（Minniti & Bygrave，2001；Santarelli & Tran，2012）。

反思创业学习研究的进展缓慢，主要有以下原因。首先，创业领域是较新研究领域，其自身发展尚不成熟，缺乏可用于解释主要创业现象的有效理论框架（Cope & Watts，2000）。其次，创业学习具有多面特征，且其内容与形式会随着企业成长和创业环境转移而改变（Cope，2005）。这使得创业学习的概念内涵较难得到统一，束缚了进一步实证研究的开展。第三，创业学习具有偶然性特征。研究表明，大部分创业者在创业过程中的学习方式为单环学习，仅有少数人采用双环学习方式（Man，2012）。创业学习的这种研究现状促使学者不断寻找新理论视角以跳出当前研究困境，以推动研究的进一步发展（Ucbasaran et al.，2009）。近几年，行动学习模式对创业者提升创业能力和增加创业绩效所具有的显著效用在研究上获得广泛支持（Adams，2010；Stewart，2009；Thorpe et al.，2009；Rae，2012）。

行动学习是 Revans 于 1945 年提出的一种个体发展与智能并行、情感和体能共同提高的管理教育与培训方法。它是一种促进企业的领导者、管理者和员工能力提升的培训方法，强调人们是在通过与他人对话互动的方式来解决复杂现实问题的过程中获得学习（Raelin，1997；Revans，1998）。行动学习包含三个核心元素：有责任对特定事件采取行动的个体、复杂的没有现成解决方案的真实难题和互相支持以促进学习的学习小组（set）（Pedler，1991）。在行动学习过程中，学习主体对他人问题提出无偏见的提问或建设性的回答；反思性地倾听他人的提问或回答;当遇到不同见解时,将他人见解与自己的见解进行对比,思考存在差异的原因;思考自己见解的来源或角度。行动学习是借鉴他人视角反思个人当前实践,从中发现潜在价值观、行为理念和行动假设所存在的局限性并修正的过程。

　　行动学习体现了有效的创业学习模式。首先,创业学习是创业者通过创业行动获得知识的过程。相比于一般知识,创业者通过做中学(learning by doing)所积累的知识资源(以能力形式存在)对企业发展更具价值(Miller & Shamsie,1996)。其次,遇到并克服挑战是创业者产生有效学习的关键来源(Cope,2005)。一般来说,创业者面临的问题大部分具有高度不确定和模糊的特征。这需要创业者不断质疑行动假设并重新建构对当前情境的有效理解。因此,相比于一般增量式学习对创业行为进行渐进改进的方式,这种创业问题特征会触发创业者学习相关的知识以获得更高水平的解决策略(Man,2012)。第三,创业者从错误/失败中学习是创业学习的有效学习方式,而创业行动中产生的一些差错(如行动的智力层级差错与知识层级的差错)必须要在他人帮助下才能矫正(Frese,2007)。他人的信息可以为创业者提供问题解决的新视角,促进创业者反思并发现问题产生的原因,避免重复错误。由此可见,有效创业学习的特征与行动学习模式具有共同内涵,创业学习研究可尝试从行动学习视角重新理解并建构其理论。

　　行动学习自提出至今已有 60 多年历史,虽然在管理实践的应用中富有成效,但在实证研究上进展缓慢,尚未有具普遍意义的理论成果,究其原因,主要有以下几点。首先,大部分研究都将其视为达到某种学习效果目标的培训工具,研究侧重在学习内容和策略的设计而非行动学习过程(Raelin,1997;McGill & Beaty,2001;Silins,2001;Marquardt et al.,2009)。这使行动学习的研究主题分布零散且缺乏理论深度。其次,行动学习过程具有基于实践、采用社会互动和围绕实际难题的特征,其在实践过程中要求学习者与实践情境持续互动,但在概念定义上却又独立于实践情境,这有悖于概念的理论内涵与外延的一致性原则,难以形成具有边界清晰并可实证检验的理论构思。

　　综合以上回顾可发现:创业学习需要新理论视角以整合其所具有的多面特征,而行动学习指参与者围绕现实中的复杂问题,在学习小组的支持下解决问题与改进行为的过程(McGill & Beaty,2001),行动学习模式涵盖有效创业学习的多种特征;行动学习需要与具体情境结合以突破研究困境,而创业过程是指创业者不断解决寻利问题的过程(Harper,2008),有效的创业学习是基于社会互动的创业问题解决过程(Cope,2005),故创业学习领域具有突破行动学习研究困境所需要的情境特征。在新兴产业背景下,基于创业学习与行动学习两方面的研究特性与局限性,本研究提出创业行动学习新构思——创业者通过社会互动方式来解决创业问题进而促进学习的过程。

1.3　多层面研究创业行动学习是创业研究的需要

创业是包含一系列个体主动性影响系统范围的多层次行动与结果(Mcmullen & Shepherd,2006)。发起创业行动的是创业者个体;创业活动发生在组织环境中。在创业过程中,创业者不仅需要带领组织内成员实现其创业想法(组织层面),也需要与外部群体建立联结以获取企业发展资源(开放团队的层面)。创业者处于新创组织与外部环境的边界位置,他们的行为会系统性地影响组织内群体和组织外部资源的获取进而对组织层面上的绩效产生影响。这种从个体层面到组织层面的影响效应,即创业者的行为影响新创企业的生存与发展,是客观存在的。这使得我们在构建创业理论时需要考虑创业者是如何对组织的不同层面产生影响的。特别是在研究创业者如何有效学习以促进企业的生存与发展的问题时,就不仅需要考虑何为创业者的有效学习行为,更需要考虑这种学习行为是如何对企业不同层面的因素产生影响进而提升创业绩效。这不仅可以增加我们对创业学习行为的全面理解,也是构建具有适切性特征的创业理论的需要。

1.3.1　个体层面:创业行动学习的构思内涵与前因模型

在研究创业行动学习如何对组织层面的创业绩效产生影响之前,需要清晰界定其理论内涵和操作层面上的定义和测量。只有这样才能开展实证研究来探索它与其他理论构思的关系,建立创业行动学习系统影响企业绩效的理论视图。因此,我们需要解决的首要问题是确定创业者层面上创业行动学习的构思内涵及其具体行为特征。创业行动学习以新兴产业为研究背景,是结合创业学习视角和行动学习视角所构建的新构思。不同于一般的创业学习行为,它是指创业者通过社会互动方式解决创业问题的过程,其构思内涵具有过程特征。这给它的构思内涵研究带来新的挑战:既能体现创业学习的核心特征,又能代表创业情境下的行动学习行为;其基础理论框架既需要是过程型框架,又能与创业学习和行动学习理论的基础假设相兼容;既能体现是创业者个体的学习,又能体现其具有社会交互性特征。此外,在符合这些要求的基础上,我们需要进一步探索哪些因素会促使创业者产生这种学习行为。

1.3.2　团队层面:创业行动学习与创业资源网络的关系

创业行动学习是创业学习核心特征的体现,也是行动学习在创业情境下的体现。行动学习强调参与者是在学习团队的帮助下获得问题新见解,而创业行动学习构思则突破固定学习团队的概念,将创业者的学习行为置于更广泛的创业网络中(即开放团队的思想)。该构思强调创业者通过与开放团队中成员的社会互动来从企业外部获取解决问题的关键线索。而在解决问题的创业过程中,创业者需要学习以识别企业发展需要哪些资源和采取何种途径来获取资源(Brush,2001)。相对于成熟企业,新创企业在拥有资源、企业规模、市场份额和竞争优势等方面处于劣势地位(Lans et al.,2008)。创业者需要从外部环境获取资源,然而新创企业所存在的市场新进缺陷使得创业者很难通过常规市场交易法则来获取资源,创业资源网络则成为创业者以更低成本更便捷获取资源的重要途径。由此可见,创业资源网络与创业行动学习具有紧密联系。因此,我们需要探索创业行动学习与创业者拓展创业资源网络的能力之间有什么关系,这种关系如何影响企业的整体发展。

1.3.3　组织层面:创业行动学习对创业者协进型领导能力的影响

由于新创企业在企业规模上一般较小,如 92% 的欧洲新创企业的员工数量少于 10 人(Lans et al.,2008)。创业者与员工之间的接触比较频繁,创业者的领导能力会直接影响企业员工的协调性进而影响企业整体发展(Ensley et al.,2006)。然而新创企业是创业者创办企业、设计商业模式、召集员工组成团队和建立销售渠道等从无到有的创造过程(Schumpeter,1934)。这种特征对创业者的领导能力提出不同于成熟组织领导者的要求:创业者职能不仅比管理者复杂,其领导风格也需要随着企业创办和成长的需要而改变,领导风格需要匹配企业的发展特征(Kempster & Cope,2010)。创业过程是创业者不断通过"做中学"的方式来缩短企业发展所需要的能力和个人能力之间差距的过程,创业者需要不断学习才能匹配企业发展的能力要求(Man,2006)。

创业行动学习让创业者立足于实践经历,强调问题解决和"边做边学"等特点,这使得创业行动学习所提升的创业领导能力与主流领导行为(如变革领导、魅力型领导)能力有一定区别:并非与生俱来,而是创业者随着新创企业的发展而不断提升;并非稳定行为风格,而是随企业业务的拓展需要而产生。研究表明,企业领导者解决工作场所问题所产生的学习内容可直接应用于领导行为:工作场所的学习会增加领导者对企业成员和工作环境的理解,提升其管理企业成员之间的合作与协调的协进型领导能力(Hirst et al.,2004)。因此,创业行动学习研究需要进一步探索基于创业问题解决的创业行动学习是否会提升创业者组织层面的协进型领导能力的关系,这种关系如何对员工的工作绩效和企业的整体发展产生影响。

1.4　本章小结

创业学习理论是一个正在演化发展中的新生理论流派。创业学习仍然只是通过理论推演或定性研究获得的理论概念,是不能直接观察的创业现象的抽象概括。发展创业学习概念体系和测量量表不仅是创业学习理论发展的迫切需要,也是发展中国本土化创业学习实证研究的必经之路(Wang & Chugh,2014;蔡莉等,2012;朱秀梅等,2013)。在新兴产业背景下,创业学习研究需要新视角整合其概念内涵,并通过测量指标的开发才可以:对创业学习现象进行科学的描述、解释,确定该构思区别于其他相近构思的具体特征或行为,达到对外界现象的精确概括;通过大规模数据的定量统计方法来判断该构思是否准确反映创业现象,区分创业行为中哪些为学习行为,哪些不是;与其他理论构思建立理论关系模型以检验或预测可能发生的结果,提供可以与其他领域的研究者进一步沟通交流的基础。

为此,本书将研究新兴产业创业背景下创业者如何学习以促进企业发展的问题。在以往创业学习研究基础上,本书将结合新兴产业的情境特征,采用行动学习视角建构创业学习概念模型,提出创业行动学习概念及其四要素概念框架,通过深度案例分析和实证研究其关键特征来开发基于中国情境特征的创业行动学习行为结构。在此基础上,将运用现场调查、配套取样和跨层建模方法,从情境特征和创业者特质两种视角考察影响创业学习的因素,从创业能力视角考察创业者的学习行为对企业绩效的作用机制,以开发具有构思效度的创业行动学习量表。此外,本研究在此基础上,进一步构建并检验创业行动学习的理论模型,探索不同类型的创业经验与创业行动学习、创业绩效的关系。本书研究将不仅有助于指导我国新兴产业的创业实践,对我国创新经济转型具有重要意义,也对构建基于中国情境的创业学习理论具有重要意义。

第2章 理论背景

2.1 创业行动学习的理论基础

2.1.1 创业学习理论进展回顾

2.1.1.1 创业学习理论的产生背景

创业学习理论是伴随创业理论的演进和发展而产生的新兴研究领域。创业理论还处在新生阶段,不同学科的研究者带来许多新视角,如创业的职能理论、特质理论、行为理论和学习理论等。这些新视角各有其基础理论依据和研究假设,既有优势但也有局限性,为我们深入理解创业现象提供了丰富的理解和多视角的启发。在推进创业学习研究时,为避免受到与之理论假设不同的其他研究视角的干扰,我们需要明确创业学习理论在创业理论中的位置及其与其他理论视角的相互关系,为开展创业学习研究定位研究出发点。

创业理论始于经济学研究,将创业视为一种以创业者为载体的职能(Casson,1982)。这个理论脉络的创业理论被统称为创业职能理论。该理论基于经济学理论的研究假设,将创业者视为无个体差异的经济理性人,创业行动是由外界环境提供的激进式创新机会被创业者识别并打破市场均衡状态的行为(Schumpeter,1934)。职能理论探索的是"什么会发生"的经济行动而不是"谁去做"的问题,并将环境与创业者间的交互视为主要研究内容。该理论在很长一段时间里主导着创业研究,并影响之后的创业机会识别观点,至今在创业领域研究中占据着重要地位。当然,它也无法摆脱经济学理论所固存的研究局限:将创业者视为完全理性而忽略人是有限理性的;将创业行动视为环境驱动而非创业者发挥主动性的一种具影响性的行动。

针对创业职能理论所存在的局限性,有学者从心理学视角来研究创业者与非创业者间的差异,产生了创业者特质理论。该理论假设创业者具有异于常人的特质,如成就需要、风险规避和不确定性偏好等个性特征,并认为这些特征会影响创业行为(Shane,2000)。特质理论假设创业者的特质是稳定、持续和独立于时间与情境的。从这种研究静态地比较创业者与非创业者特质上的差异,发现两者没有显著差异,甚至同一类别的组内差异会大于不同类别的组间差异。因此特质视角在创业领域没有得到研究上的广泛支持和认同(Carsrud & Brännback,2011)。

与创业职能理论只关注环境,特质理论只关注静态个性特征不同的是,创业行为理论更关注创业的过程性,如机会感知、机会开发和创办企业等。其最受学者广泛认同的是以创业机会为核心的创业理论。Shane 等(2000)提出创业研究应聚焦在创业者对创业机会存在的发现、评估和开发上;创业是创业者识别、评估与开发机会的过程。该研究框架的提出虽未为创业研究领域提供完整的框架,但为创业领域区别于其他社会科学领域提供了一定支持。行为理论提供了更全面构建创业特征的途径(Cope,2005),然而该视角将创业过程仅视为新企业的创建过程(Gartner et al.,2010),忽略企业在创办后与环境间交互过程中的学习、成长和适应以及创业者在此过程中的角色切换与能力提升过程。在行为理论看来,创业环境与创业者特征只是创业过程的辅助而不是主要影响因素(Cope,2005)。

创业的职能理论、特质理论、机会理论和行为理论都隐含相同研究假设:只有能够成功识别、评估和开发机会的个体才称为创业者;具有价值的新手段与终端关系被成功识别与开发的过程才是创业过程(Moroz & Hindle,2012)。该假设存在一定局限性。在现实环境中,企业发展所要求的胜任力与创业者能力之间的差距始终都存在(Stockley & Birley,2000)。从创业者能力提升的角度来看,创业者运营企业使之存活并不断发展是一个不断缩短能力差距的过程,即不断解决企业发展对创业者能力所提出的挑战并在过程中获得亲验学习的过程(Clarysse & Moray,2004)。因此,创业研究需要用学习视角来看待创业者成长和企业发展,创业学习理论开始崭露头角。创业领域顶级学术期刊《创业理论与实践》于 2005 年曾就此专题发表了一期特刊,从多种角度深入探讨创业者与创业组织的创业学习行为,丰富创业学习理论的同时,也为推进创业学习研究奠定基础。

纵观创业理论不同流派间关系可发现,创业学习理论补充和扩展了创业职能理论、特质理论和行为理论的四个方面。首先,它将创业者视为非完全理性人,创业者/企业的决策与行为受环境的不确定性和创业者的人力资本如先前经验、创业知识和启发式思维等因素的影响而倾向于选择局部最优解决方案而非全局最优解决方案(Holcomb et al.,2009)。其次,随着企业的成长,创业者需要不断切换角色和提升能力,其能力是动态变化的(Cope,2005)。随着企业的创办、成长和扩大,企业面临越来越多的新问题,如创办初期的市场问题、企业成长过程中的内部管理问题和企业扩大后的战略问题等。这些问题并不是创业者已有的行动惯例和策略所能解决的,企业对创业能力提出更新的要求。创业者只有通过创业过程的"做中学""观察学习"和"体验学习"等来提高自身创业技巧/能力才能适应企业发展新情况。第三,创业学习理论将创业过程视为机会识别与处理市场新进入缺陷两个重要阶段(Politis,2005),而不只是停留在创办企业的过程。创业学习理论的这些特征补充和扩展了当前创业研究的主要理论视角,成为构建创业理论合法性和探索创业理论框架的重要研究方向。四种视角的创业理论对比见表 2-1。

表 2-1　创业理论不同视角研究回顾

创业理论视角	研究观点/假设
创业职能理论	创业者与非创业者之间没有差异;创业者为完全理性人
创业特质理论	创业者具有稳定和持续的特殊特质,不随企业变化
创业行为理论	只有成功识别、评估和开发机会的个体才称为创业者;具有价值的新手段与终端关系被成功识别与开发的过程才是创业过程
创业学习理论	创业为非完全理性人;创业者的能力/技巧随企业的创办、成长和扩大而变化;创业过程指机会识别与处理市场新进入缺陷的过程;新创企业与创业环境之间的互动进化与成长

资料来源:根据相关文献整理而得。

2.1.1.2 创业过程、创业者与创业学习的概念内涵

创业理论的推进与演进也促使创业这个核心概念的内涵不断发生变化。纵观创业研究,可从内容角度将创业的定义划分为以结果/目标为导向和以创业机会为核心的两种类型。前者侧重创业结果,其主流定义有:将创业视为新产品、新过程和新市场的创建过程(Ireland et al.,2003);创业是发生在现有组织内部或外部的组织创造、更新或创新的过程(Sharma & Chrisman,1999);创业包含新独立公司的成立、购买和兼并等(Ucbasaran et al.,2001)。后者侧重创业过程中创业者、创业机会和创业结果三者的结合:创业不仅仅是“谁为创业者”和“他们做了什么”,也包含“可盈利机会与创业者的结合”“创业是创造未来商品和服务的创业机会如何被发现、评估和开发”以及“什么会影响这些行为”的过程(Shane & Venkatarman,2000)。该定义采用创业机会与创业者这两个维度,以机的发现、评估和开发过程界定为创业的内涵。有研究在此定义基础上添加机会开发的结果——有形结果与无形资源:有形结果指新企业的创办和财富的创造;无形资源是指创业过程中所增强的人力、社会和智力资本(Zahra & Dess,2001)。两种类型的创业定义均认为:创办并发展企业是创业的核心内涵(Westhead et al.,2005；Griffiths et al.,2012)。

此外,创业者概念的内涵随着创业理论的演进而发生变化。创业理论最早根源于经济理论,将创业者视为独立的、需要对企业事务进行决策和负有企业发展责任的经济理性人,研究主要从理性职能而非个性特征(如创新、风险偏好)或组织地位(如小企业拥有者、自我雇佣者)来界定创业者(Mcmullen & Shepherd,2006);专职于对企业稀缺资源进行调配和决策的个体(Casson,1982);对企业负有重要责任、需要判断并制定决策的个体,其决策行为影响企业的行业位置、存在形式、商品生产、资源使用或企业内部制度等(Hébert et al.,1983)。这类定义下的创业研究大部分聚焦在独立创业者的行为特征上(Griffiths et al.,2012)。随着创业环境的复杂化、快速化和多样化,成功创业对创业者能力的要求越来越高,单个创业者难以解决日益复杂的创业障碍和困难,创业成功需要依靠他人力量,团队创业开始成为创业主流。团队创业现象的出现给经济理论中的创业者定义带来新的挑战,创业者的界定需要考虑团队创业现象。在这种背景下,学者提出新的创业者概念界定:创业者是指在企业中具有重要经济利益和积极参与企业发展的个体(Cooney,2005)。

　　由于本研究关注创业者的学习行为而非创业或创业者的概念内涵之争,为能在同一水平上进行研究并比较行为效能,本研究选择代理人中立的创业和创业者概念的界定,以排除曲解决策主体为创业者或创业团队的可能。为实现该目的,本研究采用 Harper(2008)的创业内涵界定:实时和结构不确定性的条件下进行的寻利问题解决。该定义指出,创业过程是新手段与终端关系的创造,而不是对给定手段与终端关系的优化;创业并不是惯例化的行为,而是不确定性问题的解决过程(Harper,2008)。创业者则界定为以盈利为目的,自己独自或与其他创业团队伙伴一起创办并管理企业,施展创新型行为并采用战略管理实践的个体(Carland et al.,1984)。创业与创业者的这种代理人中立的概念界定方法,为本研究的开展奠定理论基础。

　　创业学习的研究目前主要有经验、认知、交互、动态和演化等几种视角。经验视角认为创业过程中创业者通过直接观察或亲自参与来获得感知形成创业体验,这些体验通过先前决策的结果反馈来促进学习(Ucbasaran et al.,2009)。认知视角认为创业学习是人们通过直接体验或观察学习的方式获取新知识后,采用认知策略(如启发式)将其与旧知识进行比较、连接和吸收的过程(Holcomb et al.,2009)。社会交互视角从人与环境之间的交互出发,将创业学习界定为创业者与运营环境之间的交互、创业者通过组织外部与组织内部的社会关系来学习的过程(Down,1999)。动态视角则将创业者的学习与企业的创办和发展结合在一起,认为创业是创业者获取创建组织的知识与技巧,并随着企业的成长而学习适应新角色并开发新创业行为的复杂过程,创业学习由动态时间阶段、相互联系的过程以及支配特征三要素组成(Cope,2005)。演化视角则认为创业学习是新创企业内的集体行为,企业中的个体成员将"做中学"中获取的经验单元分享转移到其他成员并集体阐释经验的过程(Breslin & Jones,2012)。

表 2-2　以往研究中的创业学习概念内涵

研究视角	研究单位	概 念 界 定
创业经验	创业者	通过直接观察或亲自参与而获得感知形成创业体验,这些体验通过对过去决策结果的反思来产生学习(Ucbasaran et al.,2009)

（续表）

研究视角	研究单位	概 念 界 定
创业认知	创业者	人们通过直接体验或观察学习的方式获取新知识；采用认知策略如启发式比较吸收获取新知识；通过启发式将新知识与已掌握的知识结构相连接（Holcomb et al.，2009）
社会交互	创业者	从人与环境交互的视角，将创业学习视界定为创业者与创业环境之间的交互过程，创业者是通过组织外部与组织内部的社会关系来学习的（Down，1999）
动态视角	创业者	创业者获取创建组织的知识与技巧，并随着企业的成长而学习适应新角色并开发新创业行为的复杂过程（Cope，2005）
演化视角	知识组件	创业学习是新创企业内的集体行为，企业中的个体成员之间将做中学中获取的经验单元分享转移到其他成员并集体阐释经验的过程（Breslin & Jones，2012）
创业知识	学习方式	根据创业知识的来源和获取过程，创业学习由三个维度构成，即经验学习、认知学习和实践学习（单标安等，2014）

资料来源：根据相关文献整理而得。

表 2-2 为不同研究视角所界定的创业学习定义。这些视角是创业学习这个抽象构思表现出来的不同形态，之间具有一定关联。认知视角认为启发式在创业中会特别关注某类信息的作用，即创业学习的输入信息来源；经验视角指出学习的过程是创业体验转化成创业知识的过程，即创业学习的中间过程；社会交互视角则把创业者放置到更广的创业环境与社会网络中，探索外部因素对创业学习的影响；动态视角从时间角度来纵向探索创业者个体的学习随企业成长所表现出来的形态特征；演化视角也是从时间角度，但将学习视为创业知识单元从创业者传递到公司成员和促进公司/创业团队工作惯例的变异、选择和保留的过程。创业学习的这些不同表现形式使其作为一个研究构思在内涵上难以用统一概念框架来界定，这限制了其实证研究的开展和创业学习理论的构建。

不同视角的学习界定各有其意义，但目前研究上最常用的创业学习定义为：帮助创业者开发必要知识以有效创办与管理新企业的持续过程（Politis，2005）。创业过程的复杂性要求创业者能识别出正确的想法、获取企业运营资金、设立办公室、建设团队、识别目标市场和将产品推向市场等行为。在不确定的创业环境下，新创企业的成长将给创业者不断带来新问题，给创业者的创业技巧/能力带来新挑战，创业者只有不断学习才能克服这些困难。创业者正是在解决这些问题的过程中学习，即做中学。因此，创业过程也是学习的过程（Minniti & Bygrave，2001）。

2.1.1.3　创业学习构思模型的进展概述

有关创业学习的最新综述性研究，方世建与杨双胜（2010）、陆文聪与杜传文（2012）分别从个体水平和组织水平对国外前沿的创业学习模型进行系统回顾；赵荔与丁栋虹（2010）则从国外创业学习的实证研究进行回顾梳理和总结。这些研究系统总结了当前研究进展并指出不足和未来研究方向，具有一定研究意义，然而都未跳出亲验学习的理论框架视角，未能从更广的视角进一步指出创业学习的发展趋势。本研究在这些研究基础上，从创业学习理论的全局视角出发，分别总结创业学习在经验、认知、演化和行为四个方向上的最新构思模型。

1）基于经验的过程模型：个体学习行为

创业经验对新创企业成长的重要性已经得到国内外许多研究的支持并取得丰硕成果（Shane，2000；Westhead et al.，2005；Grégoire et al.，2010；张玉利等，2008）。纵观这些研究，可根据经验对创业的整体影响效果将创业经验研究分为两类：研究创业者的先前经验对创业机会识别、企业创办和企业管理的影响；将创业经验进行细分并探索不同类别的经验对机会识别和创业绩效的影响。前一种类别的研究较为常见，比如 Westhead 等（2005）根据创业者是否有先前创业经验及当前创业特征将创业者划分为三类（初创业者、序列创业者和组合创业者），研究不同类型创业者在机会识别和机会开发过程中的决策、行为和创业绩效差异。第二类研究侧重于创业经验的细分研究，Shane（2000）通过深度案例研究来探索创业者的三种创业经验——产品市场、客户需求问题和如何服务市场经验，对创业机会识别的影响。研究以某一新技术的创新突破作为机会识别的信息源，探索拥有不同创业经验的创业者从中发现的机会特征。研究发现，不同创业者由于先前经验的不同，从相同信息中识别出不同内容和不同数量的机会。此外，经验不仅会影响创业者的机会识别结果，也影响机会开发的决定（Shane，2000）。

经验作为创业学习的关键来源，是创业绩效和创业成功的重要预测指标，但对于经验如何对创业过程产生影响的研究仍然停留在碎片化状态（Politis，2005）。有些学者认为创业者从不同类型的经验中学习，如生活阅历、职业经历和先前创业经验等；经验代表个体生命周期和背景经历综合成的整体知识块，是创业学习的基础（Erikson，2003）；有些学者认为创业学习不只是累积创业经验，也是从经验中体验、阐释、反思和改进的过程，创业经验区别于创业学习结果（Cope，2005；Politis，2005）。

基于经验的创业学习研究中，学者 Politis（2005）的构思模型是目前最具影响力的研究成果。该模型将创业学习界定为过程而非结果：创业经验是学习的输入；创业知识是学习的结果。在这里，创业经验是指创业者在创业过程中的直接观察和行动参与，而创业知识则是从体验中获取的、会影响企业绩效的学习结果，如识别机会和处理新进缺陷的知识。其次，并非所有经验都可用于创业学习。能发挥作用的经验包括先前创业经验、先前管理经验和特定行业经验：先前创业经验有助于创业者克服新创企业的市场新进入缺陷；先前管理经验给创业者提供基础的企业管理知识，如金融、销售、技术和市场营销等知识；行业经验可让创业者懂得如何满足市场需求和识别新创业机会。第三，创业学习是指将创业经验转化成创业知识的过程，不同的转化模式影响学习产生的知识类型。采用探索模式较多的创业者在识别机会方面更有效率；采用开发模式较多的创业者更擅长处理市场的新进入缺陷。此外，先前创业事件结果、创业者的主导逻辑/推理和职业导向影响创业经验向创业知识的转化过程。

2）基于启发式的认知模型：行动驱动学习

创业学习的认知模型认为创业者的认知结构与特征会以影响创业决策相同的方式来影响学习行为（Holcomb et al.，2009）。由于创业环境的不确定性特征和创业过程的复杂性，创业者在进行创业决策时倾向于采用简化的认知策略来设计某种行动方案或问题解决方案。相似的，在创业学习时，面对创业行动所产生的丰富信息线索，创业者倾向于识别与已存储在脑中的知识结构较为相似的信息内容。在这个过程中，创业者拥有的启发式会影响新信息与已有知识的比较和连接，并将形成的新知识存储起来以供以后的行动使用。学习是指人们通过亲身体验或观察他人来获取新知识（如技巧、特定胜任力），将它们与记忆中的先前知识连接/组织在一起，使它们在未来的行动中可以被提取使用（Anderson，1982）。因此，创业认知会以影响创业决策相同的方式来影响创业过程中的学习。

认知模型认为创业知识的获取来源有两种：亲验学习与观察学习。亲验学习是指创业者从体验中形成新知识的过程（Kolb，1984）。创业者的认知结构不仅影响创业者获取和评估线索的注意力方向，也会影响信息转化成知识的过程。例如，与初创业者相比，拥有先前创业经验的创业者拥有的创业知识结构/心智模式更丰富；在对相同创业信息进行表征时，有经验的创业者根据已有的知识结构对整体信息可进行更加高层次的结构比对（structure alignment）而不是停留在表层特征的比较，因此能从中识别出更多的创业机会模型并评估出不同的机会价值（Grégoire et al.，2010）。虽然亲验学习获取的创业知识是内隐和难以模仿的，是新创企业获取竞争优势的主要来源，然而由于其学习方式依赖于个体的体验，这种单调方式获取的知识缺乏多样性，仅适用于熟悉领域而不适用于新领域，创业者还需要进行观察学习（Holcomb et al.，2009）。

观察学习来源于班杜拉的模仿学习理论，认为创业者会通过观察他人的创业行为与创业结果来获取学习（Holcomb et al.，2009）。他人对创业者行为与信念的影响已经在研究中得到大量支持，生活中的真实情境和创业者角色模型是创业学习的重要来源（Laviolette et al.，2012）。当创业者将个人注意力投射到他人的行为或行动上时，这些行为、结果以及环境信息将会被表征编码并在记忆中形成新知识；通过不断观察，创业者将获取的新知识与已有的知识结构进行对比分析以更新知识库；当类似情景再次出现时，这种信息将会被重新提取作为进一步行动的指导。创业认知通过影响这种认知比较过程来影响观察学习：被观察对象的个人特征如年龄、胜任力领域、价值观和期望等方面与自身特征越相似时，创业者越可能产生模仿学习（Laviolette et al.，2012）；当新情境与已有的观察学习习得的情境特征越相似时，创业者越可能应用模仿学习来获得知识（Holcomb et al.，2009）。

概括而言，认知模型主要有以下观点：创业认知过程会塑造知识的表征；创业知识影响创业行动；行动会不断强化新知识与旧知识之间的关联，有利于知识的存储和再次提取；同时行动结果给创业者产生新的信息反馈（Holcomb et al.，2009；Mcmullen & Shepherd，2006）。创业认知不仅会影响创业者对知识的获取和同化，也会影响创业行动的开展。创业知识是减少创业者对不确定性的感知进而影响创业行动的主要因素（Mcmullen & Shepherd，2006）。创业行动会进一步改变创业环境,使任务进入新的问题环境并产生新线索;同时行动改变行动主体的思维(Rudolph et al.,2009)。因此,基于创业认知的创业学习过程是闭合的。

3)基于进化论的演化模型:组织内跨水平的学习

创业学习的经验与认知模型是当前研究中被广泛关注的理论模型,它们为揭示创业者的学习过程和知识获取机制提供了非常有意义的研究结果,也为后来的研究奠定了基础。然而在理解并进一步深入探索时需要警惕这些研究的基本假设对与关注现象和理论之间的匹配是否适合。这两种视角有共同的研究假设。其一是,环境影响新创企业的成长,只有适应环境的企业才能存活,企业与创业者处于被动适应的位置。其二是,创业者是创业学习的主体,创业学习是创业者个体的学习与成长行为,是随着企业的成长而学习适应新角色并开发新创业行为的复杂过程。

这两个假设在当前创业学习研究中存在一定的局限性。新创企业被动适应环境的假设忽略了创业者的主动性特征,即组织会与环境共演,创业者的行动也会改变环境。在现实中,企业在适应环境的过程中并非处于被动状态,企业的主动性行为会影响企业的稳健型。例如在具有高度不确定特征的组织竞争环境中,当某种竞争力量打破当前的竞争平衡状态时,企业会主动调整竞争策略以适应新环境;企业经历的竞争历史和竞争频次与企业的稳健性高度相关(Barnett & Hansen,1996)。第二个假设将创业者视为创业学习研究的主体,创业学习的有效分析单元为企业的主要创业者。这个假设虽然与主流创业研究的前提假设一致,认为创业者是创业研究的核心主体(Shane & Venkataraman,2000; Shane,2012)。然而忽略创业是包含集体行动和需要彼此相互支持的多个个体的努力过程。有些学者认为创业团队才是研究创业的有效分析单元(Ruef, 2010)。创业是创业者带领其他人一起实现创业想法的过程,在创业过程中,创业学习是由创业者与企业内外部人员交互学习的过程。

Breslin & Jones(2012)的研究则突破这两个研究假设的局限性:基于进化论理论提出创业学习的演化模型,认为新创企业可通过自身的主动行为来改变环境进而改变这种选择机制,企业与环境之间是互动演化和成长的;创业学习是新创企业内的跨组织水平的集体行为,即创业者做中学中获取的经验单元分享、转移到其他成员并集体阐释经验的过程(Breslin & Jones,2012)。演化模型补充了创业学习的经验模型与认知模型的研究假设缺陷,为创业学习研究提供了新的视角。

演化模型采用广义达尔文进化论的变异、选择和保留模型作为开发创业学习理论的起点;将创业知识组件(如创业技巧、启发式和认知框架)作为演化单位来解释创业学习现象。在该模型中,创业学习是一种组织内跨水平的、对知识单位进行变异、选择和保留的过程。首先,创业者通过"做中学"和"失败学习"获取创业技巧和认知框架,形成创业知识组件;创业者将知识组件转移给公司其他成员以解放自己有限的认知资源用于处理企业面临的新挑战。其次,知识组件随着企业的发展、环境的变化以及个体与环境的交互而发生改变以持续适应环境。环境对企业产品与服务的选择使创业者选择特定技巧、启发式和框架。个体改变的思考习惯将知识从一种学习环境中带入另一种(如从学习环境 t 到学习环境 $t+1$);个体的行为具有改变未来与被选择实体之间交互的特征,即个体改变时间和空间上的学习环境;创业者根据环境的反馈信息来保留适应环境知识组件,并将其转移给没有同类经验的公司成员上,用于未来与环境的交互行动中。在创业学习的演化模型中,创业学习是个涉及多水平、复杂和共同演化的过程。

4) 基于行为的学习模型:以创业胜任力为结果

所有的创业研究都默认两个基本假设:创业是有益的行动;创业是可观察的行为(Mcmullen & Shepherd,2006)。创业行为是区别创业者与非创业者的主要标志。创业学习在本质上也是一种行为。虽然创业学习的研究模型已有很多,但创业学习的具体行为特征仍然很模糊,创业学习究竟包含哪些关键行为特征仍然需要进一步探索。Man 基于创业胜任力理论,采用创业学习与创业能力提升相关联的理论框架,运用定性研究方法,提供了可供实证研究使用的创业学习行为模型,该模型使创业学习的量表开发和定量研究变得比较可行(Man,2012)。

Man 通过对 12 位香港创业者的研究发现创业学习行为的模式有 18 种。根据行为的相似性进行分类和抽象,提炼出五种高水平学习模式:创业者通过创业任务如创业机会寻找、管理企业和形成并执行战略等活动来积累创业经验;在积累经验的基础上对经验进行反思并更新之前巩固的经验;在任务执行过程中运用先前学习到的知识;有选择有目的地学习;在已有学习成果的基础上强化学习行为;增加学习的情景范围(Man,2012)。Man 对创业学习行为的探索为我们提供了创业学习行为的直观认识,有助于创业学习行为研究的进一步探索。

创业学习的这四个模型是跳出亲验视角上的研究拓展,虽然切入视角各不同,但较为全面地展示了创业学习的内涵特征。首先,从输入—加工—输出的视角来看,认知模型研究哪些信息和为什么是那些信息会被创业者关注和吸收的机制,侧重输入部分;经验模型研究学习的中间过程和学习效果,侧重加工与输出部分。其次,演化模型与其他三个模型的研究单元不同,它跳出创业者个体学习的简单现象,从创业者与企业成员的知识互动分享和从纵向时间过程来描述创业学习特征,为创业学习研究的进一步拓展提供完全新颖的视角。

2.1.2　行动学习研究进展回顾

2.1.2.1　行动学习的概念内涵

行动学习指一种个体发展与智能并行、情感和体能共同提高的管理教育与开发方法。它要求参与者以小组形式一起探索管理实践中的一些复杂和紧迫的真实问题,通过参与者相互间的询问来促进反思与学习,并通过这种方式改变参与者在该问题域的行为表现(Revans,1982)。行动学习的核心思想较为简单,因此有多种定义和应用方式。Pedler认为所有的行动学习项目都含有三个核心元素:有责任对特定事件采取行动的个体,复杂的没有现成解决方案的真实难题,互相支持以促进学习的学习小组(Pedler,1991)。哥伦比亚大学的行动学习研究团队则认为行动学习具有两个关键要素:结构不良的、没有最佳解决方案的真实问题;彼此汇报并讨论问题与解决过程的学习团队(Marsick & O'Neil,1999)。由此可见,复杂问题和学习团队是行动学习的核心要素,是亲验学习理论与团队学习理论的综合运用:让参与者可以一起运用团队动力(他人)来反思和讨论即将解决的棘手问题。其与普通学习的最大区别在于它是一种基于社会互动来围绕真实问题展开探讨的过程。

真实问题作为行动学习执行过程中的主要学习元素,其特征在很多行动学习研究中都有描述(Revans,1982;Marsick & O'Neil,1999;Marquardt,2004)。回顾总结这些研究并结合相关研究可发现(Rudolph et al.,2009;袁维新,2011),源于真实情境的复杂问题具有两种特征:结构不良(ill-structured),即它与现实情境高度相关且根源不清楚,没有最佳解决方案;实践导向(practical oriented),即难题依赖于问题解决者的实践和现实情境的变化,具有时间动态性与情境交互性特征。这两个特征使问题的解决需要高度依赖于改变问题环境的行动实验和对行动结果的实时调整,因此解决方案随着问题情境和阶段性行动结果的变化而变化。

在社会互动方向上,为了能产生显著的学习效果,行动学习要求学习群体在学习过程中围绕学习难题进行顿悟式提问(insightful questioning)、建设性回答和反思性倾听(reflective listening)(Marquardt et al.,2009;Raelin,2006)。顿悟式提问指参与者从自己的视角对学习难题进行无偏见提问,使学习团队的其他成员有机会从提问视角出发检查他们对难题的理解程度,并为团队提供产生对话和讨论的机会。建设性回答是指参与者将他人的提问作为自己的问题,根据已有知识和实践经验为问题提供解答。反思性倾听是指参与者将他人的问题和回答与自己先前的实践经验和假设相对照,寻找异同点的同时分析原因,从中重新阐释已有经验。

行动学习的学习效果(learning)由程序性知识 P(programmed knowledge)与探询式顿悟 Q(questioning insight)组成(Revans,1998)。程序性知识是指参与者学到的以教程方式呈现的、由人类经过长期经验积累的、以格式化形式展现的知识。这种知识通过参与者在行动学习过程中的言语来表达的、可以外显的程序性知识,是行动学习产生学习效果的前提。探询式顿悟是指参与者在对未解难题相互探寻的过程中获得的知识与技巧;"脑袋中一闪而过的直觉",即顿悟(Revans,1989)。在行动学习过程中,P 与 Q 并不是相互独立的两部分:P 是 Q产生的前提,只有参与者之间采用对话方式表达个人见解才会给他人启发;而 Q是由对话过程中参与者对话方式提供的 P 与自己的先前知识和当前实践经验的结合所产生的灵感启发。有学者认为 Q 是参与者产生行为转变的主要因素,因为它来自对经验的反思(reflection)(Raelin,2006)。Q 为管理者提供经验的新阐释,是指引他们在日益复杂和不确定环境中成功运营企业的关键因素(Kuhn & Marsick,2005)。

根据 Revans 的学习公式"$L=P+Q$",顿悟式提问和建设性回答是程序性知识的表现,而反思性倾听帮助参与者获得探询式顿悟,是参与者产生行为转变的主要因素。此外,行动学习要求参与者在学习模块之间的行动模块中积极实践,用含有新顿悟的行动来改变问题情境,并同时获得问题的新体验。参与者重新阐释这些新信息并投入到下一轮的学习模块中。通过连续的学习模块与行动模块,参与者不断改变问题情境和调整行动策略,在获得学习的同时促进问题解决的产生。

　　行动学习与传统教育的不同主要在于其基于实践问题的学习,强调组织成员在行动过程中学习并通过行动与反思一起解决问题的方法,这些方法可以让员工一起质询实践行为下的潜在假设(Raelin,2006)(见表 2-3)。作为行动学习的提出者和实践者,Revans(1982)认为行动学习与传统管理培训的不同在于学习目标不同:行动学习的主要目标是在有风险的条件下学习如何问问题而不是寻找定义明确问题的答案,行动学习是基于问题而非基于答案的。将现实中尚未有解决方案的实践问题作为学习核心,行动学习促使参与者通过好奇(curiosity)和质询来重燃学习的自发性(spontaneity)、兴奋和乐趣。好奇心是个体提问和学习的催化剂,好奇心驱动下的提问可促使个体获得新鲜视角、回答和解决方案,然而传统教育系统和单调工作环境似乎已经使个体的好奇心渐渐消失(Adams,2010)。

　　Bolden(2003)认为管理的正式培训(formal training)采用的给予式学习模式,学习内容较为通俗、较少强调具体商业知识且交付模式不恰当,不能满足管理实践培训的需求。虽然有些培训方式开始尝试在课堂里引进新的学习方式如案例分析、咨询顾问式行动研究、现场研究与观察和多媒体方法等,但这些方法是零风险,不含与任务有关的团队动态活动,不能充分帮助参与者将理论转化为内隐知识,不能帮助参与者学习质疑与反思自己的理论假设(Raelin,2009)。

表 2-3　两种学习方式对比

学习方法	学习方式	特　点
传统培训学习	课堂讲授的方式	给予式学习;学习周期长;脱离参与者的先前经验;参与者互动度低;过于强调理论知识;忽略挖掘内隐知识
行动学习	以现实问题为学习驱动源,团队成员的帮助反思	阶段性地参与学习;基于问题而非基于答案;通过反思连接参与者的先前知识与实践;以任务为导向,激起内隐知识应用于实践

资料来源:根据相关文献整理而得。

2.1.2.2 行动学习理论模型的演进

行动学习虽然发展历史较长但它的概念型框架至今未完善,还需要更多的系统建模和通用的、可证明的行动学习方法(Chenhall & Chermack,2010;Paton,2001)。虽然行动学习的实现方式很多,但对学习者而言,行动学习的基本原理是让参与者通过实际体验过程来学习,即亲验学习理论。虽然 Kolb 的亲验学习理论的提出时间较行动学习晚,但当前大部分研究者都认为该理论是行动学习的基本理论框架,并在该框架上设计了新的行动学习模型(Chenhall & Chermack,2010;Marquardt & Waddill,2004;Dickenson et al.,2010)。回顾以往研究文献可发现,当前行动学习研究主要有行动学习群体过程模型(action learning group process model)、系统行动学习周期(systemic action learning cycle)、系统行动学习螺旋模型(systemic action learning spiral)和持续学习模型(continuous learning model)四种行动学习模型。

群体过程模型假设知识可以通过从具体行动中观察与反思而获得,认为专业人员可以通过以下方面达到高效的学习目标:聚焦在实际的组织情境;具有支持性和挑战性的问询框架;群体内人际交互和行动鼓励等。参与学习的个体深思熟虑学习小组提供的对个人想法具有挑战性的建议/方案,批判吸收并在工作问题解决过程中对新方案进行验证(Gregory,1994)。

系统行动学习周期模型运用批判系统理论(Critical Systems Theory)描述行动学习:由警觉(alert)、理解(comprehend)、思考(consider)、对比(compare)和行动(act)五个阶段组成的迭代周期模型(Paton,2001)。警觉阶段是指特定事件(如客户的咨询、组织的某种决策)触发参与者的质询行为和情景分析行为;理解是指参与者通过一系列行动(如访谈、文献阅读和调查等)或借用分析技术(如头脑风暴、心理学实验或方格分析)来获得对情景的系统了解;思考则是寻找用于分析情景的模型,寻找适合情景的模型或能启发参与者对情景的理解有新洞察的新模型;对比阶段将前一阶段创建的模型与实际情景进行对比以促进可应用于情景的终端行为;行动阶段则是实战终端行为,该阶段或者使行动学习产生闭环,或者启动新周期。

系统行动学习螺旋模型是对系统行动学习周期模型的改进,认为学习不是简单的线性循环。该模型仍然采用关键系统理论为基础,认为解决问题的行动学习过程是螺旋递进的、包含多种学习的(单环、双环和三环)系统过程(Paton,

2001)。

持续学习模型结合 Argyris 的单环学习与双环学习理论,认为该模型是在真实生活和日常情境里可实践的问题解决方法(Watkins & Marsick,1993)。模型由内环与外环组成:外环循环通过批判反思(即双环学习)产生深度学习;内环基于 Argyris 的单环学习,对问题属性进行反思并改进问题解决方式。该学习模型聚焦日常挑战和问题解决,可解决日常问题并通过批判反思发现问题解决过程中的潜在假设问题。

行动学习的这四个研究模型各有优点:群体过程模型基于亲验学习理论的四阶段模型来界定行动学习过程,使其适用于研究;系统学习模型根据批判系统理论提出行动学习的五过程模型,而螺旋模型在此基础上进一步提出学习是不断提升的螺旋过程,而非简单线性循环过程;持续学习模型则结合单环学习与双环学习的理论,强调批判反思对学习的重要性。

2.1.2.3　行动学习的实践效果机理探析

行动学习较多应用在教育领域并取得较大进展,然而在管理领域的应用却刚刚开始。这些应用聚焦在两方面:应用于企业管理层,促进管理者领导能力和创新能力的提升;应用于企业员工,促进员工能力提升进而推动组织变革。

领导能力是指领导者如何激励员工产生卓越工作成绩的能力。领导行为与风格研究一直是组织行为领域研究的热点,如何有效开发个体领导能力对企业发展具有重要作用。由于管理层需要花费大量心力和时间在企业运营,传统教育中要求定期参与、采用给予式(supply-led)的教学策略并不适用。围绕现实中没有解决方案的问题进行间断性团队学习的行动学习方法则较好地契合管理层能力开发的需要。Stewart 聚焦领导力提升的行动学习小组由三个不同地区的中小型企业创业者组成。该研究发现,创业者的管理风格、工作——生活平衡、企业订单、员工激励和创业信心等都得到较大改善(Stewart,2009)。然而研究对参与者为何和如何改善内在机制却没有进一步解释。

企业上层梯队的经验、价值观、个性和对环境的释意对作为组织结果的战略有效性具有重要影响(Hambrick & Mason,1984;Hambrick,2007)。如何促进企业高管的能力提升和视角转变,对企业突破组织管理进而实现战略创新具有重要意义。Kuhn & Marsick(2005)认为成熟企业突破组织惯例以实现创新需要六种认知能力:释意(sense making)、战略性思维(strategic thinking)、批判反思(critical thinking)、发散思维(divergent thinking)、概念能力(conceptual capacity)和可塑学习取向(malleable learning orientation)。为促使企业高管提升这些创新思维,有研究设计了名为"Chubb Global Executive Program (GEP)"的行动学习项目:公司的部分高管分成三个组,参与时间为三周(每周之间间隔八周),主题为战略创新导向。高管在学习过程中需要创造新战略并执行该战略。研究结果显示三个学习小组均突破公司旧有惯例,创造的新战略为公司开拓新市场并提升销售额。参与者认为在学习过程中他们意识到自己在情景意识(situational awareness)、发散思维、提问和转换学习(transformative learning)四个方面得到提升。此外,Kuhn & Marsick(2005)认为该项目的成功还和参与者学会合作、组内分享知识和想法、公司对该过程的支持和学习过程的经验在过程外得到重复应用等有关。

组织变革作为一个企业变化的复杂、动态过程,它包含组织的方方面面,是具有整体性的系统工程。作为组织变革的实施主体,员工的能力提升对推进组织变革具有积极意义,而行动学习则被视为促进员工能力提升的一种有效方法。有研究对公司不同部门的五个小组(共 28 个员工),开展关于提升执行核心胜任力的行动学习项目。该研究以学习前与学习后为调研时间点,综合使用半结构访谈和问卷等工具,调研参与者在理解行动学习、执行核心胜任力、感知学习过程和满意度的变化。结果发现,参与行动学习小组之后,大部分员工对核心胜任力的了解显著加深(Silins,2001):因为行动学习给员工提供彼此学习和分享资源的机会,使参与者的觉醒得到增强,并且,将员工的知识与技巧汇在一起可以有效促进员工学习。

2.1.2.4 优化行动学习效果的策略

作为一种新型学习方式,行动学习目前没有标准化学习策略,这使"如何有效促进行动学习过程"的问题成为研究热点。由于行动学习受参与者、过程设置和外界环境等多种因素的影响,基于不同研究目的的研究者在跟踪研究行动学习项目时会发现不同问题并提出相应解决办法。综合已有研究,这里总结出使行动学习有效开展时需要注意的四个方面的优化策略。

(1)学习问题选择。问题是行动学习实践的核心,问题设计的好坏和深度将决定整个行动过程的顺利进行和参与者的学习收获大小。用于行动学习实践的问题来源有两种:设计者指定的、现实中没有解决方案的问题;参与者在实践过程中实际遇到的问题。前者有利于朝某一特定目标改善参与者的某种能力,适用于组织环境;后者则会极大调动参与者积极性,适用于领导能力或创业者能力的提升。

（2）学习过程设计。过程是指参与者参加行动学习过程中需要经历哪些学习阶段。不同主题的行动学习采用的学习流程要求不同:有些要求参与者在获得解决方案之后执行该方案;有些要求管理层或同事支持参与者在学习期间和学习之后的新尝试;有些参与过程允许参与者在行动学习过程中进行试错实验等;有些则采用变换学习环境的方式来促进学习。适当的过程设计促使参与者积极学习并将学到的知识外延到现实工作之中。

（3）参与者的挑选与培训。参与者对行动学习的承诺度将极大影响行动学习整个过程的稳定举行,而对行动学习的准备度则影响参与者在学习过程中的卷入。因此在挑选适当的人选之后,应给予参与者初步培训,告知行动学习的目标、学习小组成员的信息、行动学习方法和将对他/她可能带来的帮助。若有必要应制定相应的指导手册,帮助参与者按照预定模式投入学习。

（4）协调者（facilitator/mentor）。协调者对整个学习过程进行引导和适当发问,帮助行动学习小组的沟通和学习过程更加顺利。研究尚未有协调者的选择标准,但有基础能力要求:拥有学习主题的特定经验;具有调解人际冲突的能力;能适当提问引导参与者发现问题的更深层次问题等。

2.1.3　行动理论

创业过程是创业者通过行动与外部环境积极互动的过程,创业行动是当代创业理论的核心（Mcmullen & Shepherd,2006；Chen et al.,2018；Frese & Gielnik,2014；Lernera et al.,2018；王重鸣等,2008）。当前研究多将创业行动简化为认知活动的后续行为,如距离的知觉对创业行动的影响（Chen et al.,2018）,不确定性感知如何影响机会识别和创业行动（Mcmullen & Shepherd,2006）等,缺乏进一步探索创业行动的内涵与机制。而事实上,创业行动有着丰富的内涵（Mcmullen & Shepherd,2006；Shepherd,2015）。从学习视角而言,它不仅是创业者整合知识用于识别和开发机会的过程,更是不断调整与改变创业者思维（Rudolph et al.,2009）与认知（Chen et al.,2018）的过程。Minniti 和 Bygrave（2001）指出,创业者在日常情景性实践中获得的学习多于关键事件性或

者其他重大变革。只是这种学习需要创业者的持续刻意练习和努力（Brettel &
Rottenberger，2013），有别于用于完成任务的一般创业行为。

组织学习理论［如 March（1991）的探索与开发学习、Argyris 与 Schön
（1978）的单双环学习等］与亲验学习理论是当前创业学习研究中使用最频繁的
理论（Wang & Chugh，2014），它们在解释创业者从行动中学习的机制时具有一
定局限性。首先，这些理论不适用于任务结构不良、重复率低和多样性高的创业
任务情境。因为它们的潜在假设是：创业者是通过重复执行特定任务，根据清晰
反馈或效率评估等可测量的结果，来改进任务执行的效率并掌握必要的技巧。
其次，组织学习视角将创业学习划分为"双元"（高低层级、单双环和开发探索等）
学习模式的做法并不适用于行动过程中创业事件之间难以拆解的特征。而亲验
学习理论的研究重心在学习者的独自体验及学习风格的影响，这与新兴产业创
业情境下的学习行为呈现为聚焦创业问题/挑战、持续与外部社会环境互动的群
体互动学习特征有一定区别。Shepherd（2015）呼吁创业研究要跳出"已接受研
究"的理论陷阱，避免形成理论路径依赖而减少多方向探索的可能。

2.1.3.1　行动理论的独特性

本书选择行动（调节）理论［Action（Regulation）Theory］来研究创业行动
学习行为的内在机制。行动理论源自 Lewin 的场理论，由德国学者 Hacker 创
建，后经由 Frese 等学者整理并简化而成。它认为行动是由行动序列组成的，既
受认知结构调节，又对认知产生反馈与调整的影响。在解释个体行为时，行动理
论与常见认知理论［如脚本理论（Lord & Kernan，1987）］有较多相似处：均聚焦
目标驱动的行为；低层级认知结构关联具体化和情境化的行为，使用的注意力资
源少；高层级的认知结构包含更多抽象意识，行动更加具有理论导向。不同的
是，行动理论聚焦行为主体的认知与行为之间的相互调节过程，认为行动的弱层
级结构之间会相互协调：高层级为较低层级提供输入（如目标、触发条件等），保
护低层级的行为序列不受干扰；低层级为高层级或减少行动差距或发送来自外
部的反馈信息。这与只聚焦认知对行为的单方向控制的其他行动理论（如认知
调节理论、计划行为理论等）有显著区别。行动理论的独特特征为我们探索创业
者从行动中学习提供了较好的理论视角。

行动理论尝试解决以下两个问题：人们如何积极调节行动以实现目标；在日
常环境与新奇环境中这个过程是如何实现的。为解答这两个问题，行动理论从

行动过程与行动结构两方面来展开对行动的探索研究。从过程来看,行动是由目标设定、行动定向、计划生成、决策制定、执行监督与行动反馈五个阶段所组成的循环过程;从行动调整结构来看,行动是由功能单元(TOTE,即检验—执行—检验—退出)按照层级方式组织而成。前者侧重行动的开展过程,后者则强调行动受认知调节,提供了行动的认知调整方式。行动过程与行动结构两种视角在行动理论中结合,为我们理解行动调节过程提供了系统的分析框架。

2.1.3.2　行动理论视角下创业行动内涵与行动差错

行动理论认为,创业行动是目标性行为,可从外显的行动序列与内隐的行动调节结构两方面来阐述(Frese,2009;Frese & Zapf,1994)。目标设定、行动定向、计划制定、监督执行与反馈加工是行动展开时的序列,它们在创业过程中表现为设定创业目标、定位企业运营区域、计划如何实现目标、监督执行计划和处理来自外部(如客户、银行、投资人等)的潜在反馈等。创业行动过程并非严格按照该序列顺序进行,更多是无序状态。虽然如此,在行动内部,这些行为序列是由特定的、类似语法的行动结构调节的,称为行动调节结构(Frese,2009)。

行动序列是创业者的外显行为,而行动调节结构是创业者调节行为的认知基础。根据所调节行为的抽象程度,层级结构的行动调节结构由低到高分别为技巧层(skill level)、行动模式层(level of action pattern)、意识层(conscious level)和元认知层(metacognitive level)四层(见图 2 - 1)。技巧层调节无意识的、自动化的行动技巧和惯例(既包括行为技巧,也包括思想惯例)。这些技巧和惯例在重复多次后形成行动模式或图式,行动模式层根据具体情境特征调用它们。当任务情境变得复杂时,意识层的调节就会发生,行动者聚焦于调节信息集成、目标开发、计划分配等与情景分析和问题解决相关的行为。该层级的行为调节会耗费行动者的注意力资源,具有速度缓、精力耗费和反馈解释慢等特征。行动调节结构的最高层为元认知层调节,它调节行动者如何使用意识的行为策略。

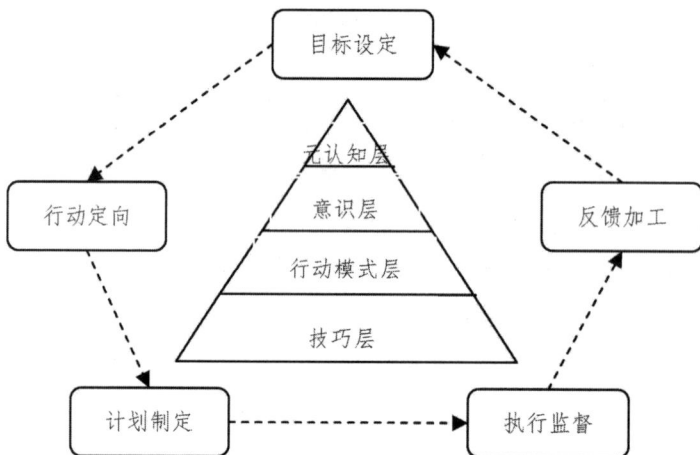

图 2-1　行动序列与行动结构（Frese & Zapf，1994）

　　行动差错是来自行动的直接负反馈,指目标的未达成或既有计划的偏离(Frese & Keith,2015)。具体而言,它可能是目标未实现,也可能是计划执行遇到障碍;可能是明确差错,也可能是模糊感觉;当然也可能是缺乏相关知识引起的。行动差错在行动调节过程中扮演重要角色:提供反馈,激发行动者反思差错原因,促进更高层级的认知调节(甚至包含元认知调节)等(Sitzmann & Ely,2011)。注意力聚焦于实现目标的创业者,会自动调用或占用认知资源少、无意识的低层级行动,如技巧、惯例和图式等直觉。行动差错迫使他们停下来,在行动序列上寻找问题的原因,设计新的解决方案,执行并进一步监测其效果。在这个过程中,认知与行为上的调节同时进行。

　　与行动结构一致的是,行动差错也有层级结构:发生在技巧层的差错主要是具体动作的偏差,容易发现并改正;在行动模式层级,当行动图式不完整或行动情境较为新奇时,容易产生重要信息线索被遗漏和行动流程不匹配情境等差错;意识层的差错经常发生在复杂任务情景中,行动者由于信息加工能力有限而产生目标设置差错、信息集成与映射差错以及判断差错等;元认知层级所发生的行动差错一般与创业者的自我反思、认知风格和行动风格相关(Frese & Zapf,1994;Frese & Keith,2015;Frese,2011)。Frese 与合作者基于行动理论开发出差错管理培训法,即鼓励培训者在培训过程中犯错并管理差错(Keith & Frese,2005;Van Der Linden et al.,2001)。实证研究发现,行动差错培训效果优于规避差错的培训法,培训者在后续工作中展示出更好的工作绩效(Sitzmann &

Ely,2011;Keith & Frese,2005)。

2.2　资源网络能力的理论基础

中国的新兴产业(emerging industry)近年来发展迅速,然而新兴产业中的新创企业失败率也是居高不下。新兴产业的独特性使新创企业面临更多的生存与发展挑战:新产业不成熟市场的低行业参照和高竞争性特征,要求企业具备更优秀的资源获取能力;新技术产业化所具有的高技术壁垒和高风险特征对企业的问题解决能力提出更高要求。创业学习是创业者应对中国独特创业情境所带来挑战的重要举措,是创业成功的关键(蔡莉,单标安,2013)。创业行动学习是新兴产业独特创业情境的有效创业学习方式,其对企业创业绩效产生影响的动力机制是本书拟探索的研究问题。

企业拥有的网络资源是企业获取竞争优势的重要基础(Lavie,2006)。新创企业拥有启动、维护网络并从中获取资源以保持竞争优势的网络能力(Walter et al.,2006)。网络能力是随着企业的成长而得到提升并进而促进企业的发展(McGrath & O'Toole,2013)。一般而言,新创企业规模较小,企业发展主要依赖创业者的创业能力(Brettel & Rottenberger,2013;Lans et al.,2008)。处在新创企业内部与外部环境边界的创业者,需要对外从创业网络中获取企业发展所需的关键资源(Wang & Chugh,2014;Alvarez & Barney,2004)。创业者需要与外部群体建立联结以获取企业发展资源。因此,在研究创业者的行动学习行为时,需要关注团队情境对个体学习行为的影响,也需要关注创业网络在创业过程中所发挥的作用。

2.2.1　团队学习的研究进展概述

通过回顾创业学习与行动学习研究可发现,通过与他人互动的社会互动性在两种学习过程中具有不可或缺的重要性,为探索群体动力如何促进参与者的反思和讨论收获,本研究借鉴团队学习理论来理解个体间如何利用群体来实现学习的内在机理。团队学习理论认为学习是发生在小范围人群内、围绕工作任务或机会、通过彼此之间的对话而产生的(Edmondson,2002)。作为组织学习中理解团队有效性的重要概念,团队学习具有多种定义:个体之间通过彼此的经验来获取、共享和结合知识的行动(Argote,Gruenfeld,& Naquin,2001);由提问、寻找反馈、实验、反思结果并讨论误差的反思与行动的持续过程(Edmondson,2002);成员寻找开发技巧与知识的机会、欢迎挑战性任务,愿意冒新想法的风险和需要相当技巧与知识的任务的程度(London,Polzer,& Omoregie,2005)。关于团队学习的主要定义见表 2-4。

表 2-4 团队学习定义汇总

定 义	来 源
个体之间通过彼此的经历来获得、共享和结合知识的行动	Argote,Gruenfeld,& Naquin(2001)
团队采取行动,获取和反思反馈,以及变革以适应或改进的过程	Edmondson(2002)
通过实验进行的知识探索,通过反思性沟通的顿悟结合,以及通过编纂学习的说明与阐述	Gibson&Vermeulen(2003)
成员寻找开发技巧与知识的机会、欢迎挑战性任务,愿意冒新想法的风险和需要相当技巧与知识的任务的程度	London,Polzer,& Omoregie(2005)
在团队层面进行知识的分享、存储和提取	Wilson 等(2007)
团队成员通过互动不断获取、整合和分享知识,并在此基础上改善行为、优化团队体系,提升组织适应性以达到组织的目标	王雁飞,杨怡(2012)

注:根据相关材料整理。

目前团队学习研究从研究对象来看主要有三种:团队中的个体学习、团队水平的学习和团队水平的学习结果。团队中的个体学习关注的是团队氛围和团队领导等因素对个体学习的影响,该方向最著名的是 Edmondson 的研究。她在研究组织学习中发现组织学习研究存在视角偏差:组织的变革任务主要是由团队来执行;个人的认知局限性使得学习偏向单环学习而非双环学习;个体的认知和行为必然受他人(共同工作的同事)的态度与行为影响。基于这些问题,她开始尝试用团队视角来研究组织学习。通过对 12 支团队进行定性与定量方法结合的探索研究发现:团队学习是由行动与反思组成;权力和人际风险感知是影响团队中个体学习的重要因素;具有反思又有行动的团队,虽然没有专家帮助且没有熟练的人际沟通技巧,但能达到较好的学习效果,实现团队有效性(Edmondson,2002)。

团队水平的学习则从群体视角关注团队成员之间分享和整合知识的过程：将团队潜在行为指令集的变化作为团队学习的结果（Wilson et al.，2007）。通过对一个国际计算机急救反应中心的团队进行三年多时间的跟踪观察发现，团队学习是由共享（sharing）、存储（storage）与重获（retrieval）三个过程相互缠绕形成的。共享是指新知识、惯例或行为在团队成员之间传播和成员理解到团队他人拥有的学习的过程。该过程是由团队的个体成员行为指令发生变化、团队中若干成员对新指令形成共同理解和新知识转移到新团队成员三个阶段组成。存储是指行为指令的变化在团队水平的保存、索引、过滤和维护过程，受团队实践日程表的安排影响。重获是指团队成员识别并获取知识用于随后行动的过程，它经历三个子过程：团队成员在面对某种刺激源时识别到获取存储知识的需要；团队至少一个成员识别到知识存储位置；团队重获数据。

团队层面的学习结果则关注团队成员形成的认知因素，如共享心智模型和交互记忆系统。在这里以共享心智模型为例来描述此类研究关注的主题与进展。团队的共享心智模型是通过团队互动过程所产生的认知因素，它影响团队过程和团队绩效（Klimoski & Mohammed，1994）。从概念属性来说，它属于一种知识结构，一种团队成员相互共享的心理机制和知识结构（白新文等，2006）。从概念范畴来说，它是团队认知的一类（Mohammed et al.，2000），有助于团队形成共同期望、协调行动、根据任务要求调整行为，有助于信息加工和提供支持并诊断团队缺陷等方面（Edwards et al.，2006）。共享心智模型包含四类内容：理解团队交互的技术或设备；持有共享的工作或任务模型，如描述并组织任务如何完成的知识；持有团队如何交互的共享感知，如描述团队成员的角色和责任；共享团队成员模型，这种模型包含成员信息，如知识、技巧、态度、爱好、优势、劣势、倾向等（Mathieu et al.，2000）。这些类别从内容域上可分为团队任务心智模型和团队互动心智模型（Mathieu et al.，2000）。前者是对团队作业相关因素的一致性认识；后者是指成员之间如何互动的一致性认识，决定团队内部沟通、协调等过程的效率。影响团队心智模型的因素主要有三种：团队行动水平（Stout et al.，1999）；是否参与交叉培训（Marks et al.，2002）；领导者阐述关键信息的清楚程度（Marks et al.，2000）。团队成员使用团队心智模型来监控彼此的绩效，及时发现问题并将矫正信息反馈给对应成员，进而提高团队绩效（徐寒易等，2009）。

当前研究主要采用三种理论视角来研究这些对象。第一种视角来源于制造和服务运营中的新过程研究,关注团队多大程度提高他们的效率,学习采用绩效提升效果作为考量标准,一般采用现场研究。第二种视角来源于社会心理学的实验研究,关注团队成员在任务中如何协调彼此的知识和行动,以新任务执行效果作为结果变量,采用实验研究居多。第三种视角起源于组织学习中的个体学习研究,强调人际氛围和团队过程对学习的影响,关注团队学习的行为特征,大部分研究是采用定量与定性研究方法结合的现场研究。

三种对象、三种视角的团队学习研究对我们深入全面理解个体的学习行为如何受群体特征的影响具有重要作用,但存在一定局限。当前团队学习研究在时间、空间和对象方面过于封闭,即将学习限定在固定的工作场所、团队结构和工作任务中,未考虑开放性团队学习的概念,即除了工作团队的影响外,任意组织个体的学习行为既有可能受固定团队外的其他人影响,如交叉团队、公司客户或私人网络等,又可能是在非工作时间受影响,如节假日休息时间。特别是随着当前通信技术的飞速发展和快速交通的多样化选择,人与人之间的沟通和交流更加便捷、高效和丰富,开放性团队学习的现象更加显著,研究组织中的个体学习时需要更加重视开放性团队的影响。

2.2.2　创业网络的研究进展概述

回顾创业网络研究可发现,社会网络理论在创业领域的应用研究始于20世纪80年代。研究认为创业过程与社会网络息息相关:网络对组织的萌现(emergence)过程具有催化作用(Birley,1985);在创业过程中,创业者/新创企业是持续嵌入在社会关系之中的(Aldrich & Zimmer,1986)。随着社会网络在创业领域中研究的深入,学者的关注开始从一般的社会网络关系转向创业者拥有的特定网络,创业网络概念由此提出并逐渐发展形成创业网络理论。创业网络是指创业者在创业过程中所建立的与创业活动有关的社会关系(Bruyat & Julien,2000)。

当前创业网络的研究从主题上可归纳为两种:创业网络如何影响创业过程和创业过程如何影响创业网络的拓展(Borgatti & Foster,2003)。前者研究采用结构洞网络理论或弱关系理论来探索创业网络对创业行为的影响研究,认为创业网络给创业者提供了知识和技巧补充、导师支持、沟通并促进任务完成的机会等(Man,2012)。这种积极影响在创业研究中得到很多支持：创业网络有助于创业者获得有效率的沟通进而提高工作效率，同时也有助于桥接不同的信息网络，给创业者带来新的视角，促进创业者对新机会的识别(Man,2012；Bhagavatula et al.,2010)。创业网络是影响学习行为的重要工作环境因素，创业学习的内隐动力(Cope,2005)。创业者与创业朋友、专业人士(如商会成员)以及其他利益相关者的交流有助于产生学习进而促进企业成长(Lans et al.,2008)。

创业网络如何影响创业过程的研究已有很多，但这些研究是基于这样的前提：将创业网络视为创业者已经拥有的静态资源，忽略特定创业网络的构建过程是伴随创业过程的进行而拓展的(蔡莉等,2010)。一些创业网络如亲戚、朋友、同事等关系是创业者在创办企业之前已经拥有的，是较为稳定的社会关系；而一些依赖企业活动的网络，如商会、政府部门、创业交流小组或行业协会等则是通过创业行动的展开不断构建的，随着创业情境的变化而不断拓展的。这方面的研究局限性在近期研究中得到很大突破，产生两个非常重要的新概念：网络能力(network capabilities)与网络资源(network resources)。

网络能力是指新企业所拥有的启动、维护、通过网络获取资源以维持企业竞争优势的能力(Walter et al.,2006)。该研究视角认为，并非所有企业生来就拥有很高水准的网络能力，创业者必须不断提升网络能力才能从企业外部获取更多的创业资源(McGrath & O'Toole,2013)。网络能力随着企业的成长而得到提升，并对企业成长和发展具有重要影响(林嵩,2012；方刚,2011；任胜钢,2010)。网络资源最早来源于 Gulati(1999)的研究，指企业已经拥有的、嵌入在企业外部网络中的、可为企业提供战略性机会并影响企业行为的资源。网络资源研究是基于资源基础理论与资源依赖理论而提出的，认为企业所拥有的网络资源是企业产生竞争优势的重要基础(Lavie,2006)。网络资源中包含企业发展所需要的行业知识、市场信息和政策发布等信息资源(姚先国等,2008)。创业者利用创业网络获取资源越频繁，则不仅越容易获得网络资源，且能进一步拓展网络并获得更为丰富的网络资源(杨俊等,2009)。网络能力与网络资源研究突破以往静态创业网络的局限性，将创业网络视为随着创业者网络能力提升而不断拓展的动态资源。两个概念在字面意义上虽然有所区别，但两者本质上同指创业者获取创业网络资源的能力：网络能力的目标是获取有助于企业成长的资源；网络资源则是网络能力的结果表现。

在我国,创业网络研究按照主题可分为三种类型。第一类研究探索创业网络特征对新创企业绩效的影响,如杨俊等(2009)基于行为视角实证研究创业者利用创业网络的方式对新创企业绩效的影响,研究发现,创业者对创业网络的利用效果与企业绩效之间具有积极显著关系。第二类研究探索创业网络对企业绩效的影响机制,如蔡莉等(2010)通过对长春、北京和福州三个地区的318家新创企业研究发现,创业网络对创业绩效具有积极的推动作用,企业的组织学习中介这种关系。第三种研究则从创业网络演化的视角探索创业网络的多样性对关键资源获取的影响。近期有研究通过对748位初创业者进行120个月的长期跟踪来探索创业网络的形成和对创办企业的影响,研究发现在创办企业的过程中,创业者从相对较强和相对较弱的创业网络中获取资源的方式在不同阶段具有多样性的特征:当个体沟通和交流的网络类型不断增多、与不同网络的个体的沟通越频繁、与创业网络中的支持者的情感强度增强时,个体创办企业的可能性越高(Newbert et al.,2013)。

相比于创业研究的其他领域,创业网络在研究上进展飞快且取得很多富有深度的研究成果。这不仅归功于成熟的社会关系理论基础,也再次表明社会关系对新创企业生存和发展所具有的重要性。

2.3   协进型领导的研究概述

创业者的创业学习行为是其创业成功的关键(Minniti & Bygrave,2001;Santarelli & Tran,2012)。当前研究多从资源构建(赵文红和王文琼,2015)、动态能力(刘井建,2011)和创业能力(蔡莉等,2014)等视角来探索创业学习对企业发展的影响机制,较少基于创业者与员工之间互动的视角。而实际上,创业学习是创业者将"做中学"中获取的经验单元分享转移到公司成员并集体阐释经验的过程(Breslin & Jones,2012)。新创企业规模一般较小(Lans et al.,2008),创业者与员工互动频繁,创业者的领导能力会直接影响全体成员的协调性进而影响企业整体的发展(Ensley et al.,2006)。虽然已有研究表明,创业者的学习行为会传染给员工(朱秀梅等,2018),然而仍未能回答"创业者的学习行为如何给员工带来积极影响"这一问题。

越来越多的研究表明,创业者的领导能力如创业型领导(柯江林,丁群,

2020)、包容型领导(魏峰等,2020)和谦卑型领导(王曦等,2019)等对企业绩效具有重要影响。但这些研究存在两方面的局限性。一方面,没有从发展视角看待创业者的领导能力。这些研究的潜在假设是创业者已经具备相关的领导技能与专家知识,他们知道作为领导者应该做什么和怎么做。然而在实践中,创业者是随着企业的成长而不断适应领导者角色的(Cope,2005),这是因为处理业务过程中获得的体验、观察、社会交互和反思等学习行为会不断提升他们的领导能力(Bagheri & Pihie,2011)。并且,创业者在扮演领导者角色的同时也加深了对角色的理解进而提升其领导胜任力(Kempster & Cope,2010)。

另一方面,这些研究需更紧密结合新创企业的独特情境特征。创业者的领导行为具有很强的情境依赖性,是随着职能需求和任务目标的改变而改变的(Kempster & Cope,2010)。创业过程不同于成熟组织的管理与领导过程,它是创业者创办企业、设计商业模式、召集员工组成团队和建立销售渠道等从无到有的创造过程(Schumpeter,1934)。创业者身兼多职,不仅需要为企业问题找到解决方案,还需要管理企业员工、开拓市场并应对市场的临时变化等。由于创业者的认知资源有限,为了聚焦企业关键挑战,创业者需要将创业知识传递给员工并积极听取员工的建议,鼓励公司成员设计出具有创新性的问题解决方案,并及时化解企业内部的冲突等(Breslin & Jones,2012;Loasby,2007)。

创业者需要拥有能促进企业成员集体合作并实现创业想法的能力,即协进型领导(facilitative leadership)。其定义是指领导者促进团队成员之间产生尊敬和积极关系,设计富有成效的冲突解决方案和营造团队成员可自由表达意见与想法的行为(Hirst et al.,2004);核心是开发企业成员的共同愿景,学习如何达到集体目标与行动一致性,共同识别企业的核心挑战,并创建协调行动的共享责任(Magrab,2012)。

协进型领导概念名称中虽带有"领导"的词根,但它不属于传统的领导范畴(Breshears & Volker,2012)。传统领导研究倾向于聚焦独裁与责任,领导者在自上而下的层级结构中需要知道做什么、如何做并具有必要的技巧、个性和专家知识以有效完成工作。不同于传统领导,支持合作模式的协进型领导要求领导者的角色定位为指导计划执行过程中的引导者,引导相关工作人员有意义地卷入到团队/组织任务中(Jones et al.,2013)。此外,与以往只强调任务导向或关系导向的领导风格不同的是,它更强调发展导向(developmental orientation),

即促进被领导团体集体解决复杂问题的能力(Guastello,1995)。

协进型领导是工作场所中的一种团队领导,指领导者促进团队成员之间产生积极关系、设计富有成效的冲突解决方案和营造团队成员可自由表达意见的行为(Hirst et al.,2004;Breshears & Volker,2012;Jones et al.,2013)。它的核心目标是开发企业成员的共同愿景,学习如何达到集体目标与行动一致性,共同识别企业的核心挑战,并创建协调行动的共享责任(Magrab,2012)。协进型领导并非是领导者与生俱来的能力。领导者在工作场所中的行动学习会极大提升协进型领导能力(Hirst et al.,2004)。领导者在工作场所获得的知识有助于他们清楚组织/团队所在的环境特征,开发并明晰任务议程,设定下属的工作目标和任务内容并制定正确的策略等(Breshears & Volker,2012)。

相比于传统领导研究,协进型领导具有三方面独特性:将领导者的角色定位为指导计划执行过程中的引导者,帮助下属更好地卷入到工作任务中;强调发展导向(developmental orientation)而不是任务导向或关系导向,提升被领导团体集体解决复杂问题的能力(Guastello,1995);鼓励团队成员不受权威或权力差异的束缚,能够自由表达,同时领导者主动分享言论、问题和行动背后的理由与意图(Schwarz,2002),而不是基于地位与资源来单边控制追随者。

协进型领导能力并非特殊人群的专属能力,组织中任意个体均可以按照某些训练规则练习提升(Moore,2004)。为了帮助个体和团队更有效地提升协进型领导,Schwarz(2002)开发了九条训练规则:验证假设与参照;分享所有相关信息;应用具体例子并在重要规则上保持一致;解释个人理由与倾向;聚焦利益而非位置;辩护与探询结合;联合设计验证分歧的步骤和方法;讨论不能讨论的议题;应用可产生工作承诺度的决策规则。团队或领导者自己可使用这些行动策略来促进团队群体联合探索并执行任务。

协进型领导能力并非与生俱来。对领导者而言,其在工作场所中的行动学习会极大提升协进型领导能力(Hirst et al.,2004)。领导者可以努力学习工作场所的知识以清楚组织/团队所在的环境、开发并熟悉任务议程、清楚下属的工作目标和任务内容、识别正确的策略等(Breshears & Volker,2012)。这些知识会增加领导者对团队/组织环境的理解并更好地管理下属以便他们能够合作和协调,如当公司成员提出不同观点时,赞赏他们并重视这些观点而不是压制不同声音或嘲笑这些观点的领导者可以使员工更加忠诚,更愿意配合任务安排和项目协调。

领导者中的协进型领导对团队/组织绩效具有重要影响。采用协进型领导技巧的领导者,会保证团队成员都可以建言(voicing),保证团队成员在团队中受到尊重,并互相尊重彼此的习惯和爱好等(Breshears & Volker,2012)。这种策略会促进员工支持领导设置的工作目标、有集体意识并从集体利益来考虑和讨论问题,形成一致性的凝聚力和行为协作等。在组织管理研究中,领导者的协进型领导对企业绩效的影响已经得到实证支持:一项对研发团队的纵向跟踪研究发现,领导者的协进型领导行为对研发团队成员积极参与团队决策、化解团队内部冲突和促进成员开放性讨论问题具有积极影响,这些团队过程进一步提升团队的项目绩效(Hirst & Mann,2004);组织学习领域的著名学者 Edmondson(1999)在对 12 个组织团队的学习过程进行跟踪研究发现,当领导者能够辅导团队成员并帮助他们解决问题时,团队产生反思性的活动增多,对不同想法也更具有开放性,这有利于团队成功完成任务目标。

2.4　创业绩效的研究回顾

创业绩效是创业研究中非常重要的研究变量。它不仅是衡量创业成功的重要标准,也是开发创业理论的重要预测指标。创业绩效反映了企业在多大程度上能够承担风险且具有竞争优势(Lumpkin & Dess,1996)。虽然关于创业绩效的研究已有很多,然而它的概念内涵仍然没有广泛支持的界定。本研究采用Baron(2007)的定义:创业绩效是指企业的存活、成长和营利性。

创业绩效虽然是可测量的理论构思,但它并不是严格意义上的理论构思,而是一个组合模型构思,具有多种定义和测量方式。有研究在回顾 1987—1993 年间发表的 51 篇创业文献后,总结出八种常用的绩效测量结构:效率(efficiency)、成长性(growth)、利润(profit)、规模(size)、现金存量(liquidity)、成功/失败(success/failure)、市场份额(market share)和杠杆性(leverage)。其中效率、成长性和利润是最常用的测量指标(Murphy et al.,1996)。也有研究将创业绩效的测量从内容上划分为财务数据与非财务数据两类。财务数据是指企业的销售额、利润和投资回报等;非财务数据一般包括目标实现程度、员工满意度和企业整体成功指数(Rauch et al.,2009)。

　　从这些测量内容可看出，创业绩效的测量指标仍较多沿用组织管理研究中的测量模式，较适合成熟企业的绩效评估。对于新创企业而言，这些指标只能反映出一般的共同特征（如财务绩效、利润等），不能表现出新创企业所蕴含的特殊实力。比如，与成熟企业拥有相同企业运营规模（如资产设备、员工数量）的新创企业，虽然拥有更好的产品和市场前景，但由于市场的新进入缺陷使得产品在市场的占有率较低，企业在短期内的利润可能低于成熟企业，但并不表明其会长期落后。在这种情况下，若仅用一般的财务绩效则很难评估出企业的成长性和营利性。

　　对于新创企业的绩效衡量标准，许多学者提出新的测量方法。有些学者认为，新创企业绩效应该使用维度的测量方法，如 Chrisman 等（1998）认为，评估新创企业的绩效可从生存与成功两个维度来衡量：生存，表明该企业有能力自我维持经济平衡，实现经济实体的独立性；成功，不同于一般的创业成功，是指企业能给消费者创造价值，实现某种经济效率。有些学者则根据研究目的来设计创业绩效，如 Atuahene-Gima（2001）采用产品创新绩效来测量新创企业的创业绩效，具体指标如"公司新产品推向市场的速度、公司新产品的推出速度、公司新产品的销售增长率和公司新产品利润增长率等"。有些学者则根据所研究企业的行业情境特征来设计企业的创业绩效，如在高度竞争的高科技环境下创业，企业的创新程度与风险承担是表征创业绩效的重要指标（Hayton，2003）。

　　在实证研究中，选择创业绩效的测量指标非常重要，因为它会进一步影响创业理论的构建效度。然而由于创业绩效目前未有统一测量标准，研究者多是根据研究目的来选择创业绩效的具体指标，如在研究创业者的人力资本与企业绩效之间的关系时，作者选择企业的创新程度与风险承担能力作为创业绩效的测量指标（Hayton，2003）。研究某一变量与企业绩效之间的相关程度取决于采用哪些指标来评估绩效（Lumpkin & Dess，1996），如对于投资回报 ROI 指标，注重长期发展的企业在短期内 ROI 值比短期目标导向的企业低，并不表明该企业的创业绩效低。有学者根据样本企业的实际特征，比如已上市的创业型企业在 IPO 前的价格估值和产品市场价值作为创业绩效的组成结构（Chatterji，2008）。

　　在新创企业研究中，准确测量绩效是艰难任务。首先，从测量指标上来说，大企业常用的绩效测量方法例如利润、营业额和销售额，是否适用于评估小企业的成功还需要进一步探索。即使适用，由于小企业之间的财务数据值都很接近，在统计分析时很难区分效果。其次,从数据准确角度来说,获取准确的新创企业的财务数据相对较难。相比于 IPO 企业,新创企业不需要对外公布财务数据,而创业者在主观上也不愿意对外分享绩效信息(Keh et al.,2007)。当现场调查中含有过多的财务数据调查时,会引起创业者的反感,反而得不到有效数据(Poon et al.,2006;Quińones et al.,1995)。

由于新创企业的绩效数据很难准确获得,研究一般采用感知测量的方式来评估。虽然研究认为主观感知的数据由于测量误差和潜在的主观方法偏差而存在一定局限性,但有研究通过实证研究发现主观测量方法与客观的企业绩效在整体效果上是趋于一致的(Keh et al.,2007;Poon et al.,2006)。通过这种测量策略,研究者能获取贴近小微型企业客观情况的绩效数据。

综上所述,目前创业绩效的构思内涵仍未有一致的结论;创业绩效的维度结构与研究目的紧密相关;新创企业的绩效测量难以客观获取。创业绩效的研究处在发展状态,研究应根据实际需要来选择测量方法。

第 3 章　研究框架设计

3.1　以往研究小结

3.1.1　以往研究取得的主要进展

创业学习是创业理论在演变过程中所出现的研究新领域。由于创业职能理论与创业特质理论的研究结果没有得到广泛支持和认同,学者开始采用学习视角来描述和解释新创企业的发展和创业者的成长以补充以往理论视角的不足。创业学习视角将创业者视为非完全理性人,认为创业者的能力与角色是随着企业的发展而不断变换的。创业学习视角采用动态的、发展的视角研究创业现象,得到越来越多学者的认可与投入。经过近二十年研究的发展和深入,创业学习成为创业领域的研究热点。根据对国内外创业学习及相关领域的研究文献回顾,有关创业学习的理论研究进展和发展动态主要有如下几个方面。

1）创业学习构思内涵界定是当前创业学习研究的主要内容

创业学习刚提出时并未被视为一个理论构思,其概念内涵没有明确界定(Lamont,1972)。直到 1998 年,Deakins 和 Freel 才正式将创业学习视为一个理论构思。Rae(2000)最早提到创业学习的概念内涵:学习应用于创业时主要关注学习如何识别并开发机会以及如何组织并管理企业等。Yong 和 Sexton(2003)最早对创业学习的概念内涵进行明确界定:用于获取、保留和使用创业知识的各种经验与认知过程。此后,创业学习开始成为创业领域的重要研究构思,其概念内涵得到许多研究的丰富和扩充(Cope，2005；Wang & Chugh，2014；朱秀梅等，2013；Politis，2005；Holcomb et al.，2009；Man，2012；Breslin & Jones，2012；单标安等，2014)。

来自不同学科背景的研究成果促使创业学习的内涵在不断丰富，研究范围在不断扩大：学习主体从创业者个体到创业团队成员(Harper，2008)；从学习什么和如何学习的问题到学习如何促进创业机会的识别与开发(Dutta & Crossan，2005)；从关注创业者独立学习到模仿学习、集体学习等学习类型(Cope，2005)；研究单元从创业过程行为到认知单元，如知识组件等(Breslin & Jones，2012)。目前，创业学习的概念内涵界定最具代表性且研究视角差异性最大的主要有创业经验、创业认知、社会交互、动态、演化和创业知识这六种视角。

2）构建创业学习概念模型的视角趋于多样化

以往创业学习概念模型较多以亲验学习(experiential learning)为核心理论框架，近年来，开始有研究从新视角来建构创业学习的概念模型，其中具有代表性的为经验、认知和行为视角。这些视角在创业学习理论回顾中已有详细表述，在此不再赘述。

创业学习的这些概念模型不仅在研究逻辑上具有一定的互补，且在研究内容上提供了较为全面的创业学习特征。基于经验的过程模型帮助我们了解创业学习的来源，认知模型从启发式与行动来解释创业学习的机制问题，行为模型描述创业学习其区别于一般创业行为的行为特征。从输入—加工—输出的视角来看，认知模型研究哪些信息和为什么是那些信息会被创业者关注和吸收的机制，侧重输入部分；经验模型研究学习的中间过程和学习效果，侧重加工与输出部分。这些不同视角的概念模型为研究者深入探索创业学习现象提供了更丰富的理解，更多的视角启发和理论选择。

3）创业学习的影响因素研究尚未是研究焦点

当前，大部分创业学习研究仍专注于学习是如何发生的这一研究问题上，它的影响因素尚未是该领域研究的焦点。概括而言，当前创业学习研究中提到的影响因素有：创业知识与创业经验、创业认知与思维模式、企业发展阶段、创业任务特征和创业网络等。这些因素从不同角度影响创业学习：已有的创业知识和经验会影响创业者注意、忽略或吸收哪些方面的知识；认知结构和思维模式会影响新知识与旧知识的比较、反思、整合和存储；企业发展阶段和规模会影响创业者学习内容的不同,如是机会识别还是企业内部管理;任务特征会影响创业者学习的程度与效果,新任务要求创业者放弃旧惯例而采用新行为模式;创业网络则会影响创业者获得的信息广度,对创业学习效果具有极大影响。此外,创业者的态度、情绪、动机和个性因素(如自我效能感、成就动机和期望挑战等)会影响创业学习的过程。

4)创业学习效果的定性研究成果日益增多

在创业学习的构思框架被深入探讨的同时,创业学习效果也伴随此类研究的开展而得到关注(Man,2012；Rae & Carswell,2001；Langowitz & Minniti,2007)。不同作者带入视角的不同而推导出不同研究结果,如体验视角将创业知识(机会识别与克服市场新进入缺陷)视为创业学习结果,而行为视角的学习结果为创业者能更好创办并运营企业的创业胜任力。概括而言,创业学习的效果按照学习产生的机理可分为创业者能力、创业机会和企业发展三部分。创业者能力部分可包含认知能力与胜任力部分:前者是指创业者认知能力的提升并进而促进创业行动的开展和创业决策制定;后者指创业者完成特定项目/任务目标所需要的能力。创业机会识别是大部分创业学习研究的理论推演结果或实证检验的效果变量:通过被识别机会的数量、类型、内容和质量来判定创业者的学习效果和机理。企业发展是创业学习研究的最终目的,具体而言,是指企业生存能力、企业规模、财务指标和行业竞争力等内容。研究普遍认为,创业者的学习行为对初创期企业的发展影响较大,在企业发展成熟后这种学习的影响力逐渐消退。

3.1.2　以往研究局限及展望

创业学习研究成果日臻丰富,但作为一个新研究领域,创业学习研究还存在一些问题需要进一步解决。系统回顾相关研究可发现,创业学习研究目前还存在以下局限。

1)缺乏能整合不同视角、被广泛认同的创业学习概念框架

创业学习研究仍停留在构思内涵与概念模型的探索上。创业学习理论的发展需要新理论框架来解释创业者如何学习(Cope,2005；Santarelli & Tran,2012)。当前,国内外学者都在呼吁采用新视角来整合不同研究视角以建构创业学习内涵(蔡莉和单标安,2013；Wang & Chugh,2014；朱秀梅等,2013),但采用何种视角、如何整合不同研究是当前研究的最大挑战。创业学习仍然只是不可识别的抽象构思。创业学习研究需要进一步对其进行概念具体化,即开发测量指标和测量方法,以对其进行直观的、量化的操作并进而进行理论构建。

2)需要从多方面来考察影响创业学习的因素

以往研究在创业学习的影响因素探索上取得一定研究成果,然而这些研究过于局限于创业学习的局部特征展开讨论,且在方法上或基于理论探讨,或基于有限样本的定性研究,缺乏具有普遍意义的实证研究结论。创业学习的影响因素研究需要紧密围绕创业者所在环境的情境特征、任务特征和个体差异等多方面因素来展开大范围调研,通过科学的实证方法来获得具有普遍意义的影响因素模型,进而建构适应于特定情境特征的创业学习理论模型。

3)创业学习对企业绩效影响的实证研究匮乏

创业者的创业学习行为对企业发展具有的重要影响已在研究上得到广泛支持,但由于缺乏可实证检验的创业学习测量结构,这些研究,或笼统地使用组织学习来替代创业学习(Brettel & Rottenberger,2013),或采用有限样本的定性研究方法(Karata C S O Zkan,2011),创业者的学习行为如何对组织层次的创业绩效产生影响的实证研究匮乏。

4)多层面研究创业学习对创业绩效的影响机制是趋势

创业是包含一系列个体主动性影响系统范围的多层次行动与结果。发起创业行动的是创业者个体;创业活动发生在组织环境中。在创业过程中,创业者不仅需要带领组织内成员实现其创业想法(组织层面),也需要与外部群体建立联结以获取企业发展资源(开放团队的层面)。处于新创组织与外部环境边界位置的关键主体,创业者的行为会系统性地影响组织内群体和组织外资源获取进而对组织层面上的绩效产生影响。这种从个体层面到组织层面的影响效应,即创业者的行为影响新创企业的生存与发展是客观存在。这使得我们在构建创业理论时需要考虑创业者是如何对不同层面产生影响的。特别是在研究创业者如何有效学习以促进企业的生存与发展的问题时,就不仅需要考虑何为创业者的有效学习行为,更需要考虑这种学习行为是如何对企业不同层面的因素产生影响进而提升创业绩效。这种系统的研究创业行动学习行为不仅可以增加我们对创业学习行为的全面理解,也是构建具有适切性特征的创业学习理论的需要。

3.2 拟解决的研究问题

本书将在以往创业学习研究基础上,结合新兴产业的情境特征,采用行动学习视角建构创业学习构思,提出创业行动学习新概念及概念框架,通过深度案例分析和关键特征实证比较开发基于中国情境特征的创业行动学习行为结构。基于工作场所学习理论,考察创业情境特征、创业任务特征和创业者特征对创业行动学习行为的影响作用;基于工作经验理论,探索不同类型的创业经验对创业行动学习行为的影响机制。之后,运用现场调查方法和跨层建模方法,从创业者的资源网络能力和协进型领导两种创业能力,考察创业者的学习行为对企业绩效的影响机制。最后,基于工作经验理论、人力资本理论和高阶梯队理论,构建并检验了一个包含创业经验、发展型工作挑战、创业行动学习和创业绩效的中介调节模型。具体来说,本书将包含五个专题的研究内容,各专题的研究目标及拟解决的关键问题如下。

3.2.1 新兴产业背景下的创业行动学习行为结构研究

这部分研究关注新兴产业创业背景下创业者的学习行为研究,尤其关注创业者在解决创业问题过程中的学习行为。由于新兴产业市场环境的动态变化、新技术的迅速更迭和顾客需求的碎片化特征给创业者带来结构复杂的、不断演化的创业挑战。受限于惯用思维模式,创业者需要通过社会互动方式来获取新的问题解决视角,这使新兴产业创业情境下的创业学习行为呈现出行动学习式特征:围绕复杂创业难题,与他/她人互动讨论和"边做边学"。创业行动学习概念是采用行动学习视角对创业学习概念进行的拓展,指新兴产业中创业者通过社会互动方式来解决创业问题进而获得学习的过程。

本研究拟通过深度多案例对比分析,离析出创业行动学习的关键行为特征。围绕该研究主线,研究将对下述两个问题进行深入研究:

(1)新兴产业背景下的创业行动学习行为的多案例研究。研究选择新兴产业新创企业来深入调研。研究拟采用追溯方式获取特定数据,运用单案例与多案例分析结合的方法,以创业行动学习的四阶段学习框架(体验搜集、交互反思、系统整合和行动验证)为理论框架,对创业者的创业问题解决过程进行结构化分析,验证创业行动学习的构思内涵。

(2)创业行动学习的行为测量指标开发。新兴产业创业背景下的创业学习行为表现出一系列新特征。研究拟开发"创业行动学习要素量表"。为获得具有良好信效度的创业行动学习测量量表,研究将采用以下步骤开展研究:选择 20 位符合条件的创业者,采用深度访谈和焦点访谈来获取题项开发材料;采用基于过程的题项开发方法开发初始题项池;邀请相关专家进行题项内容效度评估和修订;对量表进行小规模预试、筛选和修订题项;选择符合条件的创业者作为调研对象,采用问卷收集的调研方式来获取数据并进行探索因素和验证性因素分析;分析创业行动学习与一些理论构思的相关程度来检验新构思的信度、聚合效度和辨别效度进行验证。

3.2.2　创业行动学习行为的影响因素研究

创业行动学习行为是新兴产业创业背景下的核心创业学习行为,是我国独特情境特征下的创业场所学习行为,因此本书在系统回顾工作场所学习前因模型的基础上,结合新兴产业创业的独特性,认为创业任务特征会影响创业行动学习行为的产生;研究新兴产业创业情境特征和创业者特征对创业行动学习行为的影响。

研究方法拟采用基于问卷的现场研究方法,采用新创企业的主导创业者作为调查对象;采用逐步回归分析、ANOVA 和双因素方差分析方法来考察创业经验、创业任务特征、创业情境特征和创业者特征对创业行动学习的影响。研究设计既结合成熟组织行为学理论来构建并验证创业行动学习的影响因素模型,也检验创业理论中的创业情境特征和创业者特征的影响,是对创业学习理论的拓展。

3.2.3　创业行动学习对创业绩效的作用机制研究

在上述研究基础上,本书针对新兴产业创业情境下创业学习对创业绩效产生影响的动力机制更复杂的实践挑战,以创业能力为理论基础,从创业者从创业网络获取资源的资源网络能力(network resource capability)和辅导企业内部员工的协进型领导能力(facilitative leadership)作为切入点,实证研究创业者的创业行动学习行为对组织层面的企业绩效产生影响的机制。为更客观地获取企业发展情况,本项目将采用企业财务绩效、新增就业绩效、创业能力提升和创业者满意度来综合考量新创企业的创业绩效。在研究方法上,本部分研究将采用创业者与员工配套的取样方式,对100多家新兴产业新创企业进行配套问卷调查,主要采用多层回归分析思路来考察资源网络能力和协进型领导能力的中介效应。

3.2.4　创业行动学习的拓展研究

创业行动学习是通过创业问题解决的过程学习的,该过程与先前创业经验、创业任务体验是密切相关的。因此,本书进一步研究不同类型的创业经验、创业者的特质、创业行动学习和创业绩效的综合关系。拓展研究分为两个研究。第一个研究探索创业者先前的职能经验对创业行动学习的影响机制,以艰巨的工作体验作为中介变量。第二个研究,探索不同类型的创业经验、创业行动学习和创业绩效之间的复杂关系。作者认为,创业者的在职工作体验(觉知的发展型工作挑战)是影响创业行动学习的直接因素,并通过创业行动学习行为来间接影响创业绩效。先前创业经验会强化这些关系。拓展研究也是采用现场调研的方法,分析方法采用回归分析和 Bootstrap。

3.3　本书研究框架设计

为全方位地研究创业行动学习构思,本书接下来将安排三个部分研究:第一部分为创业行动学习构思内涵的案例分析与量表开发研究(第四章和第五章);第二部分为创业行动学习的构思效度研究(第六章和第七章);第三部分为创业行动学习的拓展研究(第八章和第九章)。第十章是本书的总结与讨论。

3.3.1　创业行动学习的构思框架设计

为了研究创业行动学习的核心特征,本研究需要一个合适的理论分析框架。在系统梳理创业学习与行动学习理论的过程中发现,学习理论中与行动过程最紧密的理论——亲验学习理论(Kolb, 1984),既是创业学习研究的基础理论(赵荔和丁栋虹,2010),也是行动学习的重要基础理论模型(McGill & Beaty, 2001; Marquardt et al., 2009),为我们提供了描述创业行动学习特征的坚实理论框架。亲验学习理论认为:学习是源于体验并在体验下不断修正并获得概念的连续过程;学习是一种过程而不是结果;学习是在辩证对立中解决冲突的过程;是适应世界的完整过程;学习是个体与环境之间连续不断的交互作用过程;是一种创造知识的过程(Kolb,1984)。亲验学习理论以双重知识论为基础:兼收经验主义与理性主义的专长,认为知识源以经验主义的具体感知的经验和理性主义的抽象概念化概念的辩证过程。

亲验学习理论认为完整的学习过程由四个基础学习阶段组成:具体体验、抽象概念化、积极行动和反思观察(见图 3-1)。具体体验是指个体持开放思维来融入真实环境以获取经历的体验,这种体验偏重感觉而非思维;反思观察是从不同角度观察事件,理解事件的意义和情境,思考事件是如何发生的;抽象概括化关注的是对逻辑、思想和概念的运用,强调构建理论和系统性规划,解决问题注重科学性;行动应用指为了实现目标而强调实践应用的过程。这四个阶段组成一个学习圈,将学习程序化和科学化。四个阶段并非单纯的循环,而是螺旋式的上升。

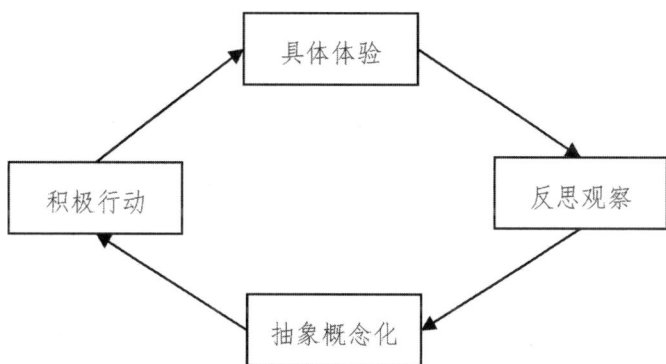

图 3-1　亲验学习理论模型

资料来源:Kolb(1984). Experiential learning:experience as the source of learning and developments.

亲验学习理论被认为是学习理论中最具影响的理论,然而该模型没有考虑过程中的情境特征,被许多学者诟病。Politis(2005)认为亲验学习理论的四阶段学习过程模型在创业情境下并不能充分理解创业者需要处理的复杂性和不确定性。创业行动学习是结合行动学习视角和创业学习视角提出的新构思,它是创业学习核心特征的体现，又是行动学习在创业情境下的新拓展。基于亲验学习的四阶段过程模型，结合创业学习与行动学习的核心特征，本研究认为创业行动学习也是由四个阶段组成的过程模型。然而，有别于普通的亲验学习模式，创业行动学习是围绕创业问题的解决而发生的。创业行动学习的提出是以创业过程为实时和结构不确定条件下进行的寻利问题解决的过程为出发点的。这种特征使得创业行动学习的四阶段与亲验学习四阶段既有一定联系但同时又有一定区别。

立足于新创企业的问题解决导向特征，结合行动学习与创业学习的研究思想，基于亲验学习的过程框架，本研究提出创业行动学习的四要素构思模型：体验搜集、交互反思、系统整合和行动验证（见图 3-2）。

(1)体验搜集。对于具体体验阶段，创业行动学习更强调针对创业问题而展开的对问题情境的考察和问题解决经历的体验搜集，故将这阶段界定为体验搜集。

(2)交互反思。创业行动学习将创业者的学习行为置身于社会互动过程中，强调通过与他人交互来产生解决问题的新视角；而亲验学习将反思视为个体自发的行为，没有考虑外界刺激对个体反思的影响；也没阐明反思对于研究主体的行为的影响过程。因此，本研究将创业行动学习的第二阶段界定为交互反思。

(3)系统整合。创业行动学习的重要特征是基于创业问题而展开，这使得学习过程中必须包括对问题策略的系统思考和设计，而不只是对当前信息的抽象化和概括化。因此，创业行动学习的第三阶段借鉴亲验学习的"抽象概括化"概念，将其界定为系统整合：提炼从体验搜集阶段获得的信息，结合交互反思阶段获得的灵感启发，将这些信息与企业现实紧密结合形成问题的解决策略的过程。

(4)行动验证。有别于亲验学习的行动应用，创业行动学习强调在行动应用的过程中不仅要笃行创业问题的解决方案，更要验证方案的正确性。因此，本研究将创业行动学习的第四阶段界定为行动验证。

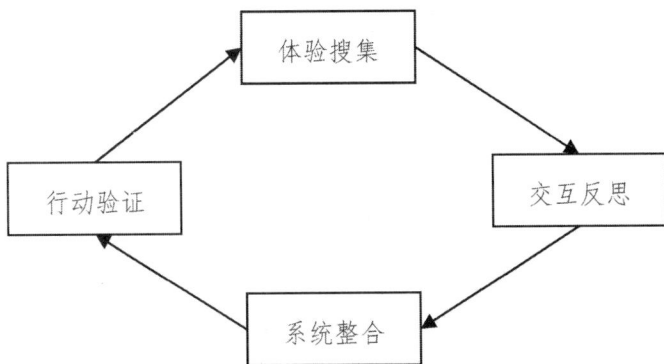

图 3 - 2 创业行动学习过程模型

基于亲验学习模型而提出的创业行动学习四阶段过程模型,契合创业行动学习的让创业者立足于实践经历,强调与他人互动讨论、对创业问题进行探索和"边做边学"等特点。该模型既体现在充满不确定性的创业过程中创业者有效学习的核心特征,又是行动学习方式在创业情境下的新探索。

3.3.2 构思效度验证研究的框架设计

聚焦研究问题,结合相关领域的研究成果,本研究拟采用如下研究框架。图 3-3 是创业行动学习的特征及其构思效度验证的理论模型。从图中可以看出,创业行动学习是本研究的核心构思与逻辑主线。研究依次探索创业行动学习的构思内涵、测量结构、形成机制和效能机制。

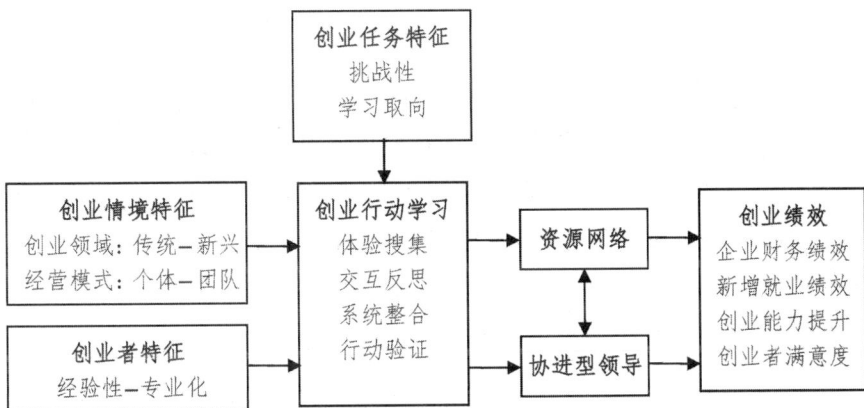

图 3 - 3 创业行动学习的特征及其构思效度模型

以上述研究问题和研究框架为基础,本部分研究将依次研究创业行动学习的概念内涵、行为特征、影响因素和效能机制。具体而言,这部分研究将完成以下四个实证研究。

首先,验证创业行动学习的构思内涵。本书在系统回顾创业学习和行动学习理论的基础上,以参与两个行动学习项目①的创业者作为研究样本,采用纵向跟踪方式获取数据,运用单案例与多案例分析结合的方法,以创业行动学习的四阶段学习框架(体验搜集、交互反思、系统整合和行动验证)为理论框架,对样本创业者的创业问题解决过程进行结构化分析,验证创业行动学习的构思内涵,并结合案例来讨论四要素的学习原理。

其次,严格按照量表开发步骤来开发创业行动学习的测量量表。为获得具有良好信效度的创业行动学习测量量表,本研究采用以下步骤开展研究:基于案例研究的构思内涵框架,采用深度访谈和焦点访谈来获取题项开发材料;采用基于过程的题项开发方法开发初始题项池;邀请相关专家进行题项内容效度评估和修订;对量表进行小规模预试以筛选和修订题项;采用问卷收集的数据来对量表进行题项分析和探索因素分析;采用全新样本对量表进行验证性因素分析;对构思的信度、聚合效度和辨别效度进行验证。

再次,研究创业行动学习行为的影响因素。创业行动学习的四要素构思框架是基于亲验学习的过程模型开发出来的,因此,本书首先检验四要素之间的过程特征。由于创业行动学习行为是一种特殊的创业学习行为,本书从两方面检验其前因模型。首先,在系统回顾工作场所学习前因模型的基础上,结合创业行动学习的核心特征,本研究认为创业者执行创业任务过程中所开展的两种行为是影响创业行动学习行为的重要因素:挑战工作任务与学习取向。其次,研究创业情境特征和创业者特征对创业行动学习行为的影响。在构思设计上,既结合成熟组织理论的任务挑战性与任务目标取向的理论构思来构建并验证创业行动学习的前因模型,也检验创业理论中的创业情境特征和创业者特征的影响,是对该新构思的理论拓展。

之后,研究检验创业行动学习的效能机制。本研究认为创业者作为企业的主导领导者,其学习行为会通过提升与创业任务、企业发展特征紧密相关的能力

---

① 由浙江大学与牛津大学举办的创业能力开发项目。

来促进企业整体的发展。基于创业网络理论与团队学习理论,本书提出资源网络能力的概念:创业者从创业网络中获取资源的能力。基于创业行动学习的"做中学"、交互性和问题驱动等特征,本书认为学习通过影响创业者从创业网络(即开放团队层面)中获取资源的能力(资源网络能力)来影响创业绩效;另一方面是通过帮助创业者提高其作为组织领导者(组织层面)的管理和辅导企业成员的能力(协进型领导能力)来促进企业发展;创业者的资源网络能力与协进型领导能力交互影响企业的创业绩效。创业者从企业外部的创业网络中获取的资源和对企业员工团队的辅导将有助于企业问题的解决进而促进企业整体的发展。为更客观获取企业发展情况,本研究采用企业财务绩效、新增就业绩效、创业能力提升和创业者满意度来综合考量新创企业的创业绩效。

3.3.3 创业行动学习的拓展研究

通过上面的序列研究,我们得到具有较好信效度的创业行动学习构思量表。创业者的学习行为与创业体验、创业经验密切相关。在进一步研究创业行动学习时,必须考虑创业经验和创业体验。在系统回顾工作经验理论和创业学习研究进展的基础上,笔者认为创业经验是具有丰富内涵的构思:既含有不同类型的(定性、定量和交互型)成分,又包含时间特征(先前创业经验、在职工作体验)。因此,作者以创业行动学习为研究核心构思,进一步探索创业经验、创业行动学习和创业绩效之间的关系。该部分包含两个子研究。第一个研究探索创业经验、学习目标取向与创业经验的定性成分——艰巨工作体验对创业行动学习行为的联合效应。第二个研究结合创业经验和在职工作体验,探索创业行动学习与创业绩效的关系。两个研究均采用现场调研和实证分析的方式方法,研究样本均采用新兴产业创业者。

第 4 章　创业行动学习的构思框架探索
——基于新兴产业的多案例分析

4.1　研究目的

当前创业学习研究仍处于概念内涵的探索阶段,产生了许多很有意义的构思模型:Down(1999)的社会交互模型、Cope(2005)的动态模型、Ucbasaran 等(2009)的经验模型、Holcomb 等(2009)的认知模型和 Breslin & Jones(2012)的演化模型等。虽然这些研究有助于丰富我们的理解和拓展研究视野,但研究过于注重创业学习的影响因素或者其局部的特征,创业学习的核心特征是什么的问题仍然没有得到较好的解答。创业学习研究仍然停留在构思开发阶段。创业学习特征的多样性使得采用何种视角来提炼其核心特征具有重要意义:不仅有助于研究者正确理解它的核心特征并推动创业学习理论的发展,也可避免因片面理解而限制相关研究广泛发展的可能性。近年来,创业者的行动学习模式对创业者能力与企业绩效所具有的积极效用在研究上得到了广泛支持(Adams,2010;Stewart,2009;Thorpe et al.,2009;Rae,2012)。

行动学习是有效创业学习的理想模式。行动学习强调人们是在通过与他人对话互动的方式来解决复杂问题的过程中获得学习(Raelin,1997)。棘手的真实问题、需要对问题行动的人和学习小组是行动学习的三个核心要素(Pedler,1991)。行动学习的三个要素与有效创业学习的特征具有很大契合:创业过程是创业者不断解决寻利问题的过程(Harper,2008);有效的创业学习是基于社会互动方式来解决创业问题的过程(Cope,2005)。行动学习研究需要与具体情境结合以突破它的研究困境,而创业学习领域则含有突破这种困境的情境特征。基于创业学习与行动学习的研究现状,本书提出创业行动学习这个新构思:创业者通过社会互动方式来解决创业问题进而促进学习的过程。该构思是行动学习在创业情境下的体现,涵盖创业学习的核心特征。

前文框架设计中已结合创业学习与行动学习理论,基于亲验学习框架提出创业行动学习的构思框架:由体验搜集、交互反思、系统整合和行动验证四要素组成。本章节在前文理论研究基础上,采用跨案例研究方法来进一步验证创业行动学习的构思框架。

4.2　理论回顾

4.2.1　创业学习理论

创业学习理论是伴随创业理论的演进和发展而产生的新研究领域。它将创业过程视为创业者不断解决企业发展对创业能力所提出的挑战的过程(Harper,2008;Clarysse & Moray,2004)。创业学习研究目前主要聚焦于概念内涵的探索阶段,概括而言,目前有经验、认知、交互、动态和演化这几种视角(前文理论综述已有归纳)。这些研究让我们能从多个视角理解创业学习的构思内涵,但也给其内涵界定带来一定障碍:难以统一不同视角形成一个得到普遍认同的概念定义和理论内涵。创业学习研究缺乏可实证验证的、具有普遍意义的测量结构,这限制它的实证研究的开展和创业学习理论视图的构建,创业学习的概念内涵与核心要素是什么的问题仍未得到较好解答。对于创业学习的这种研究困境,我们认为创业学习尚未是结构良好、内涵清晰、有明确定义并供构思间关系验证的理论构思。在新兴产业创业情境下,创业学习研究需要引进新视角来提炼其概念内涵和核心特征,以建构具有中国独特情境特征的理论构思。

4.2.2　行动学习理论

行动学习是一种个体发展与智能并行、情感和体能共同提高的管理教育与开发方法:要求参与者以小组形式一起探索管理实践中一些复杂的和紧迫的真实问题;通过参与者相互间的询问来促进反思与学习;通过这种方式改变参与者在该问题域的行为表现(Revans,1982)。行动学习的核心思想较为简单,因此有多种定义和形式。所有的行动学习项目都含有三个核心元素:有责任对特定事件采取行动的个体、复杂的没有现成解决方案的真实难题和互相支持以促进学习的学习小组(Pedler,1991)。虽然行动学习是团队层面的管理培训方法,但从理论视角来看,行动学习是一种思想,是指个体围绕实践问题指引下、借助社会交互的方式来解决问题进而产生学习效果的过程。

　　行动学习提出至今有 60 多年,虽然在实践应用上富有成效,但在实证研究上却进展缓慢,究其原因有以下几点。首先,大部分研究都将它视为实现学习目标的培训工具,研究侧重在培训内容和使用策略的设计上(Raelin,1997;McGill & Beaty,2001;Silins,2001;Marquardt et al.,2009)。这使行动学习的研究主题零散且缺乏理论深度。其次,行动学习过程具有基于实践、采用社会互动和围绕实际难题的特征,这要求学习者在学习过程中与实践情境持续互动,然而行动学习在概念定义上却又独立于实践情境,这有悖于概念的理论内涵与外延必须一致的构思界定。行动学习不是一个具有清晰边界并可被实证检验的理论构思。行动学习研究还需要更多的系统建模和通用的、可证明的概念模型建构(Chenhall & Chermack,2010;Paton,2001)。

4.3　概念提出及框架设计

4.3.1　创业行动学习概念提出

　　创业学习是揭示中国独特情境下的创业现象与创业活动的重要切入点(蔡莉,单标安,2013)。基于创业学习的研究现状,我们需要采用新视角来提炼其核心特征。近年来,行动学习对提升创业能力所具有的显著效用在研究上得到广泛支持(Adams,2010;Stewart,2009;Thorpe et al.,2009;Rae,2012)。行动学习涵盖有效创业学习的核心特征:创业者通过"做中学"(learning by doing)积累的知识资源(以能力形式存在)对企业发展更具价值(Miller & Shamsie,1996);遇到并克服挑战是创业者产生有效学习的关键来源(Cope,2005);创业行动中产生的一些错误(如行动的智力层级错误与知识错误)必须要在他人帮助下才能矫正(Frese,2007;Frese & Zapf,1994)。行动学习需要与具体情境结合以明确其概念边界进而突破研究困境,而创业学习提供与其核心思想一致的情境特征:创业过程是指创业者不断解决寻利问题的过程(Harper,2008),有效的创业学习是基于社会互动的创业问题解决过程(Cope,2005)。因此,本书提出创业行动学习新概念:创业者通过社会互动方式来解决创业问题进而促进学习的过程。该概念让创业者立足于实践经历,强调学习是通过与他人互动讨论、围绕创业问题展开和"边做边学"来实现。

4.3.2　构思框架设计

亲验学习理论是创业学习与行动学习的核心理论基础(McGill & Beaty,2001;Marquardt et al.,2009;赵荔和丁栋虹,2010),为我们提供了建构创业行动学习过程模型的理论框架。该理论认为学习是源于体验并在体验下不断修正并获得概念的连续过程;是一种过程而不是结果,是个体与环境之间连续不断的交互作用过程(Kolb,1984)。完整的学习过程由四个学习阶段组成:具体体验、反思观察、抽象概括和积极行动(见图4-1)。它们组成一个学习圈,将学习过程程序化和科学化。

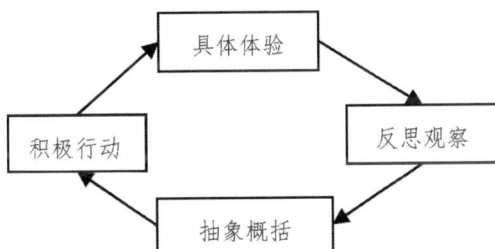

图 4-1　亲验学习理论模型

亲验学习理论没有考虑情境特征对学习的影响,不能充分理解创业者需要处理的复杂不确定性(Politis,2005)。本书在构建创业行动学习的过程框架时,既需要考虑新兴产业的创业情境特征,也需要考虑创业者学习行为的多面性特征。立足于新兴产业的低参照性、低经验性和不确定性所带来的创业问题导向过程特征,结合创业学习的多面性特征,本书提出创业行动学习的概念模型,即由体验搜集、交互反思、系统整合和行动验证四要素组成的过程模型(见图4-2)。该模型强调:创业行动学习是由真实但复杂难解的创业问题(挑战或危机)所驱动,学习过程紧紧围绕问题的解决而展开;体验是在尝试问题解决的过程中搜集和积累起来的;反思是在社会互动过程中展开,非个体独自进行的认知行为;信息的抽象概括与整合是基于创业问题与企业运营现状而展开。该模型既体现新创业情境下创业学习的核心特征,又是行动学习理论在创业情境下的新探索。

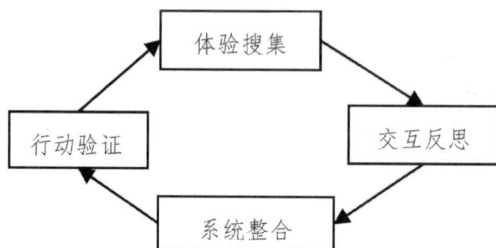

图 4-2　创业行动学习过程模型

亲验学习与创业行动学习过程框架比较如表 4-1 所示。

表 4-1　亲验学习与创业行动学习过程框架比较

	亲 验 学 习	创业行动学习
驱动	不限定情境的学习过程	受复杂难解的创业问题驱动下的学习过程
阶段 1	具体体验:学习个体持开放思维融入真实环境获取体验	体验搜集:创业者针对创业问题展开对问题情境的考察和问题解决方案的线索搜集
阶段 2	反思观察:个体从不同角度观察、理解和思考事件	交互反思:在搜索解决方案的社会互动过程中,与他人交互来寻找解决创业问题的新视角
阶段 3	抽象概括:个体运用逻辑、思维和抽象概念来建构理论	系统整合:提炼从体验搜集阶段获得的信息,结合交互反思阶段获得的灵感启发,将这些信息与企业现实紧密结合形成问题的解决策略
阶段 4	积极行动:强调学习内容的实验性应用	行动验证:在创业情境下笃行创业问题的解决方案并验证解决策略的正确性

4.4　研究方法与设计

4.4.1　多案例研究方法

创业行动学习是基于创业理论与行动学习理论提出的新构思,代表尚未被完全理解的创业行为。根据理论与研究方法匹配的原则,本研究采用遵从复制法则(replication logic)的多案例设计方法(multi-case design)来提炼创业行动学习的核心特征(Edmondson & McManus,2007;Eisenhardt,1989;Yin,2009)。多案例研究方法可通过丰富的实证数据来构建理论并产生准确的可验证的理论(Eisenhardt & Graebner,2007)。这种方法特别有助于开发新理论,因为它收集多个案例的数据,可通过案例之间的对比分析来验证或推翻由某一案例推理得出的结论(Yin,2009),产生比单案例研究更精确和概化的理论(Eisenhardt & Graebner,2007)。

4.4.2　研究样本

根据创业行动学习的概念定义,本书从两个符合行动学习特征、为创业者提供创业能力培训的项目中选择案例研究对象:参与者均为创业者,他们遇到许多创业挑战且有责任对这些挑战采取行动;这些初创业者在创业过程存在各种创业难题;有相互支持以促进学习的小组/班级。产业选择限定在具有创新性和融合性的文化创意产业。创业者的具体选择标准为:没有先前创业经验、企业年限在四年左右、已注册公司和创新型创业模式。这些创业者在研究跟踪期间在他人帮助下完整解决了至少一个复杂问题。研究目的是提炼创业行动学习的概念模型,因此样本的选择并不是因为它能代表所有的创业者,而是选择在研究跟踪期间是否具有行动学习问题成功解决的创业者。经过两年的跟踪,本书从100位初创业者中选择了三位创业者作为研究样本,具有一定代表性。三位创业者及其企业基本信息见表 4-2 和表 4-3。

表 4 - 2　多案例研究中企业的基本信息（2011 年数据）

公司名称	创建时间	产品	员工	营业额	创业模式	销售模式
田间西米工艺品有限公司	2009 年 11 月	手绘帆布鞋	12	200 万元	团队创业	实体店销售
古早文化创意有限公司	2009 年 4 月	创意陶瓷	8	100 万元	团队创业	实体店和网络销售
梨园春科技有限公司	2009 年 12 月	戏曲产品	5	40 万元	独立创业	网络销售

表 4 - 3　多案例研究中创业者的基本信息

姓名	性别	年龄	学历专业	先前工作经历	职务
罗永辉	男	33	艺术设计（本科）	有五年某企业设计部经理经验	负责产品营销网络的开发及公司的运营管理
项姗姗	女	27	工业设计（本科）	一年工业设计师经验	负责公司的整体日常管理和部分的产品创意设计
古越秀	女	37	电子工程（大专）	九年电子商务行业工作经验	负责公司的战略设计和运营管理

4.4.3　数据搜集

案例数据主要来源于被研究企业的档案文件、深度访谈和直接观察。在本研究开展之前，作者已对三位创业者进行过将近三年的开放性跟踪观察。在这期间收集了每个企业的经营数据、企业外部公开文件、企业内部管理文件、相关新闻报道、商业计划书和创业者所描述的创业故事等。除了开放性跟踪获得的二手和档案数据外，本研究还对创业者进行了长期的访谈数据积累。访谈数据来源有两部分：开放式焦点访谈和深度访谈。在跟踪期间，平均每季度本书作者都会与三位创业者及其创业团队成员有过宽泛的、开放性访谈，详细了解企业发展过程中的关键事件；平均每个公司访谈时间超过 8 个小时，访谈人数超 10 人次。在确定本研究课题后，则设计创业行动学习的访谈提纲，采用半结构化访谈方式对三位创业者进行 90 分钟左右的深度访谈，并对两个创业团队的另一位创业团队成员进行 90 分钟的深度访谈。深度访谈过程经过访谈者同意后全程录音,并在后期逐字转化成文本。

4.4.4　数据分析

本书将分析对象界定为创业者个体,分析单元限定在某个具体问题/事件的解决过程。数据分析采用没有先前假设的单案例和多案例分析方法(Eisenhardt,1989;Eisenhardt & Graebner,2007)。本书首先分析每个创业者的创业历程,编写企业的关键事件年表,将收集材料中所包含的与关键事件有关的内容整理归类,将内容穿插到事件年表的对应位置。按照行动学习理论中对复杂问题的界定标准筛选这些关键事件,将事件的整个处理过程作为基本分析单元,对每一个事件按照逻辑模型与建构解释的分析技术进行分析。在完成单案例内的事件分析后,将所有事件并列起来比较分析,在验证创业行动学习过程模型的同时提炼该模型。为了使分析过程更有条理,本书借助图形与表格来提炼行动学习的过程模型。案例间的比较分析过程遵从复制逻辑原则,先从单案例中提炼出行动学习的过程模型,再用其他案例来验证和改进。在进行多案例分析的同时,本研究循环地将新构建的理论模型与现实数据和先前研究成果进行对比来改进模型、深化模型组件定义和提高抽象水平。这样构建的理论模型与案例数据和本书设计的理论框架具有一致性。

4.5　三个案例的分析

4.5.1　企业内部管理案例

1）案例背景信息

田间西米公司由罗永辉先生和他的两位创业伙伴于 2009 年创办。公司以手绘鞋、手绘 T 恤、手绘套装等为主要产品,集产品开发、设计和销售于一体,产品主要销往浙江及邻近省份城市。公司产品具有图像设计全部手绘、款式更新较快、颜料鲜艳且永不褪色等优势,从而逐渐得到了市场的认可。目前,田间西米已经有上千款手绘鞋,且每月以推出 20 个新款的速度递增。公司已形成由直营店、加盟店和经销店组成的实体销售网络,拥有实体店数十家,除了浙江省内城市外,公司还在安徽和江苏等省份拥有多个销售加盟店。2012 年公司营业额在 250 万元,员工 12 人,办公场所占地 1 000 平方米。产品推向市场以来,口碑很好,"田间西米"品牌也成为国内手绘行业的知名名牌。公司连续三届获得杭州文化创意博览会创意生活体验大奖,并得到 CCTV 导视、浙江经视和杭州电视台等多家媒体的报道。2012 年田间西米公司利用自己在行业的知名度成功举办了田间西米首届手绘体验节。虽然与许多初创企业的发展相比,该公司的发展较为顺利和稳健,但过程中也有不为外界所知的艰辛和困扰。

2)关键事件描述

罗先生虽然曾经在某大型企业有过五年的部门经理工作经历,但在自己创办企业后,还是遇到了许多管理上的问题。创业团队的三个成员工作上非常团结,但这并不能掩盖企业内部管理不够清晰的事实。三人需要共同参与公司的各项事务,如加盟商管理、产品设计、直营店管理、内部生产以及财务融资等方面的事务。随着产品款式的增加、市场渠道的增多、产品需求量的增加和企业规模的扩大,团队成员在工作上开始出现混乱现象,公司的每一项业务都有人在管,可都出现问题解决不好的情况。

"今年遇到很多麻烦事,三个人都很烦躁,脑子都想不过来。我要想这里的事,又要想生产的事。她又要想营销的事,又要想生产的事,很心烦,什么事都做不好。"罗先生不仅遇到团队成员工作上遇到的烦恼,在公司的招聘和员工管理上也遇到了类似的难题。企业扩张需要招聘新员工,但由于资金有限,企业发展所需的员工数量与企业可承受的员工数量之间存在很大差距。员工招聘进入企业后又遇到新的困难:采用何种管理模式才能最为有效灵活地管理员工。公司经常遇到临时问题需要增加人手来解决,但员工在各自岗位上又有各自的工作任务,在当前的员工基础上如何既完成定岗工作任务,又能满足机动运作需求,这些成为影响公司内部管理的重要因素。

对于这些困境,罗先生一直在寻找办法并不断尝试。他不仅在部分岗位上尝试职责优化,还尝试系统修改企业内部管理分工。他根据之前在大公司工作的经验来重新设定自己企业的组织架构,可是发现若按新架构来执行则需要雇用几百个员工才能解决企业当前的管理问题。如何使公司管理更有条理成为他每天的困扰,也成为制约企业发展的重要阻碍。通过各种尝试,他知道公司存在什么问题,但却对针对性解决问题无能为力。

带着这个问题他与自己的创业团队、以前的工作同事和同行的创业朋友都进行过探讨交流,从他们的视角来重新审视问题以寻找解决策略;积极搜集其他成功企业的内部管理实践,借鉴对比以改进企业内部的管理规范。通过这些努力,罗先生仍然没有找到对症的突破口,直到他加入创业培训项目遇到咨询师李老师。李老师在对公司进行全面诊断并观察罗先生遇到的管理困惑后,指出罗先生在企业内部管理上存在方向性错误:创业型企业要根据企业的发展阶段和需要来设置组织机构。顺着李老师的思路回忆之前做过的尝试方案,罗先生意识到之前是根据大公司的由上至下编制方式来设置岗位,而没有考虑到新创企业在资源紧缺、制度不完备和人手紧缺等方面的客观实际。企业管理中呈现的问题需要结合企业自身特征来重新寻找解决思路。

在意识到问题产生的根源后,罗先生将该思路与两位创业伙伴一起分享并讨论企业未来的管理方案。经过各自思考、讨论和想法集合后,罗先生设计了新的公司管理方案。首先,他在问题解决方向上进行了大调整:将原先依据传统成熟企业中自上而下设定岗位和管理员工的思路,改成自下而上根据企业阶段需要来设置岗位和招聘人员。其次,根据企业实际情况将整体业务划分成三大块,即生产、销售和设计。三位创始人进行任务分工:一位创业伙伴专长手绘技术,负责公司的产品设计业务;另一创业伙伴为一位 90 后女孩,与一线员工年龄段较相近,她来负责生产业务;罗先生本人负责公司的销售业务并监督其他两块业务。方案确定后,罗先生带领他的团队立即进行改革实践。首先,不再盲目招人。直到公司的某个岗位确实需要人手且对公司的发展具有重要影响时,才会进行岗位职责设计和人员招聘。确定岗位之后,再确定新岗位应归属哪一位管理者管理。其次,如设计中所提到的,企业管理层进行任务分工,根据公司成员的经验与特征来分管生产、销售和设计。

创业团队成员在执行任务分工策略初期,企业出现更加混乱的管理局面。一方面,以往是由罗先生统筹管理企业三大业务,两位创业伙伴更多是一种辅助角色,新的任务分工策略使得两位创业伙伴在各自负责区域出现经验不足现象。另一方面,各部门员工此前由三位创业者统一管理,员工习惯向其中任一位反映问题或汇报工作,新策略的执行使得员工需要一定时间熟悉对应部门领导的汇报沟通方式。对于这种局面,罗先生利用自己之前的经验启发和帮助两位创业伙伴更好地管理这两块业务,并密切关注其他两个模块的业务进展情况和创业伙伴的行动反馈,避免分工导致部分任务责任不明晰带来的冲突。

在经历一段混乱时期之后,罗先生发现公司的内部组织结构与人员配置更加有序,人事系统运作更为有效,企业的内部管理比原来有了显著的改进。创业团队任务分工使得公司的另外两名创业伙伴在能力上获得迅速提升的同时,创业团队在管理上的冲突减少,企业自上而下的管理效率提升很多。而同时,罗先生开始有更多精力专注产品的市场推广,不仅在宁波、舟山和安徽地区成功开拓了新市场,还与杭州市残联建立新的长期合作战略。新的岗位设定和选人方式使得企业在招聘和用人上的成本降低很多。面对自己企业偶尔出现的管理混乱问题,创业团队成员的处理手段也更加灵活:不再固守于大企业的用人方式,而是根据自己小微企业的特性来灵活调配和解决人事问题。至此之后,企业内部的人员管理问题不再成为罗先生及其创业团队的重要负担,他们有更多精力用于企业的发展上,企业发展迅速。随着公司业务销售渠道的增加,生产产量供不应求,2012年公司扩建了厂房,新建了办公场所。随着手绘鞋加盟店数量的快速增加,通过观察思考,罗先生更有效地管理、激励和控制加盟商外,还产生了建立直营店基地的想法:既展示和销售产品,同时培养属于自己公司的店长,培养成熟后管理新的直营店。2012年10月,他在杭州蒋村商业中心建立了新的产品展示和销售直营店,并开始招聘和培养店长。企业开始往新的成长模式发展。

3)本案例的分析

罗先生对企业内部管理问题的解决过程是一个创业行动学习的过程。首先,罗先生在管理实践中遇到管理不顺畅的事件。三个合伙人共同负责公司的产品生产、销售和员工管理三大任务,可每一项任务都出现管理问题。随着公司规模的扩大和业务的增多,创业团队成员需要一起处理更多的事务,业务之间混杂而使彼此都感到烦乱。而在公司员工层次,也出现岗位配置和职位归属管理定位不清晰而导致的管理混乱。在遇到管理困境后,罗先生根据先前工作经验重新设计企业组织架构,自上而下设定岗位职责与需求等。在完成设计后发现,以往的工作管理经验所设置的新岗位数量,远远超过公司实际所需要求和能提供的就业数量。他充分了解问题的特征,可已有的管理经验非常有限,他无法解决。

其次,在问题没得到解决的情况下,他不断与他人交流来寻找问题产生原因和解决办法。他与自己的创业团队成员讨论问题方案,但发现另两位成员与他一样在此问题上黔驴技穷;他寻找以前的工作同事咨询管理办法,但发现同事提供的方案仅适用于成熟企业;他与创业朋友沟通,但发现由于对方对自己公司不完全了解,所提供的建议效用有限。机缘巧合,罗先生得到参加咨询项目的机会,遇到咨询师李老师。通过与李老师的不断交流,他得到了让问题解决并得以突破的关键启示:新创企业的人员配置应用自下而上的方式。"方向性错误"不仅让他回顾解决该问题过程中所进行的各种尝试、获得建议和尝试效果,更让他深深反思并意识到自己为什么没有解决好该问题的原因。之后,他带着李老师提供的建议重新审视公司的现状,根据反思结果设计出公司内部管理的新思路,即"三权分立"和"自下而上"因事设岗。带着这种思路,他重新设计了公司管理层的分工职责和员工的定岗招聘方案。

最后,他按照这种方案开始进行公司管理实践的改革。公司管理混乱的问题得到了解决,他也收获了创业公司管理的新经验。对于人员的机动配置和岗位设计的矛盾,他有了新的理解并在解决过程中更为游刃有余。公司的内部管理问题得到有效解决,罗先生有更多精力发展企业的整体业务,企业各方面发展更加迅速和顺畅。

4.5.2　企业转型过程案例

1）案例背景信息

古早公司是由以项女士为核心的六位对陶瓷艺术非常感兴趣的年轻人于2009年8月注册创办的;项女士总领负责公司各项业务,也涉及产品的设计;一位创业成员负责公司销售市场的拓展,其他四位创业成员专职负责产品设计与生产。公司主营创意陶瓷的批量设计、定制和生产服务,产品覆盖陶瓷工艺品、陶瓷饰品、婚庆用品、纪念收藏品等类型。产品销售方式为经销批发,主要面向企业客户,销售区域遍布全国以及海外市场。2012年公司有员工10人,年营业额200万元。在浙大科技园孵化发展三年后,古早公司得到很大发展,公司规模也迅速扩大,并成为杭州市的知名文创企业。公司创办人项女士也被评为2012年杭州十佳大学生创业之星。

2）关键事件描述

公司成立至今的四年里,各种威胁到公司生存和发展的创业问题接踵而来。首先遇到的是如何销售产品来解决公司无收入的困境,他们尝试各种销售方式,摆摊、参加创业市集和自我推销等。产品销售初步有起色之后,选取能带来稳定销售额的渠道又自然而然地摆到了面前。为了提高企业的营业额和利润,他们之后对销售渠道进行了优化提升,并且对陶瓷产品的设计方向进行了新的尝试。虽然公司已经走上了稳定发展的道路,但项女士发现,自己公司遇到了创意行业遇到的通病:产品成本太高、研发速度太慢,导致利润过低,企业的发展遇到了瓶颈。如何在当前基础上进行转型升级寻找新的出路,是项女士一直在思考的问题。

带着企业如何转型的思考,项女士不断搜集新的思路线索。有一次某地区政府找他们探讨创意行业合作的可能,让她意识到政府对该领域的重视。2011年年底从媒体上获知中央在文化兴国战略中提出的"在多少年内要达到多少文化产品"的信息,让她再次肯定文创企业转型的必要性和方向——顺应文化兴国战略。但如何能既"兴国"又"兴业",这成为项女士关注的新问题。

有一次偶然地翻阅杂志,跨境电子商务 B2C"兰亭集势"的相关报道启发了她的思路。"兰亭集势"是将中国的小产品集中起来销售的模式,那能否将文创产品采用这种模式销售?结合自身对文创行业的特征和对同行的理解,她认为集合同行的文创产品,采用实体店出售的想法有创新性且有一定可行性,然而实体店平台设计需要大量资金和人力并要解决物流和仓储问题,这对于一个刚解决温饱正在向小康迈进的企业来说,是非常大的挑战。她深信这一设想蕴含着企业转型的契机,但随之而来的问题又让她左右为难。

已经经历过许多创业波折的她,并没有放弃对该问题解决思路的寻找。带着这种困惑,她不断与朋友交流寻找思路。不管是在假期回家探亲,还是外出处理企业业务,她没有放弃过任何可以寻找解决思路的交流机会。正是通过这种锲而不舍的坚持,有一天,一位同学的建议启发了她:"可以通过网络来销售"。她反思之前为什么没有想到用网络平台来销售的原因。她意识到国内对创意产品设计的抄袭复制现象限制她往网络平台销售方向的思考。

顺着网络平台销售的解决思路,她开始进行多方面的可行性评估,而评估的结果再次强化了她的信心。首先,网络平台可以给文创行业的同行提供对外展示并销售原创作品的机会,解决目前文创行业遇到的销售瓶颈问题;其次,建设网络平台需要的资金和人力比实体店少很多,且在物流和仓储方面也少了很多瓶颈;第三,通过对国外朋友的需求调研发现,老外很喜欢中国文化的产品,潜在的销售市场存在。

带着网络销售的思路,她比较分析了中国几个著名的网络平台,如当当、淘宝和京东等知名电子商务平台在产品进货方式、销售方式、物流方式和产品质量控制方面的特点,吸取它们的优点并结合文创行业产品的特点,设计了适合本行业的网络平台建设方案。她将销售创意转化成具体的项目计划书,到处寻找融资:参加杭州市青蓝项目申请以获取项目补助;寻找天使投资人对该项目融资;向朋友圈中可能的融资者推销该项目。经过半年的寻找,项目找到投资人并获得融资。在获得融资后,项女士与融资人创办了新的公司并获得浙大科技园两年免费使用的办公场所;招聘了六位 IT 背景的员工来启动网站平台的建设。

虽然项女士成立新公司来启动新项目的运营,但她并没有放弃原来的公司。反而在该项目的想法变成可实施计划的过程中,项女士对原公司生产的陶瓷产品有了新的发展思路:往人工成本少、生产周期快和普通大众消费者需要的方向生产,而不是陷入艺术专业唯美但不被消费者接受的困境中不能自拔。受这个思路启发,项女士先对已有的上百种陶瓷产品从市场销售量、生产成本和生产周期三个角度来分析对比,从中挑选出五款明星产品作为主推产品来销售;对于落选产品设计者的负面情绪,项女士则通过摆事实,希望从公司大局发展角度说服其他创业伙伴放弃各自"叫好不叫座"产品的市场销售;说服公司成员采用新的理念,即从消费者角度而不是从设计师角度来设计新的陶瓷产品等。受新思路的启发,公司在 2012 年设计出新型酒杯,并得到安徽某著名白酒企业的几万只订单,企业营业额从 2011 年的 100 万元升到 2012 年的 200 万元。

通过这一系列的努力,项女士一方面在文创企业转型和推广方面得到很大提升,另一方面则让原来古早公司的业务销售量和利润方面得到很大提升。新项目的运营和原公司的管理让项女士的工作负担加重,她开始逐渐脱离产品的设计业务,并将主管的财务和行政事务转移给创业团队成员小赵。由于小赵一直从事设计业务,对管理业务一窍不通。她将小赵随时带在身边,手把手教她各种行政事务和公司财务管理。经过半年的锻炼和培养,小赵逐渐胜任这两块业务,而通过这个过程,项女士对如何培养员工也有了更多心得。

3)本案例的分析

项女士带着企业自身发展转型需要的考量寻找出路,最终找到解决方案并实践尝试的过程也是她不断学习的过程。首先,正是企业转型的思考让她对周围的信息非常关注并收集到有用的信息线索,如与政府的接触、电视播放中的政治会议和杂志上的广告信息等。这些信息让她对企业的转型方向有了新的启发，即结合文化兴国战略和文创行业特征进行实体店销售创意产业的产品。然而由于企业自身规模问题使得该思路遇到许多瓶颈，但项女士并没有放弃。其次，她抓住各种能与他人交流学习的机会，从中尝试寻找企业转型的突破口。也是通过这种交流，她从朋友那里得到启发，采用网络平台的方式进行销售。带着这种思路，她先是反思之前为什么没有想到该思路的原因，发现自己的视角过于受创意产品剽窃和复制现象严重的成见束缚。第三，她沿着网络平台销售的思路，分析参考当前知名电子商务平台的运营方法，结合文创行业的特征和企业当前的情况，设计了最适合自己企业的网络平台与运营方法。最后，她带着新的方案寻找融资。在获得融资之后，项女士启动了新的项目，带领团队进行了新方向的尝试，如创办新公司、招聘新员工和设计宣传方案等。

虽然项目的未来效果还不容易预期，但项女士在企业转型思路的寻找和实施过程中得到了多种效果：找到了转型的方案并成立新公司来专职运营；对原来的古早公司成功进行产品转型，企业利润 2013 年翻番；培养创业团队成员在财务与行政事务上的办事能力；自我的员工培养能力得到很大提升。

4.5.3　产品市场选择案例

1）案例背景信息

古越秀是一个资深戏迷，在创业以前她从事软件需求分析工作。2005 年她兼职创办了一个以戏会友的戏曲网站——戏苑九洲网站。该网站是纯民间、纯草根建设的以非物质文化遗产为主要传播内容的实业型 B2C 网站。由于她的精心打造，网站功能全面，戏曲知识浅显易懂吸引了无数对戏曲感到好奇的年轻戏迷。同时网站又兼顾资深戏迷的需求，会员量与流量激增，成为戏曲类网站中的知名网站。同时，该网站是国内首家以戏曲用品经营为主营业务的独立服务器 B2C 网站，也是集戏曲文化知识为一体的准戏曲网站。经过七年磨练和持续不断的改进建设，戏苑九洲网站已经取得戏曲类网站中综合实力排名前三的行业地位。网站培养了年轻的戏迷注册会员 3 万余名，有效顾客会员占 5%，日均在线订单提交量占网站单个 IP 访问量的 1%。

网站创办人古越秀于 2009 年 12 月注册了梨园春科技有限公司。2012 年公司雇有 8 位全职员工，企业营业额为 50 万元。公司的产品主要围绕戏曲和舞台演出用品的设计、生产和销售,以及戏曲专业产品生产过程的技术改造和艺术交流等。公司自创办以来申请了多项产品品牌,如梨园春牌发套头饰、九州戏苑品牌戏曲服装和中国风礼服等。在合作方面,公司与浙江京剧团、杭州大剧院和正大青春宝等公司进行过多次业务合作。产品远销中国台湾、香港、新加坡、美国、加拿大等国家和地区。

2) 关键事件描述

公司网站最初的创办主旨是保护戏曲非物质文化遗产,推广中国戏曲文化艺术,推进中国舞台演艺产业的发展。随着该网站知名度的提升和投入费用的增加,古女士通过网站的网络排名优势经营戏曲用品,填补了网站营运所需要的费用,并逐渐弥补了 2005 年网站创办到 2009 年公司初建时的财务亏损。2010年,公司通过网站 B2C 运营,逐步实现了盈亏平衡。

古女士是工科毕业,爱好戏曲但并非资深行家。2005 年网站创办初时,她对如何设计、生产戏曲产品知之甚少,于是毅然从工作安逸的事业单位辞职,全身心投入公司网站的建设与产品制作。她去剧团拜名师学习专业的戏曲知识,走访全国各地戏曲用品店取经求教,寻找相关产品的民间手工艺人,经过几年知识积累和身体力行的实践摸索,逐渐建立起戏曲产品设计与生产的方案体系。然而戏曲行业与普通行业不一样,客户范围较窄,而产品材质选择、款式设计和生产周期较长,网络订单相对较少,公司在自主开发产品上的投入与收入不成正比。是否应将冷门的戏曲用品推向大众市场,将用户从小众范围扩大到家喻户晓喜闻乐见的常规化产品,是她一直困惑的问题。

在参加行动学习项目以前,她也尝试过其中的一些方向,如研发动漫文创戏曲产品,实体店租赁戏曲服装道具、租赁服务与酒店合作等。她在每个方向都投入了一些资金和精力,但屡试屡亏。这种经历让原本资金就不丰裕的企业运转更加困难的同时,让她对未来方向的选择感到迷茫:"到底哪条路才是我最适合的?"

带着这种困惑迷茫和不放弃,古女士进入了该项目的学习。她将这次学习的机会视为问题转机的关键。在课堂上她不放过老师提到的每一句话,在课间抓住各种机会与学习同伴交流,并在课后通过网络和书籍来丰富学习过程中接收到的新信息。虽然学习同伴也给她提供了许多新的具体想法,如设计女装、设计生产 cosplay 风格的衣服等,但她知道这并不适合自己,什么是适合自己的产品思路她也不清楚。带着问题,她继续搜集她想要的思路。直到有一天,有一位老师提到"做熟悉的行业"时,她霎那间产生了共鸣。

这一句简单的话语,让她陷入深深的反思,反思这两年来走过的弯路。她意识到她在往各种方向尝试以失败告终的根本原因,就是脱离自己熟悉的戏曲主业而去尝试不熟悉的行业。在这句话的启发下,她明白自己的产品仍然需要往与自己熟悉的方向结合。可是,既要不脱离主业又要进行产品方向的改革,该选择哪类产品呢?带着这个问题,她与该项目的创业同行积极交流,有一位同伴让她走"大众化路线时"的话语再次启发了她。她意识到自己的观念,即将客户对象锁定在小众戏迷而非普通消费者的观念,限定了公司产品的转型和企业的发展。她明白,自己的产品方向应放下戏曲高雅的身段,企业想要盈利,应该走大众化的方向。

在"做熟悉的行业"和"走大众化路线"的启发下,她开始寻找具体的解决方案。在这个过程中,她抓住许多会展的机会,如文博会、动漫节和婚庆展等来寻找具体的产品市场。通过会展现场信息的收集和戏曲行业特征的调研,她发现融合传统戏曲故事才子佳人大团圆元素的中式婚庆主题的产品和服务是企业发展的可行方向。首先,中国戏曲故事有广泛的群众基础,才子佳人大团圆的爱情概念是永远的话题,公司生产的中国历代婚庆礼服的大气祥和,也符合婚庆基本要求之喜气和圆满。其次,以戏曲元素为素材的产品可衍生开发出系列婚庆产品,比如国色生香牡丹家纺用品、喜铺用品等。第三,公司还可借鉴戏曲的程式化表演流程,为新人设计策划既体现新人个性又符合公司模板化操作的服务,包括古装摄影、穿越剧微电影、婚礼司仪流程、婚宴节目演出等。从视听上可满足大众需求,从精神上也丰富了中国传统文化内涵展现。

在婚庆主题方向的指引下,她开始制定商业计划书,并将先前做过的产品和实践过的文创服务,整合到计划中。为了试探市场的反应并获取直接的客户反馈,她在顾客群相对集中的嘉兴,开了一家中式婚庆和戏剧用品一站式配置为主题的实体体验店,并根据消费者的反馈不断调整产品的设计。同时她开始关注融资,以选择最合适的投资人和项目合作伙伴。她从获得的融资实际情况出发,带领她的团队,意欲打造出一个极具中国传统文化魅力的品牌婚庆产品,包含中国历史朝代婚庆礼服,展现历史精华的穿越剧微电影,以戏曲元素为素材的整体家纺用品,传承中华文明的中式婚礼流程服务,即"梨园春中式婚庆产品与服务"。

3）本案例的分析

通过上面古女士的案例可以捕捉创业行动学习促进创业者行为改变的过程。在参加行动学习项目之前，古女士已经有一定的创业经验，且经过许多创业尝试。每次尝试的失败让她很迷茫，不知道自己的许多想法中哪种想法是正确的，不会再失败的。这种困惑促使她积极收集信息并不断与他人交流寻求解决方法。古女士在行动学习项目的老师和同伴启发下发现自己的潜在假设有问题，即不应该脱离戏曲主业做自己不熟悉的行业和需要走大众化消费路线。她开始反思之前的创业经历，并积极观察周围的环境，寻找可以切入的大众化产品线。通过婚博会发现原来自己的产品很适用于婚庆市场。古女士在该思路基础上整合企业已有的产品，重新设计了企业的发展计划书，并开始进行市场反馈的尝试。同时开始寻找投资来启动新项目。这个过程古女士不仅找到了产品转型的满意解决方案，也发现并更正了之前的行动假设存在的问题。这种潜在假设改变也影响了她之后关于企业发展道路的选择，实现了双环学习的效果。

4.5.4　多案例对比分析

三位创业者同属于文化创意产业，在参与行动学习项目期间各自解决了不同的创业挑战。这些挑战均威胁到他们企业的生存与发展且没有最佳解决方案。问题的复杂性使他们虽经历多次尝试但未能在短暂时间内解决，且问题的焦点随他们实践的开展而不断发生改变。通过对他们解决困境的过程跟踪研究可发现，他们的学习过程具有相似性。在基于问题解决的创业行动学习过程中，学习是由创业问题驱动的，由信息集成、交互反思、系统整合和行动验证组成的过程模型。在这三个案例中，创业问题不仅是学习的起点，也是产生持续学习的来源。

深入分析这些案例可发现，信息集成、交互反思、系统整合和行动验证实时存在于创业过程中。首先，在新兴产业创业背景下创业挑战无时不在：创业者不仅面临行业低参照性、低经验性和不确定性的挑战，也面临资源短缺、政策不完善和激烈竞争等多重挑战，创业者时刻处在各种创业问题的解决过程中。其次，创业环境具有时间动态性（temporal dynamism）和行动内生性（action endogeneity）特征：即不管是否采取创业行动，创业情境自身会变化；同时创业行动也会改变情境(Rudolph et al.,2009)。这使问题的解决不能一步到位,创业问题随着创业行动范围的拓展而改变,创业者需要迭代进行行动和诊断并实时修改行动策略。第三,创业问题的发展使创业者不断陷入新的问题僵局,这使得解决方案也需要不断调整。创业者需要不断对行动反馈进行诊断以修正解决方案。因此,在新兴产业创业情境下,创业行动学的四个学习阶段实时存在创业过程中,随着问题特征的演化而不断递进上升(见图4-3)。

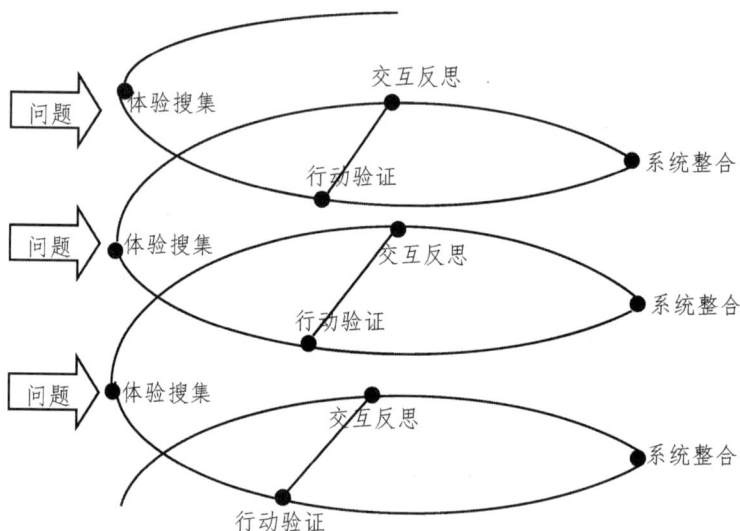

图4-3 创业行动学习的螺旋过程模型

4.6 本章小结

创业学习是应对中国独特创业环境所带来挑战的重要举措,是创业成功的关键(蔡莉,单标安,2013)。基于行动学习视角提出的创业行动学习概念及其过程模型体现了新创业情境下的创业学习核心特征。该过程模型认为对企业发展具有重要影响的创业问题是驱动学习的动力。问题使创业者陷入思维僵局状态(mental impasse):进行多种表征与尝试后问题仍然停滞不前,创业者不知道该如何推进。在这种状态下,企业的生存压力迫使创业者采用各种方式来获取问题解决线索,在问题驱动下创业者会努力阐释各种信息以从中提取有启发性的视角。此时越多他人视角对问题的表征越有助于创业者吸收外界信息:不仅容易产生问题解决新思路,且会增强创业者对该问题的记忆(Moss et al.,2011;沈汪兵等,2012)。

体验搜集是指创业者针对创业问题展开对问题情境的考察和问题解决方案的线索搜集。有别于普通的企业行动反馈收集,体验搜集是在没有预设目标的前提下对问题相关信息的搜集。随着创业者实践范围的拓展,创业行动所产生的信息将会进一步影响问题的表征和解决方向。在这个过程中,创业者需及时捕捉并阐释行动所产生的关键信息以避免线索消失。该阶段可在短期内收集行动产生的即时效果,不仅可用于与实践目标比较以寻找问题的解决方向,也是创业者积累信息和促进学习的基础。此外,该阶段可帮助创业者识别潜在的创业挑战。只有充分收集行动的过程信息和问题情境的变化信息,并对结果与创业目标不断比对,创业者才能识别出潜在的创业挑战,驱动新一轮创业行动学习过程。

交互反思阶段是指创业者在他人信息的启发下,采用新视角回顾问题情境并反思先前的问题解决尝试,归纳问题僵局产生的各种原因,从中查找问题存在的行动假设缺陷的过程。交互反思是开发创业知识进而获得创业学习的重要阶段:在反思过程中创业者将体验转化成创业知识(Daudelin,1996),这与亲验学习理论中体验的获取与转化两种维度的内涵是一致的(Politis,2005)。创业者通过对经验、情境的反思,从创业体验中获得实践智慧。

系统整合区别目标导向型决策(causation)的制定过程:创业问题是非结构化的,企业产品是从不存在到创造出来的过程,企业缺乏关键资源。这使得策略的系统整合过程是一个系统化的手段导向决策(effectuation)过程:创业者不仅需要获取更精确的信息,也要重新整合新知识与以往创业经验,并运用新的行动假设来提炼出新的手段目的链以促进此后行为模式的改变。以往研究聚焦先前经验和知识等静态预测变量,而较少关注这些经验的"知识块"如何在创业过程中增加和深化(Campos & Hormiga,2012),而系统整合行为则解释了这一过程。

创业环境具有时间动态性和行动内生性特征:即不管是否有采取创业行动,创业情境自身会变化;同时创业行动也会改变情境(Rudolph et al.,2009)。这使问题的解决不能一步到位,创业者需要迭代进行行动和诊断并实时修改行动策略。在创业行动学习模型里,行动验证是创业者产生学习的重要来源:将问题策略应用于真实情境以验证其正确性,正确则强化其学习,有偏差则促进方案的修订;创业者在行动时需要时刻警觉其所持的行动假设,避免创业行为受限于已知行动假设而忽略新的信息,这个过程中行动塑造其思维;行动促使创业者从行动信息中推导可能性的解释(逻辑推理)、预想某种行为的结果(演绎)或总结当前数据以获取结论(归纳),产生基于问题解决的学习过程。

创业行动学习的每个要素均产生学习增量,是形成创业行动学习过程的必要条件。由于创业者受自我的认知结构、学习偏好和创业情境特征等诸多因素的影响,创业者对四个学习要素的重视程度将呈现一定的差异性。然而学习的核心是创业行为的改进和创业问题的解决。这不仅要求创业者将信息内容转换成创业知识,更要求将知识转化成行动。仅有信息的搜集和思考,或仅有问题视角的提炼和策略的整合,所能产生的学习效果非常有限。同样的,仅有知识向操作的转化也是不够的,因为需要有被转化的新知识。因此,虽然使用创业行动学习中的一种或者多种方式可以获得一定的学习效果,但只有将这四种学习行为联合起来使用,学习才会更有效。

第 5 章　创业行动学习构思的验证研究

5.1　研究目的

前几章在系统回顾创业行动学习相关理论的基础上,采用多案例研究方法来归纳和阐述创业者在解决创业问题过程中所表现出来的学习行为,验证了创业行动学习的四要素构思框架:由体验搜集、交互反思、系统整合和行动验证四个要素组成。这使我们对创业行动学习这个构思的关键特征有了进一步的认识。构思作为理论的基础,是构建理论的必要但非充分条件(Suddaby,2010)。管理理论的重要特征是构思之间的关系是可证伪的(falsifiability),即:新构思可以与成熟构思建立起关系;构思的内容必须满足构思效度的标准;从构思中提取的变量需要满足测量模型的标准(Bacharach,1989)。为构建一个基于中国情境的创业行动学习理论,我们需要开发一个在理论上可证明的创业行动学习的测量量表,使创业行动学习成为一个可识别行为的具体构思。因此本研究的目的是开发创业行动学习量表,并通过大样本的问卷数据来检验该构思的构思效度与测量信度,以确保该量表结构的稳定性和测量的准确性。通过创业行动学习量表的开发,我们不仅可以精确定义其核心内涵,使其易于操作化和验证,也有助于为后面创业行动学习行为产生的影响因素及其对新创企业成长的影响机制的研究提供充分的理论依据和测量工具准备,为在中国情境下构建适合创业者的创业学习模型进行新的尝试。

5.2　创业行动学习的学习原理

前面基于三个纵向多案例研究提出创业行动学习由体验搜集、交互反思、系统整合和行动验证四个要素组成。该模型是基于亲验学习框架、采用行动学习思想构建的。虽然在形式上与亲验学习框架存在相似(由四个要素组成),然而两者之间存在较多差异。首先,创业行动学习聚焦创业者如何从行动中学习,认为创业挑战是学习的主要来源。这种挑战感是创业者基于零碎和不完整信息与想象和感知而形成的。而亲验学习理论认为行为主体是通过重复多次执行特定任务,根据清晰反馈或效率评估等可测量的结果来获得学习的。其次,创业行动学习吸收行动学习的理论思想,强调创业者聚焦创业问题/挑战,持续与外部社会环境互动的群体互动学习特征。这与亲验学习理论强调通过独自体验来获取学习有一定区别。第三,创业行动学习重视创业者对行为、惯例、新信息与新视角的系统性整合,而不仅仅只是对问题体验与信息的单纯抽象与概括化,这与亲验学习的核心思想也有很大区别。创业行动学习与亲验学习的概念框架上存在的这些差异,为我们进一步挖掘其构思内涵并开发量表奠定较好的基础。

本书选择行动理论来研究创业者从行动中学习的行为与认知机制。行动理论源自 Lewin 的场理论,由德国学者 Hacker 创建,后经由 Frese 等学者整理并简化而成。它认为行动是由行动序列组成的,既受认知结构调节,又对认知产生反馈与调整的影响。在解释个体行为时,行动理论与常见认知理论[如脚本理论(Lord & Kernan,1987)]有较多相似处:均聚焦目标驱动的行为;低层级认知结构关联具体化和情境化的行为,使用的注意力资源少;高层级的认知结构包含更多抽象意识,行动更加理论导向。不同的是,行动理论聚焦行为主体的认知与行为之间的相互调节过程,认为行动的弱层级结构之间会相互协调:高层级为较低层级提供输入(如目标、触发条件等),保护低层级的行为序列不受干扰;低层级为高层级或减少行动差距或发送来自外部的反馈信息。这与只聚焦认知对行为的单方向控制的其他行动理论(如认知调节理论、计划行为理论等)有显著区别。行动理论的这些特征为我们探讨创业行动学习的四个要素,即体验搜集、交互反思、系统整合和行动验证的行为与认知机制提供了较好的理论视角。

首先,体验搜集发生在行动反馈与预期目标有偏差的问题情境中(张玉利等,2015)。由于行为结果是在未来产生(Simon,2004),因此在行动过程中,创业者获得的信息依据多为不完整的。而目标作为预期认知结构,具有多面属性(如困难程度、时间性和层级结构等),会随行动的开展而产生变化(Frese & Zapf,1994)。因此,创业者需要基于行动体验来广泛搜索并收集信息,从信息中推导可能性的解释,预想某种行为的结果,开发抽象图式,并根据信号线索来定向自我并预测未来状态。体验搜集行为有助于改进创业者对问题情境的原型表征(田燕等,2011),促进关键信息的联结(朱新秤等,2009),改进创业者的问题解决思路。

其次,交互反思是创建高水平学习效果的重要途径。创业者能否侦测到行动挑战,是其能否获得学习的重要前提。由于侦测高层级的行动挑战(如意识层与知识层)会消耗越多的认知资源,创业者需要依赖外部力量来识别并矫正错误(Frese,2007)。因此,创业者需要不断借鉴他/她人视角来更新参照框架并修订心智模型,寻找问题解决的突破口。这个阶段创业者容易发现自己对问题所持的潜在价值观、行为理念和行动假设等存在的局限性。通过修改创业行动的潜在假设和参照框架,创业者将会获得新的问题表征,而这正是问题解决的关键步骤(田燕等,2011)。

再次,系统整合是创业者整合信息,实现行为改变的关键要素。它不仅是对当前新信息、线索和视角的创造性整合,也是高层级的认知学习结果与更低层级的行为模式的整合。在有限(但有可能是冗余)的信息条件下,创业者需要筛选和删除信息,运用新视角重新表征问题并做出新阐释,后将其与已有创业资源、市场环境、客户特征结合,并借鉴相关产品或行业的解决方案来重新创建行动策略。当然,创业认知的改变并不一定会导致行为的改变(Pittaway & Thorpe,2012)。创业者还需要将习惯性行为模式从无意识思考的范围中抽取出来,刻意而又自觉地将已有的行动模式与新策略和新情境整合在一起。

最后,行动验证要素是创业者将更高层级获得的学习成果(如抽象概念或理论)往更低层级移动以控制行动的过程。行为主体在实现动作整合的过程中表现出一定的可训练性(Simon,2004)。创业者只有将整合后的新行动模式自觉并刻意地运用于问题情境,才能实现行动上学习。该要素也是产生有用信息与获得新体验的唯一方式(Rudolph et al.,2009)。这是由于行动会验证新策略的正确与否进而强化习得结果,也会通过证明策略的无效性来迫使创业者质疑行动假设,并重新框定问题的情境特征(Argyris & Schon,1978)。行动验证要素对于创业行动学习构思而言是不可或缺的,这是由于若无此阶段,则创业者只会停留在空想的原地踏步阶段。

以上四个要素环环相扣,缺一不可,并且不能相互替代,共同组成了创业行动学习的构思框架。该框架不仅能反映创业者应对关键事件(问题或挑战)的过程,而且能反映创业者与外部社会环境之间积极互动的情况。并且,这一框架契合了新兴产业背景的创业问题/挑战密集的特征,亦契合了团队项目型创业模式的特质。它能够扩展学界对新兴产业背景下创业学习特征的理解和认识,响应关于创业学习研究需要聚焦情境和社会互动过程的呼吁(Fayolle et al.,2014),为后续研究的开展奠定基础。

5.3　取样标准与流程

本研究采用现场问卷调查的方法来对构思进行探索因素、验证因素和效度验证。创业行动学习虽然是指创业者个体水平的学习,但它将创业过程视为不断解决寻利问题的过程,因此在选取调查样本时,需要能有效反映该学习特征的样本。本研究的调查样本遵从以下两个标准:

首先,选择企业成立时间低于 8 年的初创型企业。创业不同于一般的组织行为,创业在于它的创新性,从无到有的过程。因此在创业过程中,任务的非结构化、环境的动态性和经验的局限性使得创业者很难完全掌握公司所有任务的操作程序和方法。创业者既要处理已结构化的问题,又要不断解决新的挑战。初创型企业的创业者更具备创业行动学习的特征。初创型企业年龄的界定方式有多种:根据 GEM 的规定,初创型企业是指创办时间在 42 个月内的企业;有学者认为初创型企业的年龄应在 6 年以内最为合适(Brush & Chaganti,1999);也有研究认为在考虑多种因素之后,可以根据实际情况将时间延迟到 8~12 年(Chrisman et al.,1998)。综合多种视角,本研究的调查对象为创办时间在 8 年以内的企业。

其次,取样对象为企业的主要创办者。创业行动学习是指创业者个体水平的学习,这里的"创业者"界定为公司的主要负责人。主流创业研究聚焦在创业个体,认为创业者个体与机会之间的关系是创业研究的核心(Shane &

Venkataraman,2000；Shane,2012)。虽然创业是包含集体行动和需要彼此相互支持的多个个体的努力(Ruef,2010),创业成员各自拥有的金融、经验、心智和情感资源,成员之间的风险分担、知识互补与行动合作,对新创企业的稳定和快速发展具有重要作用(Iacobucci & Rosa,2010；Zheng,2012；Zhao et al.,2012)。但本研究采用行动学习理论来重新理解创业学习的核心特征,行动学习理论的核心内容是个体需要对问题具有行动的责任。因此,为了最大化创业行动学习的特征,本研究只选择对企业发展起主要责任的创业者作为研究样本。

本研究只选择符合以上这两个标准的创业者作为研究样本选取对象。虽然这种样本的调研方法比较难,但只有这样才能最大获取新创企业创业者的学习特征,能真实反映创业学习的核心特征,有助于创业行动学习量表的开发。

基于以上取样标准,本研究针对创业行动学习的信度、要素与因子结构的实证研究展开问卷调查。由于初创业型企业分布较为零散,本研究主要采取方便抽样的方法,采样样本主要来源于大学生创业氛围最浓且获得支持力度最大的杭州市。主要有两种取样来源:共青团杭州市委举办的大学生创业培训班级[①]的部分学员,这些学员已经经过大创联盟项目组的筛选和审核,均为初创型新创企业的负责人；参加在杭州市举办的创业交流活动,如参加"电商管理高峰论坛""福云咖啡创业交流沙龙"和企业咨询公司举办的小企业管理讲座等活动的创业者。

在问卷填写过程中关注问卷实施现场的控制。在问卷发放前,我们先向创业者介绍作者身份和问卷调查目的,在消除他们的疑虑并征得填写同意后,说明问卷的答题要求与规则,强调在现场独立完成。探索研究问卷的题项编排严格按照问卷设计的方法,从一般到具体来分布:第一部分为不影响填写情绪且能聚焦被试注意力的基本创业信息,如年龄、性别、个人创业时间、企业创办时间和行业等；第二部分为了解创业者的创业过程信息,如经常遇到的创业问题、与哪些人交流创业想法以及平时的学习途径等,将被试引导到与创业行动学习行为相关的创业背景；第三部分是经过修订的 17 个题项的 Likert 五点量表。

问卷填写现场的面对面沟通,使创业者在填写问卷时能放下戒心填写真实数据；问卷的三步骤内容的布局方式营造创业过程的问题解决氛围,使创业者能

---

① 共青团杭州市委于 2012 年 10—12 月举办了创业精品班和文创班三个创业培训班。在此非常感谢杭州大创联盟项目组的王小豪、朱青青和赵飞三位工作人员对本研究取样的支持。

回忆创业过程中的问题解决和学习行为,获得符合本研究理论假设的准确数据,提升研究数据的准确度。

5.4　题项开发与修订

创业是创业者获取创建组织的知识与技巧,并随着企业的成长而学习适应适应新角色并开发新创业行为的复杂过程,采用创业学习的视角研究创业者与创业过程是对传统创业研究的重要补充(Cope,2005)。然而当前创业学习的研究,或从认知视角研究创业者个体的认知特征(如先前经验、启发式)对创业者的获取和吸收知识进而影响其创业行动的过程(Holcomb et al.,2009),忽略创业者如何"做中学"的行动中学习的特征;或从知识角度研究创业者的创业经验转化为机会识别与克服市场新生劣势两种创业知识的过程(Politis,2005),没有一致性的研究单元作为研究的核心;或从个体角度研究创业者随企业的成长而不断适应新角色的学习方式,创业者基于过去经验基础上积累知识块来学习,忽略创业过程中创业者与"创业朋友"(如公司成员、供应商和客户等)的交互学习过程(Cope,2005)。创业行动学习则从创业过程即寻利问题的解决过程定义出发,将创业学习视为围绕创业问题解决和与他人不断互动的学习过程,是对以往创业学习研究的新探索。

5.4.1　题项开发

创业行动学习构思是采用行动学习视角来研究创业者与他人的互动学习过程。本研究题项的开发过程采用归纳法,通过现实访谈和相关理论量表来修改开发题项。在开发过程中,严格遵守 Clark 与 Watson(1995)规定的两条题项开发原则:获取的题项应比目标构思所包含的意思更广;题项应该包括一些最后被证明是不重要的或者与构思无关的。为了能获取更多题项以覆盖创业行动学习构思的理论边界,本研究首先对创业者进行面谈法和焦点小组访谈的方法来获得创业行动学习行为的测量指标语句(Hinkin,1998)。

首先,在上面案例研究中三位创业者访谈的基础上,本研究又进一步根据创业行动学习的四个学习要素,设计创业行动学习访谈提纲,进行了两次时间达90 分钟的创业者焦点小组访谈和六位创业者的单独深度访谈(访谈时间超 60

分钟)(见表 5-1)。访谈的创业者均为没有创业经验、企业年限在四年附近和已注册公司的创新型(innovative)创业者。参与焦点小组访谈的所有创业者和深度访谈的四位创业者均为来自符合行动学习要求的创业者辅导项目 A[①] 和 B[②]。两个项目的学习方式符合行动学习过程的核心三要素要求:参与者均为创业者,有责任对问题采取行动;初创业者没有创业经验,在创业过程遇到许多创业挑战;有相互支持以促进学习的小组/班级(Pedler,1991)。创业者在不断解决寻利问题的创业过程中,不仅需要带领公司成员一起识别与开发机会,还需要与竞争者、合作伙伴以及客户不断互动。创业的过程,也是创业者不断解决问题的过程。为了能够增加访谈对象的代表性以获得更丰富的创业过程中的学习行为,本研究另增加两位没有参加过任何创业培训的创业者作为量表开发的访谈对象。在访谈过程中避免提及与创业行动学习的四个要素直接相关的词语,而是采用关键事件与创业行为相关联的方法来获取创业者在创业过程中的问题解决和社会交互行为。被访谈对象均为各自企业的主导创业者。在经过被访谈者允许后访谈过程全程录音,并在之后全部转化为文字作为题项开发的原始材料。

表 5-1　访谈对象的基本信息

被访谈人	来源	企　业	创办时间	行业	员工数
史经理	杭州	杭州美纳装饰有限公司	2010 年 10 月	文创行业	15 人
姚经理	杭州	杭州英驰医疗科技有限公司	2009 年 3 月	医疗设备	12 人
周经理	杭州	杭州青之山生活馆	2010 年 4 月	文创行业	5 人
刘经理	杭州	杭州田间西米鞋业有限公司	2009 年 11 月	文创行业	20 人
刘经理	杭州	杭州又拍网	2006 年 5 月	IT 行业	30 人
陈经理	广州	广州茶叶外贸公司	2010 年 3 月	外贸/IT	5 人

其次,紧紧围绕创业行动学习构思的内涵和四个要素的特征来设计问卷量表结构。问卷量表的设计包含四个层次,第一层次也是最重要的层次,是确定本量表的目的和理论依据,因为它会决定问卷的整体结构和各子量表的构成(王重鸣,2001)。在开发具体题项内容过程中,按照"三级决策树"的方式来逐层确定

[①]　项目 A 以创业教育与小组讨论混合进行,为初创业者免费提供阶段性的创业能力提升过程。

[②]　项目 B 则是为微企业创业者提供一位专业咨询师,给创业者提供半年的一对一咨询服务。

各子量表结构,其中第三级可以按照内容或过程来分类。在开发具体题项之前,本研究先确定第三级题项的结构。根据创业行动学习的定义,本研究将四个要素的第三级都按照"问题遇到前、问题尝试解决、与他人互动寻找思路、找到思路解决问题和问题解决后"五个过程作为子量表的第三级结构的分类标准。

第三,量表的具体形式采用数字式量表,应用 Likert 的五级量表法。数字式量表不仅有助于对测量数据进行分类和排序,也能进行后续的数理统计。虽然有多种量表形式,但 Likert 类型量表在研究中最为常用且在行为研究中实用性最强(Hinkin,1998)。Likert 量表具有多种量表等级的级数表示,其级数是量表设计的重要因素。本研究量表的测量对象为不断面临创业挑战的初创业者。为了既能获得较高的测量信度,又能让被试在填写过程中能较快做出判断,研究量表采用五级量表法。

第四,根据上面设计的子量表结构、结合已有的研究成果对访谈文本进行细读、筛选、分类并归纳开发出初步研究的题项。逐句分析访谈文本,从中寻找出符合创业行动学习特征的例子,共挑选出 49 个学习行为语段;根据子量表结构对语段内容中的具体学习行为进行归类,将意思相似的语句划分为一个组;结合创业学习与组织学习以及领导行为相关研究,对各语句进行适当抽象,设计出既具有一定代表性又具体的行为语句。在题项语句的编写过程中严格按照量表问卷语句的要求:语句不过于复杂且不带引导性;语句用词避免过于抽象和书面化;避免具有社会称许性或有情绪压力的内容(王重鸣,2001)。最终,本研究开发出测量创业行动学习共包含 23 个题项的题项池(items pool)。

第五,对这些题项进行定性内容效度评估,即邀请一组专家对各个题项的内容是否符合他们对核心构思的理解进行判断。本研究邀请一位企业管理专业副教授、一位企业管理专业的高年级博士生、一位应用心理学的高年级博士生以及两位研究组织学习的硕士生来对题项进行内容效度评估。在进行评价前要求他们检查以下几个方面:题项语句是否简洁明了、语义表达清晰无歧义;题项的内容是否符合核心构思所界定的行为范围之内;每个题项的语句内容是否符合子量表的概念内涵;每个子量表内的题项语句之间是否具有一致性。经过与这些专家的多轮讨论后,本研究对题项进行如下修改:题项 A01 的社会称许性较高且表达内容与后面题项重复,删除;题项 B01 和 B02 强调的是创业者个体的创业反思,不能体现创业行动学习是创业者在他人帮助下的交互反思行为,删除;

题项 C05 不能体现系统整合的内涵,删除;题项 D04 与 D06 表达意思相同且不符合创业者对新想法新思路的践行,删除;题项 A03、A06 阐述的行为较为普遍,因此增加"创业"定语以使题项更符合创业情境下的行为;根据创业情境和易读性,题项 C02 的"创意"改成"创业思路"。最后有 17 个题项进入之后的探索因素研究。题项内容如表 5 - 2 所示。

表 5 - 2　创业行动学习初始题项及修订

要素	题 项 内 容	修订
体验搜集	A01 在启动新创业项目前,我全方位地搜集与它有关的信息	删除
	A02 我密切关注行业里的各种动态信息	保留
	A03 我频繁地与他人互动来获取创业信息	修改
	A04 在搜集创业信息时,我密切关注其中的新内容或观点	保留
	A05 我不断搜集其他人/其他企业的优秀创业实践	保留
交互反思	B01 我不断思考如何改进创业现状	删除
	B02 我全方位地评估一个新创业项目可能产生的影响	删除
	B03 我经常结合他人建议来重新思考创业过程中遇到的问题	保留
	B04 我经常采纳他人观点来寻找创业过程中存在的不足	保留
	B05 我广泛借鉴他人意见来评估一个创业想法的可行性	保留
	B06 我经常反思自己与他人的创业合作是否高效	保留
系统整合	C01 我不断根据新信息来调整创业计划	保留
	C02 在创业过程中我经常产生新想法或新创业思路	保留
	C03 我不断根据创业共事方的工作进度来调整工作思路	保留
	C04 我经常从各种看似无关的创业信息中发现新关联	保留
	C05 我善于将创业新经验有效推广到其他创业工作中	删除
	C06 我的工作手段不断随着创业进展的需要而调整	保留
行动验证	D01 我克服困难让创业想法实现理想效果	保留
	D02 我严格按照已确定的创业思路来开展工作	保留
	D03 我在创业过程中不再犯以前犯过的类似错误	保留
	D04 我在创业过程中经常尝试新的工作方法	删除
	D05 我设定的阶段性创业目标经常得到实现	保留
	D06 我经常与他人一起高效完成创业中的合作任务	删除

5.4.2　预试及题项修订

预试的目的为检验量表的编制质量和每一条题项的适切性或可靠程度以进一步修订量表。预试投放问卷 50 份,回收 38 份,回收率为 76%。剔除不完整及不认真问卷 4 份,剔除创业时间或企业创办时间超过 8 年问卷 1 份,最终回收有效问卷 33 份。参与预试问卷填写的创业者和企业的基本统计信息如表 5-3和表 5-4 所示。

表 5-3　预试调研企业描述性信息

指标名称	类别	频次	百分比(%)
公司成立年份	2004	1	3.00
	2006	1	3.00
	2007	1	3.00
	2009	6	18.20
	2010	10	30.30
	2011	7	21.20
	2012	7	21.20
员工数量	0~10 人	18	54.50
	11~20 人	12	36.40
	21~50 人	1	3.00
	51~100 人	2	6.10
行业	文创业	13	39.40
	服务业	8	24.20
	高新技术行业	6	18.20
	制造业	1	3.00
	农业	2	6.10
	电子商务	3	9.10
企业营业额(元)	0~100 万	19	57.6
	100~300 万	8	24.20
	301~500 万	3	9.10
	501~1000 万	2	6.10
	1000 万以上	1	3.00

表 5 - 4　预试调研创业者描述性信息

指标名称	类别	频次	百分比(%)
性别	男	19	57.60
	女	14	42.40
年龄	25 岁及以下	10	30.30
	26～35 岁	21	63.60
	36～45 岁	3	6.10

　　预试时的题项分析方法采用同质性检验的两种方法:题项与总分相关法和信度检验方法(吴明隆,2012)。前一种方法检验每一个题项的得分与总分之间的相关程度,相关度越强表明该项目与整体项目的一致性越高。当项目与总分的相关值低于 0.40 时,表明其与整体量表的同质性不高,需要给予删除。试测时各题项与总分的相关值见表 5 - 5 第二列。信度检验法用于检验每一个题项与整体量表的同质性程度。但一个题项删除后,量表的整体信度系数提高则表明该题项与量表的同质性不高。本研究问卷调查采用的是 Liert 五级数字量表形式,因此采用最常用的 Cronbach α 系数,预试量表信度检验的信度系数为 0.84。信度检验系数见表 5 - 5 第二、三列所示。

　　根据表 5 - 5 所示的题项与总分相关分析和信度检验结果可以看出,除题项 C06 外,所有题项与总分之间的相关值均大于或等于 0.40,校正后的题项与总分的相关值均大于或等于 0.35,题项删除后的信度系数均低于整体的信度系数 0.85。综合两种题项分析方法的数据结果,在此删除题项 C06,最后共有 16 个题项进入之后的探索因素分析的问卷调查。

表 5 - 5　预试题项分析摘要数据

题项	总分相关	信度检验	
	题项与总分相关	校正题项与总分相关	题项删除时 α 值
A02	0.55 **	0.51	0.82
A03	0.65 **	0.55	0.82
A04	0.48 **	0.35	0.83

（续表）

题项	总分相关	信度检验	
	题项与总分相关	校正题项与总分相关	题项删除时 α 值
A05	0.67 **	0.62	0.82
C01	0.57 **	0.47	0.83
C02	0.49 **	0.44	0.83
C03	0.55 **	0.46	0.83
C04	0.53 **	0.51	0.82
C06	0.26	0.12	0.84
B03	0.58 **	0.55	0.82
B04	0.44 *	0.39	0.83
B05	0.54 **	0.48	0.82
B06	0.45 **	0.38	0.83
D01	0.68 **	0.57	0.82
D02	0.54 **	0.42	0.83
D03	0.48 **	0.33	0.83
D05	0.43 *	0.35	0.83
判断准则	$\geqslant 0.40$	$\geqslant 0.35$	< 0.84

注: $N = 33$

5.5　探索因素分析

5.5.1　样本基本信息

在试测结束后,共有 16 个题项进行探索因素分析研究。探索因素分析研究按照以上两个标准开展取样。本次问卷调查共向包括浙江省、福建省、广东省和北京市等多个地区的创业者发放 140 份问卷,要求每个新创企业的主要负责人填写。本次取样方式是通过亲戚、朋友和同学介绍,亲自联系创业者本人,说明问卷调查的目的,征得创业者同意后进行问卷调查取样的。每一家新创企业只调研企业的创始人或主要负责人。

　　经过一个月时间的调研,共收回问卷 124 份,回收率 88.5%。对于回收的问卷,作者进一步检查问卷的填写质量并筛选有效问卷。首先,检查创业者是否完整地填写了问卷题项,特别是关键的测量题项和创业者身份标志题项。其次,检查问卷的填写是否认真,即题项的数据分布是否正常。在检查合格后,再进行选样标准的筛选,选择企业创办时间是否小于 8 年,是否企业的主要负责人填写的问卷。

　　本轮的检查与筛选共剔除不完整或不认真问卷 12 份,2 份未创业者填写的,4 份问卷的企业创办时间超过 8 年,最终有 106 份问卷进入探索研究分析。参与问卷调查的创业者及其企业的基本信息如表 5 - 6 和表 5 - 7 所示。从表中可看出,本次参与调研的新创企业主要来自文创行业(32 家,占 30.2%)、服务业(28 家,占 26.4%)和高新技术行业(26 家,占 24.5%)。

　　表 5 - 6 是本次调研的企业信息,从表中可以看出,本次调研的企业中大部分是在 2009 年以后成立的,占总数的 84.9%。绝大部分的企业员工数量在 50 人以内,0～10 人规模的企业最多,11～20 人规模的其次。可见,大部分调研企业中的规模都较小,创业者与企业员工之间直接接触的可能性很高。同样的,由于取样来源主要是杭州市,受杭州市政府政策和杭州市创业行业背景的影响,文创行业、服务行业和高新技术行业的企业占了大部分。此外,这些企业的营业额大部分是在 100 万元以内,其次是 101～300 万元之间,301 万元以上的企业数量递减。

表 5 - 6　探索因素分析中企业描述性信息

指标名称	类别	频次	百分比(%)
公司成立年份	2004	4	3.80
	2005	3	2.80
	2006	2	1.90
	2007	5	4.70
	2008	2	1.90
	2009	18	17.00
	2010	20	18.90
	2011	24	22.60
	2012	28	26.40

（续表）

指标名称	类别	频次	百分比（%）
员工数量	0～10人	61	57.50
	11～20人	28	26.40
	21～50人	8	7.50
	51～100人	5	4.70
	100人以上	4	3.80
行业	文创业	32	30.20
	服务业	28	26.40
	高新技术行业	26	24.50
	制造业	4	3.80
	农业	6	5.70
	电子商务	8	7.50
	其他	1	0.90
企业营业额（元）	0～100万	59	55.70
	101～300万	28	26.40
	301～500万	9	8.50
	501～1000万	6	5.70
	1000万以上	4	3.80

表 5-7　探索因素分析中创业者描述性信息

指标名称	类别	频次	百分比（%）
性别	男	67	63.20
	女	39	36.80
年龄	25岁及以下	33	31.10
	26～35岁	55	51.90
	36～45岁	17	16.00

　　表 5-7 是参与本研究的创业者信息的统计描述。从表中数据可以看出,创业者中男性的比例仍然较高,几乎是女性的 2 倍。51.9%的创业者年龄是在 26～35 岁之间,其次是 25 岁及以下的年龄段创业者,36～45 岁区间的创业者

数量最少。

5.5.2　测量与分析思路

本研究的测量工具采用预试修订后的包含 16 个题项的创业行动学习测量问卷。该部分采用探索因素分析方法来进一步减缩题项而达到提炼量表和获得量表的构思效度(construct validity)(Hinkin,1998)。因此,在进行因素分析前需要对数据进行适切性量数 KMO(Kaiser-Meyer-Olkin)测度,以检验量表是否适合因素分析。由于创业行动学习的四个要素的构思内涵相关性较低,因此这里主要采用主成分(principal components)分析的思路,使用最大变异法(varimax)的转轴法,限定萃取四个共同因素的方法来进行因素分析(吴明隆,2012)。题项的保留按照如下标准:共同因素只含有同一类型的题项内容,对于其他共同因素的题项则剔除;题项在共同因素上的负荷大于 0.40;题项在两个共同因素之间的负荷之差要大于 0.20。

5.5.3　研究结果

KMO 指标数值越大表明变量之间的相关性越大,测量的题项数据越适合做因素分析。统计结果显示 KMO 统计值为 0.77,高于常规建议的 0.70(王重鸣,2001);Barlett 球形检验值为 466.40,显著水平小于 0.001,说明量表的净相关矩阵是单元矩阵,总体的相关矩阵之间具有共同因素存在,适合因素分析。最终共有 16 个题项进入探索因素分析,正式测试获得的有效问卷数量为 106,两者比例为 6.3∶1,符合因素分析时问卷数量与题项数量要大于 4∶1 的要求(Hinkin,1998)。第一轮探索因素分析共萃取出四个因素,累计解释 57.52% 的变异,因子旋转后的统计结果如表 5-8 所示。

表 5-8　创业行动学习量表的探索因素分析结果

题 项 内 容	因素 1	因素 2	因素 3	因素 4
A02 我密切关注行业里的各种动态信息	0.73	−0.11	0.14	0.15
A03 我频繁地与他人互动来获取创业信息	0.58	0.29	0.13	0.19
A04 在搜集创业信息时,我密切关注其中的新内容或观点	0.83	0.17	0.04	0.05

（续表）

题 项 内 容	因素 1	因素 2	因素 3	因素 4
A05 我不断搜集其他人/其他企业的优秀创业实践	0.75	0.27	0.14	0.06
B03 我经常结合他人建议来重新思考创业过程中遇到的问题	0.18	0.19	0.71	0.13
B04 我经常采纳他人观点来寻找创业过程中存在的不足	0.06	−0.05	0.83	0.02
B05 我广泛借鉴他人意见来评估一个创业想法的可行性	0.15	0.09	0.68	0.14
B06 我经常反思自己与他人的创业合作是否高效	0.42	0.17	0.39	−0.01
C01 我不断根据新信息来调整创业计划	−0.01	0.13	0.30	0.71
C02 在创业过程中我经常产生新想法或新创业思路	0.23	0.09	0.03	0.83
C03 我不断根据创业共事方的工作进度来调整工作思路	0.11	0.11	0.01	0.77
C04 我经常从各种看似无关的创业信息中发现新关联	−0.02	0.37	0.38	0.33
D01 我克服困难让创业想法实现理想效果	0.17	0.67	0.23	0.31
D02 我严格按照已确定的创业思路来开展工作	0.22	0.61	0.03	0.15
D03 我在创业过程中不再犯以前犯过的类似错误	0.29	0.68	−0.09	0.07
D05 我设定的阶段性创业目标经常得到实现	−0.03	0.76	0.21	−0.04
特征根	4.67	1.67	1.50	1.36
解释方差比例(%)	16.18	14.39	13.73	13.22

注：$N = 106$

从表中结果可以看出，第一个因素有 5 个题项，其中的 4 个题项均为体验搜集的题项，另一个题项 B06 为交互反思的测量题项，根据研究的理论构思，该题项不应该分配到该因素中，与本研究的研究构思不吻合，因此将该题项删除；第二因素含有 4 个题项,均为行动验证的测量题项;第三个因素含有 3 个题项,均为交互反思的测量题项;第四个因素包含 3 个题项,均为测量系统整合的题项;题项 C04 在各个共同因素上的负荷均小于 0.40,给予删除。

　　根据以上的分析删除 B06 和 C04 两个题项。之后对剩下的 14 个题项再次进行探索性因素分析,因子的保留与删除与第一轮的方式相同。统计结果表明,*Bartlett* 球形检验值为 403.66,显著性水平小于 0.001;*KMO* 值为 0.77,符合因素分析要求。本次探索分析产生了特征值大于 1 的、可解释总量中 61.88% 的变异的四个清晰因子,旋转后的数据结果如表 5 - 9 所示。

表 5 - 9　创业行动学习量表的探索因素分析结果

题 项 内 容	因素 1	因素 2	因素 3	因素 4
A02 我密切关注行业里的各种动态信息	0.77	−0.11	0.12	0.14
A03 我频繁地与他人互动来获取创业信息	0.60	0.29	0.18	0.11
A04 在搜集创业信息时,我密切关注其中的新内容或观点	0.82	0.21	0.05	0.05
A05 我不断搜集其他人/其他企业的优秀创业实践	0.73	0.31	0.06	0.16
B03 我经常结合他人建议来重新思考创业过程中遇到的问题	0.20	0.21	0.12	0.75
B04 我经常采纳他人观点来寻找创业过程中存在的不足	0.04	−0.01	0.04	0.84
B05 我广泛借鉴他人意见来评估一个创业想法的可行性	0.13	0.08	0.14	0.68
C01 我不断根据新信息来调整创业计划	−0.01	0.15	0.74	0.26
C02 在创业过程中我经常产生新想法或新创业思路	0.22	0.08	0.83	0.04
C03 我不断根据创业共事方的工作进度来调整工作思路	0.12	0.14	0.77	0.04
D01 我克服困难让创业想法实现理想效果	0.20	0.66	0.28	0.25
D02 我严格按照已确定的创业思路来开展工作	0.20	0.62	0.15	0.04

（续表）

题 项 内 容	因素 1	因素 2	因素 3	因素 4
D03 我在创业过程中不再犯以前犯过的类似错误	0.26	**0.69**	0.11	−0.10
D05 我设定的阶段性创业目标经常得到实现	−0.06	**0.78**	−0.02	0.21
特征根	4.32	1.58	1.43	1.34
解释方差比例（%）	17.35	15.94	14.45	14.14

注：$N=106$

　　针对这个旋转结果对因子进行命名。从分析结果来看，第一个因子解释总方差的 17.35%，包含"我密切关注行业里的各种动态信息""在搜集创业信息时，我密切关注其中的新内容或观点"等题项，反映了创业者在创业过程中通过各种方式获取信息的行为，命名为体验搜集。第二个因子包含"我克服困难让创业想法实现理想效果""我严格按照已确定的创业思路来开展工作"等题项，方差解释贡献了 15.94%，反映了指创业者严格按照创业计划执行的行为，故命名为行动验证。第三个因子包含"我经常结合他人建议来重新思考创业过程中遇到的问题""我经常采纳他人观点来寻找创业过程中存在的不足"，反映了创业者借鉴他人提供的信息来重新思考创业行为与策略的过程，解释方差的 14.45%，命名为交互反思。第四个因子包含"我不断根据新信息来调整创业计划""我不断根据创业共事方的工作进度来调整工作思路"等题项，反映了创业者吸收新知识来调整创业思路的过程，贡献 14.14% 的方差，命名为系统整合。在结束探索因素分析后，本研究对 14 个题项进行题项与共同因素总分的相关分析和信度检验，结果如表 5-10 所示。由表格数据可知，四个因素的信度系数均大于 0.70，每个题项删除后的信度系数值均小于对应因素的 α 值，说明经过因素分析后的 14 个题项具有较好的信度，给予保留。

表 5-10　探索因素分析后的信度分析

因素与题项	题项与因素相关	α/题项删除后的 α
体验搜集		0.77
A02	0.72 **	0.74

（续表）

因素与题项	题项与因素相关	α/题项删除后的 α
A03	0.73 **	0.76
A04	0.83 **	0.67
A05	0.80 **	0.70
交互反思		0.70
B03	0.81 **	0.56
B04	0.79 **	0.58
B05	0.79 **	0.70
系统整合		0.73
C01	0.76 **	0.71
C02	0.86 **	0.53
C03	0.79 **	0.66
行动验证		0.70
D01	0.74 **	0.61
D02	0.73 **	0.65
D03	0.71 **	0.66
D05	0.73 **	0.63

注：$N=106$

综合以上的探索因素分析，我们得到在创业背景下创业者的创业行动学习的体验搜集、交互反思、系统整合和行动验证四个方面的行为要素。经过第一轮数据调查和探索因素分析后，我们得到了包含体验搜集 4 个题项、交互反思 3 个题项、系统整合 3 个题项、行动验证 4 个题项的共 14 个题项的测量工具。

5.6　验证性因素分析

5.6.1　样本基本信息

为了进一步考察量表的质量，接下来这部分研究开展了第二轮问卷数据调查，以对探索因素研究所得的 14 个题项进行验证性因素分析。研究采用全新样本进行问卷调查,取样方法有两种渠道:一种渠道是通过一些咨询公司在年末举办的创业者免费讲座来开展实证调研;另一种渠道是对浙江省内的杭州、宁波和湖州等城市的创业园区进行企业现场取样。本次调查共发放150份问卷,最后收回121份,回收率80.67%。其中48份问卷来自参加创业讲座现场的创业者,73份问卷来自创业园区的企业现场取样。本研究的问卷回收率相对较高是由于三个因素:问卷是本研究作者亲自一个个面对面沟通来发放回收的;合理安排问卷发放时间,比如在讲座休息时段或午饭后休息时段发放;创业者根据个人意愿在问卷最后留下电子邮箱,许诺最终将论文结论发送至对方邮箱。

对于回收的问卷,作者按照同样方式检查问卷的填写质量并进行有效问卷筛选。问卷中不完整或不认真填写的有4份,2份企业创办时间或创业者创业时间超过8年的问卷,1份填写者只是企业的高层管理而非创业者,最终有114份问卷进入验证性因素研究分析。对比两种渠道获取的样本基本信息,发现不存在显著差异,适合进一步数据分析。

表5-11是本次调研的企业信息,从表中可以看出,本次调研的企业中大部分是在2009年以后成立的,占总数的86.5%。绝大部分的企业员工数量在50人以内,0~10人规模的企业最多,11~20人规模的其次。同样的,由于取样来源主要是杭州市,受杭州市政府政策和杭州市创业行业背景的影响,文创行业、服务行业和高新技术行业的企业占了大部分。此外,这些企业的营业额大部分是在100万元以内,其次是101~300万元之间,301万元以上的企业数量递减。

表5-12是参与本研究的创业者信息的统计描述。从表中数据可以看出,创业者中男性的比例仍然较高,占调研人数的69.3%。58.8%的创业者年龄是26~35岁,其次是25岁及以下的年龄段创业者,36~45岁区间及其年龄段的创业者数量最少。

表5-11　验证性因素分析中企业样本信息描述

指标名称	类别	频次	百分比(%)
公司成立年份	2003 年	1	0.90
	2004 年	1	0.90
	2006 年	1	0.90
	2007 年	5	4.50

（续表）

指标名称	类别	频次	百分比（%）
公司成立年份	2008 年	7	6.30
	2009 年	15	13.40
	2010 年	31	27.70
	2011 年	32	26.80
	2012 年	21	18.80
员工数量	0～10 人	82	71.90
	11～20 人	20	17.50
	21～50 人	11	9.60
	51～100 人	1	0.90
行业	文创业	41	36.60
	服务业	28	25.00
	高新技术行业	22	19.60
	制造业	3	1.80
	农业	2	2.70
	电子商务	15	13.40
企业营业额（元）	0～50 万	32	38.10
	51～100 万	23	27.40
	101～300 万	10	11.90
	301～500 万	5	6.00
	501～1000 万	3	3.60
	1000～5000 万	9	10.70
	5000 万以上	1	1.20

表 5‐12　验证性因素分析中创业者个体信息描述

指标名称	类别	频次	百分比（%）
性别	男	79	69.30
	女	35	30.70

（续表）

指标名称	类别	频次	百分比（%）
	25 岁及以下	30	26.30
年龄	26～35 岁	67	58.80
	36～45 岁	27	23.70

5.6.2　测量与分析思路

虽然探索性因素分析能检查题项之间的内部一致性和内容效度，但没法定量因子结构的拟合优度，因此需要进行进一步的验证性因素分析以检验多指标测量模型是否具有外部一致性（Hinkin，1998）。根据以往的研究文献总结，本研究在前面探索因素分析获得的 14 个题项的基础上，开展第二轮问卷调查。对于测量结果，本研究采用统计软件 SPSS16.0 对回收的数据进行基本的统计分析，采用 AMOS 18 软件对创业行动学习构思进行验证性因素分析。

5.6.3　研究结果

根据探索因素分析的相关文献指导，本研究在开展分析之前，首先构建了 7 个竞争性假设模型。备择模型 M0 假设所有项目都归为同一个要素，即认为创业行动学习是一个整体的行为概念。创业行动学习构思框架的理论基础是亲验学习理论。亲验学习理论认为学习是由具体体验、反思观察、抽象概念化和积极实验四个行为要素组成（Kolb，1984）。亲验学习理论根据人的学习倾向将个体的学习按照四个过程阶段分为具体体验倾向、反思观察倾向、抽象概念化倾向和行动应用倾向。此外，Kolb 认为具体体验—抽象概念化与反思观察—行动应用构成学习的二维学习方式图，通过实证研究发现个体的学习方式形成四种学习导向：偏重抽象概念化与行动应用的辐合式学习方式；强调具体体验与反思观察的发散式学习方式；学习表现在抽象概念化与反思观察的同化式学习方式以及擅长具体体验和行动应用的顺应式学习方式（Kolb，1984）。根据亲验学习理论，本研究又提出六个备择模型。备择模型 M1、M2、M3 和 M4 分别对应体验搜集、交互反思、系统整合与行动验证四种单一学习倾向。备择模型 M5 和 M6 对应二维学习方式中的学习倾向。备择模型 M5 里体验搜集与交互反思聚合成一个要素,系统整合与行动验证聚合成一个要素。备择模型 M6 里交互反思与系统整合聚合成一个要素,行动验证与体验搜集聚合成一个要素。

在构建完模型之后,本研究采用 AMOS 18 结构方程建模软件,对以上的六个备择模型和假设模型进行验证性因素分析。验证性因素分析根据实际调查数据来确定所假定的因素结构之间的实际参数,寻求数据与模型之间的最佳拟合(王重鸣,2001)。迄今为止应用于验证因素分析的拟合指标具有 30 多种,其中大部分指标值很容易受样本规模大小的影响(Hinkin,1998)。参照研究文献,本研究采用卡方自由度比值(χ^2/df)、渐进残差均方和平方根(root mean square error of approximation,$RMSEA$)、非规整适配指数(tacker-lewis index,TLI)、比较适配指数(comparative fit index,CFI)和增值适配指数(incremental fit index,IFI)(吴明隆,2009)。卡方自由度比值用于表征模型拟合的指标,其值越低表明模型拟合得越好,一般来说以 2.0 作为模型拟合度好与不好的标准;$RMSEA$ 是模型拟合中最重要的适配指标信息,一般而言,其数值低于 0.08 时表明模型具有较好的适配度;此外,还有一些衍生指标如 TLI、CFI 和 IFI,用于检验假设理论模型与虚无模型之间的适配程度,一般来说,这几个指标值的标准参照值为 0.90(吴明隆,2009)。

表 5 - 13 竞争模型拟合指标对比

测量模型	χ^2	df	χ^2/df	$RMSEA$	TLI	CFI	IFI
假设模型	114.07	71	1.61	0.07	0.88	0.91	0.91
虚无模型 M0	177.12	77	2.30	0.13	0.47	0.55	0.58
备择模型 M1	136.26	76	1.79	0.10	0.68	0.73	0.75
备择模型 M2	138.20	76	1.82	0.10	0.67	0.72	0.74
备择模型 M3	160.73	76	2.12	0.12	0.55	0.62	0.65
备择模型 M4	162.76	76	2.14	0.12	0.54	0.61	0.64
备择模型 M5	143.05	76	1.88	0.10	0.64	0.70	0.72
备择模型 M6	146.76	76	1.93	0.11	0.62	0.68	0.70

注:$N=114$

表 5 - 13 是采用 AMOS 软件进行的假设模型与 7 个备择模型的各项指数值。从表中数据可以看出,假设四因子的四阶模型的各项指标系数都显著优于

其他模型,与问卷数据有最好的匹配度,验证了创业行动学习的四要素结构。因此我们认为四要素模型的拟合度最佳,它的路径系数图见图 5－1 所示。

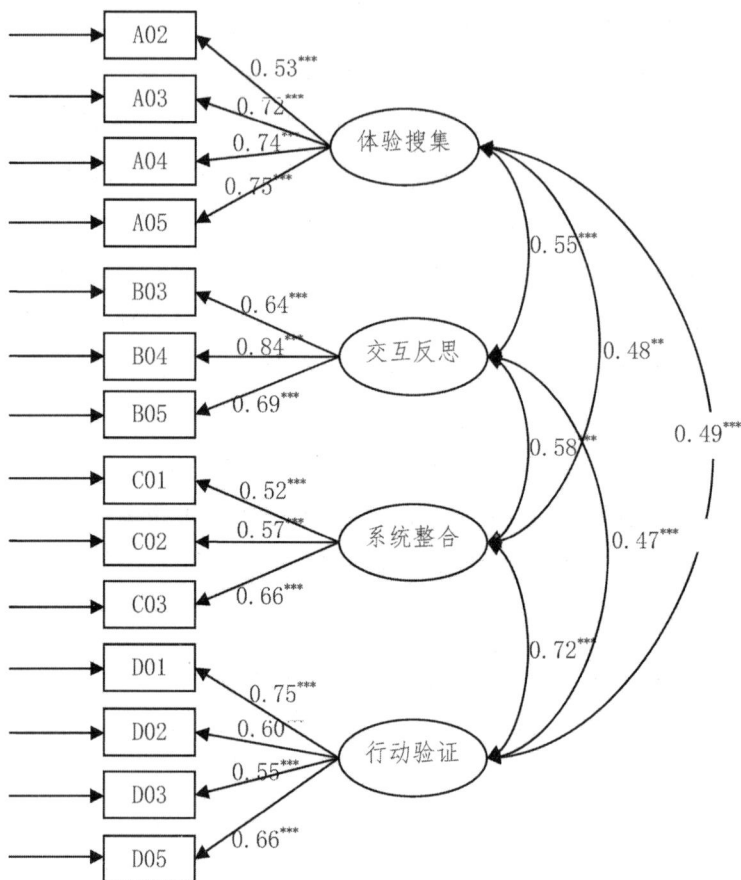

图 5－1　创业行动学习验证性因素分析的四要素模型

5.6.4　创业行动学习的效度检验

在完成创业行动学习构思的探索因素分析和验证因素分析后,本研究得到了具有稳定的四要素结构的创业行动学习构思。然而这两个阶段只能表明构思效度的某一个方面,还需要将该构思与已有构思联系起来增强构思效度的验证。由于本研究的创业行动学习模型是基于过程模型开发的四要素模型,与一般构思的组成结构相比,四个要素之间具有一定的内部结构。因此,在进行效度检验时,本研究不仅进行常规构思效度验证所需要的辨别效度验证外,还进行创业行动学习的内部结构验证。

1)研究假设

本研究采用辨别效度验证的方法来验证创业行动学习构思与其他构思之间的联系。本研究采用与构思相同特征和不同特征的构思测量之间的相关程度来检验创业行动学习构思的辨别效度。在创业行动学习的四个要素中,体验搜集与系统性搜索关系最强相关。创业机会识别的相关研究认为,创业机会是对潜在可能情景的发现和判断(Baron & Ensley,2006);创业机会的识别依赖于创业者先前知识与特定创业想法之间的匹配,创业者可通过系统性搜索来识别机会(Fiet,2002)。系统性搜索是创业者胜任力中的重要一种,代表创业者的信息搜集能力,与创业行动学习的体验搜集的概念内涵非常相近。因此,这里提出假设1,认为创业行动学习中的体验搜集要素与系统性搜索的相关关系最强。

假设1:与其他三个要素相比,创业行动学习的体验搜集要素与系统性搜索会有更强的相关关系。

交互反思要素是指创业者根据他人信息对自己的创业行为进行反思的过程,强调对信息进行反思的行为。因此,交互反思应该与个体学习风格中的反思行为相关。学习风格理论认为人在处理学习任务时具有四种不同的学习风格,具有反思风格倾向的个体具有这样的特征:喜欢从不同视角回顾与总结经验;在得出结论前会尽可能收集更多的数据;在行动前会考虑所有可能的问题;对问题非常谨慎且喜欢观察他人的行动(Mumford,1995)。因此,这里提出假设2,认为创业行动学习中的交互反思要素与反思的相关关系最强。

假设2:与其他三个要素相比,创业行动学习的交互反思要素与学习风格中的反思会有更强的相关关系。

系统整合反映了创业者对反思或搜集获得的信息进行提炼转化成知识后,将知识整合到创业策略中的过程。在此过程中,创业者需要能从获取的信息想出对创业问题有用的思路,且能根据获得的新启发来调整已有的工作思路。在这个过程中,体现出创业者的联想、设计和创造的能力,因此认为系统整合应与个体的创造性有关,即产生创新性的想法、产品、过程或解决方案的能力(Shalley,1995)。因此,这里提出假设3,认为创业行动学习的系统整合要素与创造能力的相关关系最强。

假设3：与其他三个要素相比，创业行动学习的系统整合要素与创业者的创造力会有更强的相关关系。

主动性行为用于描述组织中员工对环境变化采取行动的行为差异程度（Bateman & Crant，1993）。主动性行为是一种个体自发的用于改变环境和自己的行为，在组织行为研究中它用于强调个体的行为变革导向（胡青等，2011）。行动验证反映了创业者个体对新知识的应用和新策略的行动验证过程，因此本研究认为它与个体的主动性行为积极相关，提出假设4。

假设4：与其他三个要素相比，创业行动学习的行动验证要素与创业者的个人主动性会有更强的相关关系。

消极情感是指个体对环境产生的不惬意情感，例如悲痛、不安、紧张和敌对等（Watson et al.，1988）。情感因素是创业研究领域中非常关注的现象，许多学者认为情感与新创企业的发展有紧密联系（De Clercq et al.，2012）。创业领域的情感研究只重视创业者的积极情感与创业行为的关系，认为积极情感促进创业者积极面对创业过程中遇到的各种困难，对消极情感的关注较少。本研究认为，对创业者来说，学习需要改变旧的行为意识，因而是一件痛苦的事情。在学习过程中，新知识会挑战他们的感觉，需要创业者质疑自己的价值观（Politis，2005）。然而痛苦并不表明创业者很消极，消极情感只会促使创业者消极面对创业问题，不愿意针对问题展开信息搜集、问题反思和解决策略思索，更是会降低创业者主动行为的积极性。因此，本研究提出假设5，认为消极情感与创业行动学习之间具有不显著关系，即具有辨别效度。

假设5：创业者的创业行动学习四要素与创业者近期的消极情感之间不存在显著关系。

2）测量工具与分析思路

本次的取样与第二轮验证性因素分析时一起取样，样本基本信息见前面分析，此处不再赘述。效度检验的数据分析采用SPSS软件进行相关分析。

构思的效度检验采用的量表的题项均采用以往学者开发的成熟量表。量表的具体形式采用数字式量表，应用Likert的五级量表法（1表示非常不同意，5表示非常同意）。采用的量表除创业行动学习外，其他均为英文原文量表。所有量表都采用翻译—回译的方法，邀请了两名工商管理的高年级博士生与两名英语专业的大学讲师参与翻译、回译和修订工作。

创业行动学习的测量采用探索因素分析后得到 14 个题项。系统性搜索量表采用了 Tang 等(2012)开发的创业警觉量表,研究中使用了 Fiet(2002)开发的系统性搜索量表中的两个题项和创业警觉的搜索与扫描要素的一个题项来组成三个题项,题项例如"我主动地搜索商业点子"和"我会系统周密地搜索新商业想法"等。反思的测量借鉴 Honey 和 Mumford(1995)所开发的学习风格量表,采用其中反思要素的三个题项,如"我很谨慎,不会太快下结论"和"我偏好在仔细权衡许多备选方案后再做决策"。创造性改编 Perry-Smith(2006)开发的组织中个体创造性量表的五个题项,本研究根据创业背景对题项的背景内容作了一点点修改,要求创业者评估在过去一年里的创业特征。题项例如"在当前技术中发现新的应用"和"给客户问题带来新想法或渠道"等。主动性行为采用 Bateman 和 Crant(1993)开发的主动性行为的成熟量表中的六个题项,例如"我擅长将问题转化成机会"和"如果我看到他人有困难,我想尽各种办法帮助他"等。消极情感采用 Watson 等(1988)开发的三个题项作为测量题项,问被试在最近一段时间的情感特征,例如"您是否为一些事情经常生气,而这些事在一般情况下并不让你烦恼"。

3）研究结果

表 5-14 展示了创业行动学习的辨别效度检验研究中所涉及的变量所测数据之间的相关系数。从表中数据可看出,创业行动学习的四个要素两两之间具有高相关关系;创业行动学习与系统性搜集、反思、创造性、主动性行为和学习取向均显著相关,与消极情感不相关。该数据结果表明创业行动学习的构思效度较好。

假设 1 提出体验搜集应与系统性搜索具有强相关关系。从表中可以看到,相比于其他三个要素,系统性搜索与体验搜集的相关性最强($r = 0.56$,$p <$ 0.01),假设 1 得到支持。假设 2 提出交互反思应与反思展示出最强的相关关系。从表中可得,反思与四个要素中的交互反思相关系数最大($r = 0.56$,$p <$ 0.01),假设 2 成立。假设 3 假设创业者的创造性与四个要素中的系统整合相关性最强,表中数据显示,创造性与系统整合的相关系数($r = 0.58$,$p < 0.01$)高于其他三个要素,假设 3 成立。假设 4 则提出创业行动学习四个要素中的行动验证与主动性行为相关最大。通过本研究的数据分析发现,主动性行为与行动验证的相关系数在四个要素中是最弱的($r = 0.37$,$p < 0.01$),而与系统整合的相

关系数最强（$r=0.53$，$p<0.01$），假设 4 没有得到验证。假设 5 认为个体的消极情感与创业行动学习四要素之间关系不显著，通过表中数据可以看到，除了交互反思与消极情感有显著相关系数（$r=0.26$，$p<0.05$）外，其他三个要素与消极情感的相关系数均未显著，假设 5 得到部分支持。假设 6 认为创业行动学习的四个要素之间积极相关。通过表 5－14 的数据可以看出，四个要素之间呈现中等程度的显著相关，这表明创业行动学习的四个要素之间有一定的共变性，但各自具有一定的变异性。假设 6 得到验证。

表 5－14　聚合辨别效度检验结果

变量名称	1	2	3	4	5	6	7	8	9
1 体验搜集	(0.78)								
2 交互反思	0.35**	(0.76)							
3 系统整合	0.38**	0.30**	(0.72)						
4 行动验证	0.48**	0.35**	0.37**	(0.74)					
5 系统性搜索	0.56**	0.28*	0.43**	0.46**					
6 反思	0.37**	0.56**	0.38**	0.50**	0.24*				
7 创造性	0.32**	0.40**	0.58**	0.44**	0.35**	0.48**			
8 主动性行为	0.50**	0.41**	0.53**	0.37**	0.45**	0.42**	0.43**		
9 学习取向	0.63**	0.37**	0.41**	0.50**	0.59**	0.36**	0.40**	0.59**	
10 消极情感	−0.06	0.26*	0.02	0.04	0.04	0.16	0.36**	0.09	0.02

注：$N=114$；* $p<0.05$；** $p<0.01$

表 5－15　构思辨别效度验证的假设验证结果

构思辨别效度验证的假设内容	验证结果
假设 1：与其他三个要素相比，创业行动学习的体验搜集要素与系统性搜索会有更强的相关关系	成立
假设 2：与其他三个要素相比，创业行动学习的交互反思要素与学习风格中的反思会有更强的相关关系	成立
假设 3：与其他三个要素相比，创业行动学习的系统整合要素与创业者的创造能力会有更强的相关关系	成立

（续表）

构思辨别效度验证的假设内容	验证结果
假设 4：与其他三个要素相比,创业行动学习的行动验证要素与创业者的个人主动性会有更强的相关关系	不成立
假设 5：创业者的创业行动学习四要素与创业者近期的消极情感之间不存在显著关系	部分成立
假设 6：创业行动学习的四要素之间积极相关	成立

通过表 5 - 15 可以看出,创业行动学习的辨别效度的六个假设中有五个假设得到实证数据的支持。假设 4 没有得到支持,反思原因,是没有找到与行动验证要素较为相近的研究构思引起的。整体来讲,这些关系验证结果再次表明,创业行动学习量表是反映目标构思的理论内涵,具有一定的构思效度。

5.7　本章小结

前几章的多案例研究中,我们通过纵向案例数据分析获得创业者个体的创业行动学习的四个要素:体验搜集、交互反思、系统整合和行动验证。虽然跨案例研究能从丰富的实际数据中开发出新的理论构思,然而由于案例样本的代表性有限,不能验证该研究结果是否适用于其他情境。在这种条件下,本研究开发了可进一步实证验证的创业行动学习量表。首先在前文研究的基础上,根据新的访谈资料,开发了构思的测量题项池。测量量表的开发采用以下步骤:①进行预试研究,根据题项与题项总分的相关值来筛选较好的题项;②采用探索因素分析来探索创业行动学习的概念要素结构,获得四个因子;③采用验证性因素分析,验证探索因素分析中获得的构思模型的拟合优度,通过与假设模型的对比发现,四要素的创业行动学习的构思模型具有较好的拟合指数;④将新构思与成熟构思的测量量表进行构思的辨别效度和聚合检验,通过相关关系发现大部分假设都得到实证数据支持,表明创业行动学习具有一定的构思效度;⑤进行创业行动学习的内部要素关系间检验,研究结果表明,创业行动学习的四个要素之间积极相关。通过这五个研究步骤,本研究最终开发出含有 14 个测量题项的创业行动学习测量量表。

第6章 创业行动学习的影响因素研究

6.1 研究目的

创业学习影响因素研究一直是创业学习研究领域的研究焦点之一(Lans et al.,2008)。然而由于创业学习构思内涵不清晰且没有成熟的测量工具,创业学习研究不能通过定量实证研究来获得具有普遍意义的形成机制结论。前文研究提出包含创业学习核心特征的创业行动学习新构思,将其定义为创业者通过社会互动方式来解决创业问题进而促进学习的过程。经过创业行动学习量表的开发和构思信效度检验,我们得到了一个结构稳定且具有一定准确度的量表,这让我们掌握创业行动学习特征的同时,也为本书整合相关理论构建和检验创业行动学习前因理论模型奠定基础。

本书认为创业行动学习在本质上是一种独特类型的工作场所学习行为,这种行为受创业情境下的情境特征、任务执行特征和创业者个体差异等多方面因素影响。由于创业学习理论构建需要整合相关领域的理论以提供更清晰的方向(Cope,2005),本研究既采用组织管理研究中的成熟理论来构建并检验它的前因模型,也结合创业理论的相关研究,考察创业情境特征和创业者特征对该行为的影响。通过这种方式,一方面可以更有力解释创业行动学习的产生机制,使新构建的理论更有意义;另一方面,可以将创业行动学习与成熟构思和情境因素建立联系,从另一种角度验证其构思效度。不仅有助于我们更清楚地掌握创业行动学习的影响因素,也有助于指导创业者在创业过程中如何产生创业行动学习行为进而提高创业效率,促进新创企业的成长。

6.2　研究假设

6.2.1　创业任务特征的影响

创业学习是一种特殊的工作场所学习类型(Lans et al.,2008)。因此,为理解创业学习的影响因素,需要借鉴工作场所学习的相关研究以深入探索。该领域已有很多研究成果,如 Cross(1981)的响应链理论(组织中个体学习行为非单个举措导致,而是一系列响应产生的结果)、Darkenwald & Merriam(1982)社会心理交互模型(社会、经济因素是工作场所学习行为的最有效预测指标)和Cookson(1986)的 ISSTAL 模型(学习行为受交叉领域、连续特性、时间分配和生命周期四个变项交互关联的影响)等。这些理论虽然有一定区别,但均强调个体的工作场所学习行为是通过连接个体与工作情景的任务参与来实现的,个体在执行任务过程中的挑战任务和目标取向是影响学习行为的最主要因素(Kremer,2005)。前者是学习者对任务挑战所展开的行为,后者是个体在任务执行过程中所表现出来的学习倾向,均是学习者对任务特征的感知而展开的行为。结合工作场所的研究结果,本研究基于创业情境下,从创业在执行创业任务过程中所展开的挑战工作任务与学习取向两种行为,来探索影响创业行动学习的因素。

1）任务的挑战性

组织管理研究发现,并非所有的工作任务都能促进参与者产生学习行为,只有特定的、提供挑战性的、需要采用新技巧、运用新策略或采用新行为的工作任务才能产生学习机会(Aryee & Chu,2012；De Pater,2009；Dragoni et al.,2009)。发展型工作体验(developmental work experience)指具有挑战性的工作任务是发展个体能力的重要工具；学者 Aryee & Chu(2012)、DeRue &Wellman(2009)将这种对工作任务的挑战行为归因为参与者对任务特征的感知,称之为挑战型工作体验(challenging work experience)。在创业情境下,本研究将创业者对创业任务挑战程度的体验感知统称为任务的挑战性,视为影响创业学习的一种创业任务特征。在组织管理研究中,任务的挑战性对学习以及学习效果具有积极影响已得到许多实证研究支持。

　　创业情境作为一种特殊的工作场所,本研究认为创业情境下创业者对工作挑战程度的体验感知和挑战行为会影响创业者的学习动力。首先,创业过程并不是一帆风顺的过程,不断出现的寻利问题给创业者带来挑战的同时也带来消极的情绪影响。例如损失关键客户会导致营业额短期内减少,使创业者被迫面对困境和自身存在的弱点,信心受到挫败,心理受到痛苦的折磨。此时创业者质疑个人的感知,反思个人的行动结果,被迫转换个人当前持有的行动假设并进行新的尝试。在这个过程中,创业者经历着学习,学会了通过减少或提升服务质量来产生长期更好的绩效。其次,创业本质上是一种行动,然而行动会随时间变化且未来是不可预知的,创业的本质是不确定的。这种不确定性又由创业行动的创新本质,如新产品、新服务、新企业等的创建而进一步加深(Mcmullen & Shepherd,2006)。在这种环境下,随着企业的创立以及后期的管理发展,创业者需要不断处理各种不确定的挑战性任务,例如创办初期的机会识别和提炼,建立市场后的市场需求变化、客户对产品与服务的接受程度以及争取企业发展的资金等,以及企业发展以后随着企业规模的壮大,企业内部过程和股东、高层管理者与员工的有效协调等。这些创业任务具有非常大的模糊性和不确定性,如目标的非结构化、信息线索的难以解释以及没有最佳答案等多种特征(Man,2012)。这些极具挑战性的任务要求创业者不断学习以获取新的技巧、策略或惯例来应对。

　　创业过程是创业者不断解决寻利问题的过程(Harper,2008);创业者在创办企业以后需要不断解决市场新进入缺陷(Cope,2011)。这种不断出现的挑战性创业任务会激励创业者解决问题的积极性,促进他们通过不断的努力来掌握新技巧以迎战新挑战(DeRue & Wellman,2009)。创业行动学习是指创业者通过社会互动方式来解决创业问题进而促进学习的过程。通过前文的多案例研究发现,基于创业问题解决的创业行动学习是由体验搜集、交互反思、系统整合和行动验证四个要素组成的。体验搜集过程是一种针对创业难题/困惑进行的扫描和收集的持续行为;交互反思阶段则是指创业者在他人信息的启发下产生探询式顿悟的行为;系统整合是指将搜集的信息和反思获得的启发与企业现实结合形成问题的解决策略的行为;行动验证是指创业者按照新策略积极行动来不断验证策略的行为。创业行动学习的四个行为要素是创业者在不断解决复杂创业问题的前提下产生的。结合工作挑战的体验研究结果,我们认为在创业情境下,创业者正是在挑战创业任务的过程中采取创业行动学习行为的。创业任务挑战程度越高,创业者越会采取学习行为以寻找应对方案并付诸行动的可能性越高。

假设 1:创业任务的挑战性促进创业者采用创业行动学习行为。

假设 1a:创业任务的挑战性促进创业者采用体验搜集行为。

假设 1b:创业任务的挑战性促进创业者采用交互反思行为。

假设 1c:创业任务的挑战性促进创业者采用系统整合行为。

假设 1d:创业任务的挑战性促进创业者采用行动验证行为。

2) 任务的学习取向

目标取向是指个体对工作任务的理解和执行的方式。它最早是在儿童发展心理学中研究并开发出来的。Dweck & Elliott(1983)的研究发现,在成就情境下儿童在执行任务时会出现两种不同的目标取向:一种是绩效取向,即将注意力放在任务成功所需要的能力方面;一种是学习取向,将注意力放在如何改进策略以使下一次行动能成功。此后,经过多年的研究发展,起源于教育学研究中的目标取向理论变得更加成熟并开始应用于组织研究中,例如任务兴趣、目标设置、寻找反馈和实习生动机等(Payne et al.,2007)。这些研究发现目标取向的差异影响个体的任务执行和技能发展:对任务持有学习取向的个体积极从任务中获取新技巧和提高胜任力,将表现出更多的学习和寻找绩效反馈的行为;对任务持有绩效取向的个体更倾向展示个人能力,表现出较多的学习规避行为(Payne et al.,2007)。个体对任务特征所表现出来的目标取向是一种较为稳定的行为倾向(Payne et al.,2007),它解释了工作过程中一些个体努力去提升胜任力并开发专业知识的行为特征。

创业学习是一种特殊的工作场所学习,创业者对创业任务所持有的学习目标取向,会影响创业者的学习行为。持有学习取向的个体具有内在的、提升个人胜任力的工作动机,更期望从经验中开发自我和获取新技巧(Dweek,1986)。因此,对创业任务持有高水平学习取向的创业者会从任务执行过程中受益,因为他们更倾向于持续寻找新信息、获取新技巧并将新知识整合到已有知识系统中以发展自我胜任力。在创业情境中,对任务持有学习取向的创业者在面对困难或新挑战时,不会从问题中撤回,而是将它们视为学习知识的机会,会在克服困难过程中根据行为的效果反馈而不断尝试新实践方案,积极学习新技巧与掌握新信息,进而提升自身的胜任力(De Clercq et al.,2012)。特别是在遇到创业问题时,具有较高学习取向的创业者将显示出更高的问题解决动机,表现出更多的创业者为解决问题而进行的体验搜集和问题方案设计的行为。这类个体不仅对集合知识和积累实践经验很重视,也很倾向于从获取的信息中获取诊断性信息并积极实验(Baum et al.,2011)。因此,在创业情境中,对任务持有学习取向的创业者会有更多的学习行为,即更倾向于从实践中获取信息、反思和提炼信息获取新线索等学习行为。

假设2:创业者对任务持有的学习取向促进其采用创业行动学习。

假设2a:创业者对任务持有的学习取向促进其采用体验搜集行为。

假设2b:创业者对任务持有的学习取向促进其采用交互反思行为。

假设2c:创业者对任务持有的学习取向促进其采用系统整合行为。

假设2d:创业者对任务持有的学习取向促进其采用行动验证行为。

6.2.2　创业情境特征的影响

创业行动学习是创业过程中的特殊学习行为。不同于普通学习行为,创业行动学习行为强调以创业问题解决为导向(陈燕妮,王重鸣,2015),这使得创业行动学习的出现与创业情境特征具有紧密联系。回顾创业学习研究,结合创业行动学习的构思内涵,本研究认为创业情境的两方面特征对创业行动学习具有显著影响:创业者所在创业领域(传统业务或新兴产业)与新创企业的经营模式(个体创业/团队创业)。首先,创业者所在创业领域的特征影响创业行为。William J. Baumol按照创业特征将创业者划分为创新型和复制型。创新型创业者指在新兴产业销售新产品或新技术的个体;复制型创业者则是指复制传统业务创业的个体(Griffiths et al.,2012)。相比于传统业务创业,新兴产业的创业者不仅在企业的商业模式、产业合作链和企业运营模式上缺乏可借鉴的学习模板,且由于行业处在新生发展阶段,面临更大的不确定性。相比于传统业务的创业,新兴产业创业给创业者带来的挑战更多,创业者更需要学习以促进新业务的开展和企业的成长。因此,本研究提出如下假设:

假设3a:相比于传统业务,新兴产业创业者更容易采用体验搜集行为。

假设3b:相比于传统业务,新兴产业创业者更容易采用交互反思行为。

假设 3c:相比于传统业务,新兴产业创业者更容易采用系统整合行为。

假设 3d:相比于传统业务,新兴产业创业者更容易采用行动验证行为。

其次,新创企业的经营模式也会影响创业者的学习行为。主流创业学习理论将创业者个体定位为创业主体,将创业过程视为创业者识别与开发创业机会的过程(Shane,2000)。这种视角为丰富创业理论和提高创业研究领域的独立性和合理性奠定基础(Busenitz et al.,2003;陈燕妮和 Jiraporn,J.,2013),但却忽略了现实创业情境下日益增多的团队创业现象。创业团队是指积极参与一家企业的发展,对该企业具有重要经济兴趣的两个或多个个体(Cooney,2005)。研究发现,采用团队创业模式的企业更容易结合团队成员的行动来实现创业目标(Harper,2008),企业成长更为迅速(Cooper & Bruno,1977)。采用个体创业模式的企业,相比于团队创业模式,企业拥有的资源更少,遇到的创业挑战更大,创业者虽然也需要将大部分精力放置于企业问题解决,但由于缺乏团队成员的行动协调,创业者能用于创业学习的时间和空间较少。而采用团队创业模式的创业者,在其他团队成员的配合下,更容易释放认知资源用于学习更多的内容。因此,本研究提出如下假设:

假设 4a:采用团队创业这种经营模式的创业者更容易采用体验搜集行为。

假设 4b:采用团队创业这种经营模式的创业者更容易采用交互反思行为。

假设 4c:采用团队创业这种经营模式的创业者更容易采用系统整合行为。

假设 4d:采用团队创业这种经营模式的创业者更容易采用行动验证行为。

此外,本研究认为,创业情境的二维情境特征对创业行动学习具有交互影响。传统业务模式中的商业模式、客户群体和企业运营模式相对成熟和稳定,采取团队创业模式的创业者将比新兴产业创业遇到更少的创业挑战,所表现出的创业行动学习行为更少。对于个体创业者而言,虽然新兴产业创业挑战大因而对创业者提出更高的能力要求,然而由于企业团队实力薄弱,创业者需要将大部分精力用于实务问题解决而缺乏足够的认知资源用于学习,所表现出的创业行动学习行为较传统业务创业少。因此,本研究提出如下假设:

假设 5a:企业创业领域与经营模式交互影响创业者的体验搜集行为。

假设 5b:企业创业领域与经营模式交互影响创业者的交互反思行为。

假设 5c:企业创业领域与经营模式交互影响创业者的系统整合行为。

假设 5d:企业创业领域与经营模式交互影响创业者的行动验证行为。

6.2.3 创业者特征的影响

创业行动学习是创业者在创业过程中所开展的特殊学习行为。这种行为不仅受创业情境特征和创业任务特征的影响,更受创业者个体差异的影响。回顾创业学习研究可发现,创业者的先前经验是影响创业学习行为的重要因素,因为经验代表个体生命周期和背景经历综合成的整体知识块,是创业学习的基础(Erikson,2003)。创业学习不只是累积创业经验,也是从经验中体验、阐释、反思和改进的过程(Cope,2005;Politis,2005)。经验创建了路径依赖,特定领域的先前经验引导创业者的注意力到这些领域中,使它们更有效地获取和评估诊断线索,正如识别熟悉领域的机会一样。

先前经验具有多种分类方法:Shane(2000)将先前经验分为市场知识、关于客户问题的知识和指导如何服务市场这三种类别;Politis(2005)认为先前创业经验、先前管理经验和特定行业经验是影响创业学习的重要经验;张玉利等(2008)认为先前工作经验和先前创业经历是影响创业行为的重要因素。这些分类方法是基于学者研究目的,如创业机会识别、创业绩效或机会特征等。结合创业学习研究,本研究认为,影响创业行动学习行为的先前经验可按照影响创业机会识别的专业经验和处理市场新进入缺陷的创业经验。

创业学习的认知视角认为,学习指人们通过亲身体验或观察他人来获取新知识(如技巧、特定胜任力),将它们与记忆中的先前知识连接/组织在一起,使它们在未来的行动中可以被提取使用(Anderson,1982)。创业者倾向于识别与已存储在脑中的知识结构较为相似的信息内容。在这个过程中,创业者拥有的启发式会影响新信息与已有知识的比较和连接,并将形成的新知识存储起来以供以后的行动使用。重复强化累积的知识使得机会识别和利益识别行动展示出越来越多的选择回报,因此也给创业者带来更多的新机会和新挑战。

本研究认为,创业经验越丰富的创业者,处理市场新进入缺陷的经验积累越多,再遇到新创业挑战时更善于采用创业行动学习行为。因此,本研究提出如下假设。

假设6a:创业者的经验性积极影响体验搜集行为。

假设6b:创业者的经验性积极影响交互反思行为。

假设6c:创业者的经验性积极影响系统整合行为。

假设 6d：创业者的经验性积极影响行动验证行为。

相同的原理，创业者的专业化程度与创业行动学习行为息息相关。创业者的专业化程度越高越善于识别新机会，为企业带来新的发展机会，也因此带来更多的新挑战。因此，本研究提出如下假设：

假设 7a：创业者的专业化程度积极影响体验搜集行为。

假设 7b：创业者的专业化程度积极影响交互反思行为。

假设 7c：创业者的专业化程度积极影响系统整合行为。

假设 7d：创业者的专业化程度积极影响行动验证行为。

6.3 研究方法

6.3.1 取样

本研究探索创业者的学习取向与工作挑战的体验对创业行动学习行为的影响。研究采用基于问卷的现场研究方法，采用新创企业的主导创业者作为调查对象。关于新创企业的年龄规定具有多种看法，本次取样结合 GEM 和研究的观点，将年限小于 8 年的企业界定为创业型企业（Brush & Chaganti，1999）。由于越来越多的企业采用团队创业形式，本研究假设创业团队中的辅助创业者占有的股份、公司发展的责任要求、对自身发展并引领企业发展的动力均低于主导创业者，因此，本研究取样的对象只选择企业中的主导创业者。

本次取样与第七章的研究问卷同时进行，由作者亲自到企业现场发放问卷并大部分是在一个小时内回收的方式，取样范围为杭州市区的 12 个创业孵化园：北部软件园、东部软件园、凤凰创意园、浙大科技园、福云创业园、赛博创业园、下沙高新创业园等园区。在发放问卷前，作者先与园区的管委会负责人联系，经过管委会工作人员许可并做资料备案后再自行到每一个企业工作现场发放问卷。

进入企业的方式有三种：由园区管委会的工作人员带领到符合取样标准的企业工作场所；经由园区创业的朋友带领或介绍后到他/她的熟人企业发放；自己独自上门发放问卷。在进入每家企业时，作者先简要自我介绍，然后说明问卷调查的目的与特点，并在必要时出示学生证；告知创业者可根据个人意愿在问卷最后留下电子邮箱,许诺最终将论文有关结论发送至对方邮箱;在征得创业者同意后现场发放问卷,并告知问卷填写的注意事项。

本地调研时间历时 10 天,几乎访遍上述园区的所有新创企业。取样期间临近年底,大部分企业创业者出差,或者企业放假,或者由于太忙而无法填写问卷,结果只成功调研 92 家企业,获取 92 套问卷。对问卷进行内容有效性筛选:有 5 份问卷的创业者为团队创业的辅助创业者而被剔除;3 份问卷由于不认真填写而被剔除。最终有 84 份问卷进入本研究的实证分析。

6.3.2 测量工具

1)因变量

创业行动学习是由体验搜集、交互反思、系统整合和行动验证四个过程组成的过程模型,它的测量结构由 14 个题项组成:体验搜集的测量题项例子为"我密切关注行业里的各种动态信息";交互反思的测量题项例子为"我经常结合他人建议来重新思考创业过程中遇到的问题";系统整合的测量题项例子为"我不断根据新信息来调整创业计划";行动验证的测量题项例子为"我克服困难让创业想法实现理想效果"。量表采用 Likert 的五级数字式量表。

由于创业行动学习构思是由四个不同阶段组成的过程模型,四个阶段缺一不可。在此,本研究借鉴团队学习构思的计算方法(Gibson & Vermeulen,2003),创业行动学习的测量值由四个阶段获得的测量均值进行乘积得出。因此,只有四种学习行为评测值都高时,创业行动学习的测量值才会较高。

2)自变量

自变量的测量均采用其他学者开发的成熟量表。量表的具体形式采用 Likert 的五级数字式量表(1 表示非常不同意,5 表示非常同意)。所有量表都采用翻译—回译的方法,邀请了 2 名工商管理的高年级博士生与 2 名英语专业的大学讲师参与翻译、回译和修订工作。

任务的挑战性采用 McCauley 等(1994)开发的、包含 15 个子量表的测量方法。由于该量表过长,此后学者在研究中分别对量表进行改编和简化以提高问卷的响应比率,如 De Pater 等(2009)将这些量表缩减成 10 个题项,Aryee 等(2012)则将该量表缩减成包含 7 个题项的测量量表。本研究根据这种测量思路将原始测量方式改编成包含 9 个题项的量表,要求创业者对自己的工作特征进行评估。题项例子如"在公司里,是由我发动大的战略性改革"和"我经常执行一些在他人看来是冒险的任务"等。

学习取向采用 VandeWalle(1997)开发的学习目标取向量表。本研究选取其中的 6 个题项作为测量题项,例如"我阅读与工作有关的资料来提高我的能力"和"我喜欢那些对工作技能和能力有较高要求的任务"。

对于创业情境特征的测量,创业领域是根据创业者所填写的行业再进行新兴产业和传统业务[①]的归类(0 为传统行业,1 为新兴产业);经营模式则是以创业者是否是团队创业作为本研究的控制变量(1 为个体创业,0＝团队创业)。

创业者特征中的经验性则是按照创业者创办该企业至今的月份数量来计算;创业者的专业化程度则以"之前的工作经验与当前公司业务的相关程度"来测量(1 为无关,5 为非常相关)。

此外,本研究采用创业者的性别和年龄作为控制变量。

6.3.3　分析思路与统计方法

本研究采用 AMOS 和 SPSS 两款统计软件来处理数据:采用 SPSS 软件对涉及变量进行共同方法偏差检验;采用 AMOS 软件对变量的测量效果进行评估;采用 SPSS 软件,运用逐步回归分析方法来考察创业行动学习要素之间关系以及创业任务特征(挑战性和学习取向)对创业行动学习的影响;采用 ANOVA 和双因素方差分析来分析创业情境特征对创业行动学习的影响;采用逐步回归分析来检验创业者特征对创业行动学习的影响。为了避免变量之间的相关性过高,特别是创业行动学习、任务挑战性与学习取向等创业者自测变量之间的共线性问题,本研究在进行回归分析时,对涉及变量的模型检验进行去中心化处理,使所有数据的平均值移到 0(Baron & Kenny,1986)。

---

① 在本研究,新兴产业不只是指随着新兴技术的发明和应用而出现的新行业,如电子、信息、生物、医药化工、新材料和新能源等新技术,也包括国家近期所提倡发展的文化创意行业。而服务业、制造业和农业等行业则归类为传统行业。

6.4　研究结果

6.4.1　描述统计结果

表 6-1 是本次调研的企业信息,从表中可以看出,本次调研的企业中大部分是在 2009 年以后成立的,占总数的 84.5%。绝大部分的企业员工数量在 50 人以内,6～10 人规模的企业最多。可见,大部分调研企业中的创业者与企业员工之间直接接触的可能性很高。同样的,由于取样来源主要是杭州市的创业园,受杭州市政府的政策和杭州市创业行业背景的影响,文创行业、服务行业和高新技术行业的企业占了大部分。此外,这些企业的营业额大部分是在 300 万元以内,其中在 51 万元到 300 万元区间的企业数量最多,在 0～50 万元之间的企业数量次之。

表 6-2 是参与本研究的创业者信息的统计描述。从表中数据可以看出,创业者中男性的比例仍然较高,几乎是女性的 3 倍。59.5% 的创业者年龄是在 26～35 岁之间,25 岁以下和 36～45 岁区间的创业者数量差不多。大部分创业者是本科学历,相对来说研究生学历和高中学历的创业者数量较少。从学科分布来看,理工科背景的创业者数量较多。

表 6-1　创业行动学习影响因素分析中企业样本信息

指标名称	类别	频次	百分比(%)
	2006 年	1	1.20
	2007 年	5	6.00
	2008 年	7	8.30
公司成立年份	2009 年	11	13.00
	2010 年	26	31.00
	2011 年	21	25.00
	2012 年	13	15.50

（续表）

指标名称	类别	频次	百分比（%）
员工数量	1～5 人	24	28.50
	6～10 人	36	42.90
	11～20 人	11	13.10
	21～50 人	12	14.30
	51～100 人	1	1.20
行业	文创业	24	28.60
	服务业	20	23.80
	高新技术	19	22.60
	制造业	3	3.60
	农业	1	1.20
	电子商务	15	17.90
	其他	2	2.40
企业营业额（元）	0～50 万	25	31.00
	51～300 万	36	45.30
	301～1000 万	15	17.90
	1001～5000 万	4	4.80
	5000 万以上	1	1.20

表 6-2　创业行动学习影响因素分析中的创业者信息描述

指标名称	类别	频次	百分比（%）
性别	男	60	71.40
	女	24	28.60
年龄	25 岁及以下	18	21.40
	26～35 岁	50	59.50
	36～45 岁	16	19.10
学历	高中及以下	7	8.30
	大专	23	27.40
	本科	44	52.40
	研究生及以上	10	11.90

（续表）

指标名称	类别	频次	百分比（%）
	理工科	40	47.60
专业	经济管理类	17	20.20
	文史哲社科类	20	23.80

6.4.2　共同方法偏差检验

共同方法偏差是指由测量方法而非所测构思而造成的变异（Podsakoff et al.，2003）。研究涉及构思的测量均由创业者填写，容易导致预测源与效标变量之间的人为共变。通过比较控制共同方法偏差的几种检验技术后，本研究采用 Harman 单因素检验法来检测变量间是否存在共同方法偏差。当对所有变量的测量题项进行探索性因素分析时，若只析出一个因子或某个因子解释力特别大，即可判定测量存在严重的共同方法偏差（Podsakoff et al.，2003）。通过对涉及变量的探索因素分析发现，3 个核心变量共得到 7 个因素，总共解释了 60.08% 的变异，其中变异最大的因子的解释变异量为 10.21%，低于判断测量是否存在共同方法偏差的判断值 50%。结果表明本研究的测量不存在共同方法偏差的问题。

6.4.3　测量工具分析

在进行本研究变量间的关系验证之前，本研究首先对主要变量采用的测量工具进行验证性分析，以保证更好的测量效果。首先，创业行动学习的验证性因素分析结果表明，四因素模型的 $RMSEA$ 值为 0.08，χ^2/df 值低于 2，具有较好的拟合优度。

表 6-3　创业行动学习的验证性因素分析结果

测量模型	χ^2	df	χ^2/df	$RMSEA$	TLI	CFI	IFI
虚无模型	454.88	91.00	5.00				
四因素模型	104.85	71.00	1.48	0.08	0.88	0.91	0.91

其次，学习取向采用的是成熟的测量量表，对它直接进行验证性因素分析。

分析结果表明，χ^2/df 值为 1.90 低于 2，CFI 与 IFI 均大于 0.90，该测量模型可接受。

表 6 - 4　学习取向的验证性因素分析结果

测量模型	χ^2	df	χ^2/df	$RMSEA$	TLI	CFI	IFI
虚无模型	134.62	15.00	8.97				
单因素模型	18.08	9.00	1.90	0.10	0.89	0.93	0.94

任务的挑战性采用的是其他学者开发的、且有针对中国样本进行检验过的成熟量表，虽然有一定的理论基础和测量信效度，但由于该量表较新，因此在此对它进行量表的探索与验证分析。首先，将整体样本（$N=84$）进行随机切割成两半，样本与题项数量比例均大于 4∶1，样本数量适合分析。其次，对其中的一般数据在探索因素分析前进行 KMO 和 $Bartlett$ 球形检验：KMO 值为 0.81，$Barlett$ 球形检验值为 241.71，显著水平小于 0.001。分析结果表明题项存在共同因子，适合因素分析。第三，采用主成分分析，最大变异转轴法，进行探索因素分析，分析结果如表 6 - 5 所示：共萃取出两个因子，解释变异量为 55.66%；各题项所在因子的载荷均大于 0.40。第四，采用 AMOS 对另一半数据（$N=42$）进行验证性因素分析，分析结果如表 6 - 5 所示：任务挑战性的双因素模型的 χ^2/df 为 1.79，$RMSEA$ 值为 0.10，TLI、CFI 与 IFI 均大于 0.90，模型具有较好的拟合度。

表 6 - 5　任务挑战性的探索因素分析

	题　　项	因素 1	因素 2
CW01	在工作中我需要不断尝试新方法。	0.84	-0.09
CW02	我需要管理不熟悉的事务（如产品技术，销售）	0.71	0.27
CW03	在公司里，是由我发动大的战略性改革	0.37	0.58
CW04	我需要执行一些他人都可以看到的任务	0.30	0.65
CW05	我需要对公司环境里发生的急剧变化做出响应	0.36	0.71
CW06	在公司里，我执行多种不同工作职责	0.52	0.23
CW07	我经常执行一些在他人看来是冒险的任务	0.63	0.42
CW08	我需要与不同类型的人群打交道	0.33	0.59

（续表）

题　　项		因素1	因素2
CW09	我的工作让我感受到很大压力	−0.18	0.73

表 6-6　任务挑战性的验证性因素分析结果

测量模型	χ^2	df	χ^2/df	RMSEA	TLI	CFI	IFI
虚无模型	214.41	28.00	7.66				
双因素模型	35.77	20.00	1.79	0.10	0.88	0.92	0.92

6.4.4　相关分析结果

在对本研究涉及的核心变量的测量效果之后，本研究对所有的变量进行描述性统计和相关分析，分析结果如表 6-7 所示。

表 6-7 是创业行动学习的前因影响变量和控制变量的描述性和相关分析的结果。从标注数据可以看出：各预测变量之间没有高度相关，即相关系数均低于 0.60，变量之间不存在多元共线性问题（吴明隆，2012）；自变量（学习取向和挑战性）和效标变量（创业行动学习及其各要素）之间呈中度相关，自变量之间（学习取向和挑战性）呈中低度相关。变量之间的相关系数符合多元回归分析的基本假定（吴明隆，2012）。而创业者的性别和年龄与效标变量的相关系数均不显著。

表 6-7　前因变量及其影响机制的描述统计和相关分析结果

	M	SD	01	02	03	04	05	06	07	08	09	10	11	12
01 创业行动学习	239.16	125.20	(0.86)											
02 体验搜集	3.93	0.73	0.69**	(0.80)										
03 交互反思	3.75	0.78	0.75**	0.48**	(0.76)									
04 系统整合	3.87	0.73	0.74**	0.35**	0.44**	(0.64)								
05 行动验证	3.85	0.64	0.69**	0.40**	0.37**	0.55**	(0.72)							
06 学习取向	4.11	0.54	0.61**	0.38**	0.38**	0.55**	0.50**	(0.78)						
07 挑战性	3.82	0.61	0.51**	0.40**	0.45**	0.45**	0.41**	0.58**	(0.83)					
08 创业领域	0.68	0.47	0.00	-0.08	-0.05	0.13	-0.17	-0.01	-0.08					
09 经营模式	0.37	0.49	-0.18	-0.16	-0.22*	-0.10	-0.12	-0.08	-0.11	-0.11				
10 经验性	28.00	17.10	0.08	0.26*	0.13	0.00	0.50	0.01	0.06	-0.12	0.08			
11 专业化	3.00	1.46	-0.04	-0.03	-0.11	0.07	0.03	0.07	-0.13	0.12	0.14	0.03		
12 创业者性别	0.71	0.45	0.05	0.16	0.05	-0.12	-0.08	-0.08	-0.11	-0.15	-0.23*	0.06	0.00	
13 创业者年龄	30.13	5.07	0.12	0.02	0.17	0.11	0.03	0.16	0.02	-0.11	0.06	0.24*	0.15	-0.00

注:$N=84$; * $p<0.05$; ** $p<0.01$;对角线上的数字代表该量表的信度系数 α 值

通过变量间的相关分析结果可发现,本研究涉及变量之间的相关系数符合多元回归分析方法的基本假定。因此,本研究采用逐步回归分析方法来验证创业任务特征与创业行动学习之间的关系。在进行回归前对涉及的变量进行多重共线性和 $Durbin\text{-}Watson$ 检验。当 VIF 值越接近 0,表明变量之间的共线性程度越低,一般的临界值为 10;$Durbin\text{-}Watson$ 系数值越接近 2 时,表明变量间的相关程度越低,当 DW 值介于 0 与 2 之间时表明残差项之间正相关,当 DW 值介于 2 与 4 之间时表明残差项之间负相关。本研究共线性分析结果显示:VIF 值介于 1 与 2 之间,远低于临界值 10;DW 值介于 0 与 2 之间,表明残差项之间具有正相关,但相关度较低。

创业者对创业任务特征的感知是影响创业行动学习行为的重要因素。表 6-8 是采用层级回归方法分析所获得的统计结果。从创业行动学习的整体模型来看,创业任务的挑战性对创业行动学习行为具有显著积极影响($\beta = 0.52$,$p < 0.001$),假设 1 得到验证;创业者对创业任务所持有的目标学习取向对创业行动学习行为具有显著积极影响($\beta = 0.61$,$p < 0.001$),假设 2 得到验证。从分要素来看,在控制相关控制变量后,创业任务的挑战性与学习取向均对创业行动学习四个要素具有显著的积极影响(挑战性的影响见模型 1a,2a,3a 和 4a;学习取向的影响见 1b,2b,3b 和 4b)。

表 6-8 创业任务特征影响研究的逐步回归分析结果

	创业行动学习		体验搜集		交互反思		系统整合		行动验证	
	模型 5	模型 5	模型 1a	模型 1b	模型 2a	模型 2b	模型 3a	模型 3b	模型 4a	模型 4b
性别	0.11	0.10	0.22*	0.20*	0.10	0.08	−0.07	−0.08	−0.04	−0.04
年龄	0.11	0.02	0.01	−0.05	0.16†	0.11	0.10	0.02	0.02	−0.06
挑战性	0.52***		0.42***		0.46***		0.44***		0.40***	
学习取向		0.61***		0.41***		0.37***		0.54***		0.51***
R 方	0.29	0.38	0.21	0.19	0.24	0.16	0.22	0.31	0.17	0.26
调整 R 方	0.26	0.36	0.18	0.16	0.21	0.13	0.19	0.28	0.14	0.23
R 方更改	0.29***	0.38***	0.21***	0.19***	0.24***	0.16**	0.22***	0.31***	0.17***	0.26***
F 值	10.78***	16.37***	6.94***	6.14***	8.39***	5.14**	7.46***	11.99***	5.36***	9.26***

（续表）

	创业行动学习		体验搜集		交互反思		系统整合		行动验证	
N, df	83,3	83,3	83,3	83,3	83,3	83,3	83,3	83,3	83,3	83,3
DW 值	1.33	1.48	1.50	1.68	1.82	1.62	1.76	1.81	1.67	1.86

注: $N=84$;表中所列系数为标准化回归系数; † 表示 $p \leqslant 0.10$; * 表示 $p \leqslant 0.05$; ** 表示 $p \leqslant 0.01$; *** 表示 $p \leqslant 0.001$ 。

6.4.5　创业情境特征的影响检验

为检验创业情境特征对创业行动学习的影响,本研究首先对创业领域和经营模式进行单因素方差分析以分别检验两者单独对创业行动学习行为的影响。研究结果如表 6-9 所示。统计结果表明,创业者采用团队创业模式对创业者的交互反思具有显著影响,假设 4b 得到支持。而除了假设 4b 外,假设 3a、3b、3c、3d、4a、4c 和 4d 都没得到支持。

表 6-9　创业情境特征的单因素方差分析

	体验搜集	交互反思	系统整合	行动验证
创业领域	0.52	0.24	1.39	2.34
(1) 传统业务	4.02(0.68)	3.81(0.71)	3.74(0.72)	4.01(0.56)
(2) 新兴产业	3.89(0.76)	3.73(0.82)	3.94(0.73)	3.78(0.67)
经营模式	2.14	4.31*	0.88	1.29
(1) 团队创业	4.02(0.62)	3.89(0.75)	3.93(0.66)	3.91(0.55)
(2) 个体项目	3.78(0.88)	3.53(0.80)	3.77(0.84)	3.75(0.77)

注: $N=84$;表中所列系数为标准化回归系数; * 表示 $p \leqslant 0.05$ 。

为检验创业情境的两维度特征对创业行动学习的交互影响,本研究采用双因素方差分析来检验它们对创业行动学习四个要素的交互作用,研究结果如表 6-10 至表 6-13 所示。从表 6-10 可看出,创业情境的两维度特征对体验搜集行为具有弱显著的交互影响,假设 5a 得到部分支持。从表 6-11 至表 6-13 的统计结果可以看出,创业领域与经营模式对交互反思、系统整合和行动验证不产生交互效应,假设 5b,5c 和 5d 没有得到支持。

表 6-10 体验搜集的双因素方差分析结果

变差来源	常规变差	自由度	方差	F	显著性
修正模型	2.98	3	0.99	1.91	0.13
截距	1074.90	1	1074.90	2064.08	0.00
创业领域	0.74	1	0.74	1.43	0.23
经营模式	0.50	1	0.50	0.95	0.33
创业领域×经营模式	1.42	1	1.42	2.72	0.10
误差	41.66	80	0.52		
总体	1344.79	84			
修正总体	44.64	83			

注：$N=84$；表中所列系数为标准化回归系数；＊表示 $p \leqq 0.05$。

表 6-11 交互反思的双因素方差分析结果

变差来源	常规变差	自由度	方差	F	显著性
修正模型	2.96	3	0.99	1.66	0.18
截距	970.61	1	970.61	1626.79	0.00
创业领域	0.38	1	0.38	0.63	0.43
经营模式	2.12	1	2.12	3.55	0.06
创业领域×经营模式	0.12	1	0.12	0.20	0.66
误差	47.73	80	0.60		
总体	1234.44	84			
修正总体	50.69	83			

注：$N=84$；表中所列系数为标准化回归系数；＊表示 $p \leqq 0.05$。

表 6-12 系统整合的双因素方差分析结果

变差来源	常规变差	自由度	方差	F	显著性
修正模型	1.09	3	0.36	0.68	0.57
截距	1019.96	1	1019.96	1893.11	0.00
创业领域	0.59	1	0.59	1.10	0.30

（续表）

变差来源	常规变差	自由度	方差	F	显著性
经营模式	0.31	1	0.31	0.58	0.45
创业领域×经营模式	0.00	1	0.00	0.00	0.97
误差	43.10	80	0.54		
总体	1303.10	84			
修正总体	44.19	83			

注：$N=84$；表中所列系数为标准化回归系数；＊表示 $p\leqq0.05$。

表 6 - 13　行动验证的双因素方差分析结果

变差来源	常规变差	自由度	方差	F	显著性
修正模型	1.76	3	0.59	1.44	0.23
截距	1047.63	1	1047.63	2579.28	0.00
创业领域	1.21	1	1.21	2.98	0.08
经营模式	0.49	1	0.49	1.20	0.27
创业领域×经营模式	0.10	1	0.10	0.25	0.61
误差	32.49	80	0.41		
总体	1281.87	84			
修正总体	34.25	83			

注：$N=84$；表中所列系数为标准化回归系数；＊表示 $p\leqq0.05$。

　　为了更直观表现创业领域与经营模式对体验搜集的交互作用,本研究在图 6-1 中画出该交互作用的直观图。见图所示,采用个体作业来经营企业的创业者,创业领域在传统业务时候,表现出更多的体验搜集行为;而在新兴产业创业时,则表现出较少的体验搜集行为;团队创业的创业者,选择在传统业务中创业时,比在新兴产业创业表现出更少的体验搜集行为。

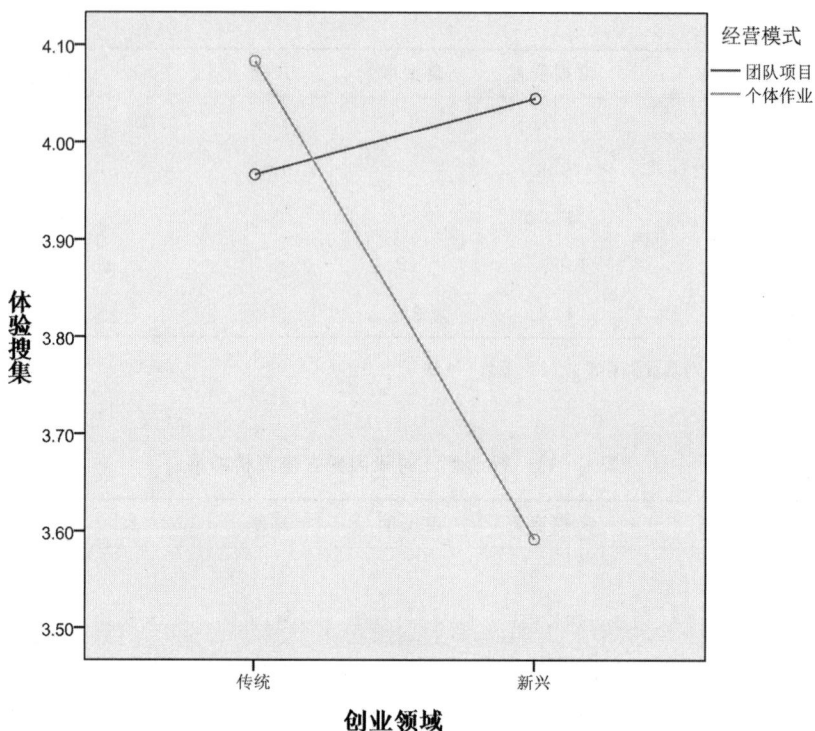

图 6 - 1　创业领域和经营模式对体验搜集的交互作用图

6.4.6　创业者特征的影响检验

创业者特征是影响创业行动学习行为的重要个体差异。表 6 - 14 是采用层级回归方法分析所获得的统计结果。从表中数据可以看出,创业者的经验性程度对体验搜集具有积极影响($\beta = 0.26$,$p < 0.05$),假设 6a 得到支持;对交互反思、系统整合和行动验证均没有显著影响,假设 6b,6c 和 6d 没有得到支持。从表中数据也可以看出,创业者的专业化程度对创业行动学习的四要素均没有显著影响,假设 7a,7b,7c 和 7d 均没有得到支持。

表 6 - 14　创业者特征影响研究的逐步回归分析结果

	体验搜集		交互反思		系统整合		行动验证	
	模型 1a	模型 1b	模型 2a	模型 2b	模型 3a	模型 3b	模型 4a	模型 4b
性别	0.15	0.17	0.04	0.05	-0.12	-0.12	-0.09	-0.08

（续表）

	体验搜集		交互反思		系统整合		行动验证	
年龄	−0.05	0.02	0.15	0.19†	0.12	0.10	0.01	0.02
经验性	0.26*		0.10		−0.02		0.05	
专业化		−0.03		−0.14		0.05		0.02
R 方	0.09	0.30	0.04	0.05	0.03	0.03	0.01	0.01
调整 R 方	0.06	−0.01	0.00	0.01	−0.01	−0.01	−0.03	−0.03
R 方更改	0.09*	0.03	0.04	0.05	0.03	0.03	0.01	0.01
F 值	2.69*	0.82	1.09	1.38	0.76	0.82	0.27	0.22
N, df	83,3	83,3	83,3	83,3	83,3	83,3	83,3	83,3
DW 值	1.75	1.74	2.10	2.11	2.21	2.21	0.19	1.89

注：$N=84$；表中所列系数为标准化回归系数；† 表示 $p \leqq 0.10$；* 表示 $p \leqq 0.05$；** 表示 $p \leqq 0.01$；*** 表示 $p \leqq 0.001$。

6.5　本章小结

创业行动学习是代表创业学习核心特征的新构思，指创业者通过社会互动方式来解决创业问题进而促进学习的过程，具有由体验搜集、交互反思、系统整合和行动验证四个过程要素组成的过程模型。本章节在前几章研究基础上，进一步探索它的形成机制。研究主要从创业任务特征、创业情境特征和创业者特征三个方面来探索创业行动学习的影响因素。

（1）将创业行动学习视为特殊的创业学习，在工作场所学习的研究基础上，结合组织管理研究中较为成熟的理论，将创业者对创业任务特征的感知而展开的两种行为（挑战任务和学习取向）作为创业行动学习行为的前因因素。

首先，本研究结合工作场所学习研究和组织管理研究中的任务挑战理论，认为创业者对创业任务的挑战性行为，是工作场所中最能促进学习的动力因素。通过现场问卷数据研究发现，任务的挑战性积极促进创业行动学习及其四种要素。研究工作的挑战性对创业行动学习的影响不仅是对创业行动学习前因变量的研究探索，也是该领域在创业情境下的新研究。尽管工作挑战对个体学习效果的影响是在近几年研究中得到广泛认可的结论,但该构思在创业情境下是否能产生同样效果则还没得到研究支持。本研究是对工作挑战性研究在创业情境下的新尝试,研究结果表明它对创业者的学习行为具有积极影响。

其次,创业行动学习是一种围绕创业任务展开的创业行为,创业者在任务过程中所展示出的学习倾向行为会影响该学习行为。创业行动学习行为是围绕创业问题解决而展开的工作场所学习行为,而学习者对任务所持有的学习目标是影响工作场所学习行为产生的重要前因因素。因此,本研究假设在创业情境下,创业者对任务所持有的目标学习取向是影响创业行动学习行为产生的重要因素。学习取向是指个体在执行工作任务时所表现出来的一种行为倾向:将任务作为获取新技巧和提高胜任力的机会。以往的教育学和组织管理研究发现,持有学习取向的个体在任务执行遇到问题时,会积极根据反馈结果来不断改变行为策略以完成任务。研究结果发现,在创业情境下,对任务持有学习目标取向的创业者表现出更多的创业行动学习行为。这也从另一种角度支持了创业学习具有偶然性的特征,大部分创业者的学习方式为单环学习,仅有少数创业者(高学习取向)是双环学习方式(Man,2012)。

(2)检验创业情境的两维度特征——创业领域与经营模式对创业行动学习四要素的交互影响。研究结果表明,采用团队创业模式的创业者呈现出更多的交互反思行为。创业领域和经营模式对创业行动学习的体验搜集行为具有显著交互效应。采用个体作业经营模式的创业者在传统业务表现出更多的体验搜集行为;采用团队项目的创业者,其在传统业务中创业时表现出更少的体验搜集行为。

(3)检验创业者的经验性和专业化程度对创业行动学习行为的影响。研究结果表明,创业者的创业经验越多,对搜集体验行为的影响也越多;创业者的经验性对其他三要素不产生影响;创业者的专业化程度对创业行动学习的四要素均不产生影响。

在本研究中,创业情境特征和创业者特征对创业行动学习的交互反思、系统整合和行动验证不产生影响,而创业任务的挑战性和学习取向则显著影响创业行动学习的四个要素。反思对比这些研究结果,本研究认为除了取样偏差的可能外,创业行动学习受创业者执行创业任务所展开的行为影响更大,而受创业外部的情境特征和创业者的先前经验影响更少。

　　总之,本研究在前文开发的创业行动学习新构思和测量量表的基础上,进一步探索它的前因模型并得到具有理论意义的研究结论。

第 7 章　创业行动学习效能机制研究

7.1　研究目的

创业学习对创业者能力提升和新创企业成长的促进作用已得到广泛的研究支持。概括而言，以往研究主题主要分布在两个极端。或者只关注学习对创业者个体的创业能力、创业知识、创业决策和创业技巧等的积极作用（Holcomb et al.，2009；Van Gelderen et al.，2005），如 Rae 和 Carswell（2001）通过深度访谈研究发现，创业学习有助于提高创业能力，如设定并完成模糊的创业目标的能力、社会关系能力、有意识认知并提升自我的能力和主动学习能力等。或者只关注创业者个体的学习对组织层次的绩效如企业创新行为（Ravasi & Turati，2005）、企业成长绩效（刘井建，2011）的直接影响等。这些研究为创业者的学习行为对企业发展所具有的重要性提供了有力支持，但研究主题过于单一，忽视创业学习行为对企业绩效的影响机制研究。创业者的学习行为如何转化成为组织层次绩效的机制问题仍然没有得到较好的解答。

为探索学习行为如何转化成为组织绩效的机制问题时，本研究首先转换研究视角：将创业者的学习行为不再视为个体的行为，而是视为企业主导领导者的学习行为；认为创业者的学习行为是通过提升新创企业发展所需要的、与创业任务紧密相关的关键能力来推动企业的发展。由于新创企业在企业规模上一般较小，创业者处在企业与外界环境边界的核心主体，需要完成两方面的关键任务：一方面，新创企业由于新生缺陷，占有资源较少，相同竞争条件下获取资源的可能性小,创业者需要借助低成本的外部网络来获取企业发展所需要的资源;另一方面,创业者要带领有限的企业成员来执行任务以实现创业想法,这需要营造一个齐心一致的团队以共同解决各方面的问题。

相对于成熟企业,新创企业在拥有资源、企业规模、市场份额和员工能力等方面处于劣势状态(Lans et al.,2008)。在这种情境下要促进企业发展,创业者一方面需要通过行动学习来提升从创业网络中获取资源的能力,以更有效解决企业发展过程中遇到的重要障碍;另一方面,创业者需要努力学习以提升营造企业良好氛围并提升公司成员掌握任务技巧的协进型领导能力,以进一步提高企业任务执行效率进而促进企业的整体发展。鉴于这种特征,本研究在创业行动学习新构思及测量量表的基础上,从创业者的对企业外部网络获取资源的资源网络能力和辅导企业内部员工的协进型领导能力两个视角探索创业行动学习的效能机制。

7.2　研究假设

7.2.1　创业行动学习的直接效应

创业者的学习行为对企业的绩效具有直接影响已在研究上得到广泛支持(Minniti & Bygrave,2001;Man,2012;Rae & Carswell,2001);Man(2012)通过对 12 位来自中国香港的创业者进行深度访谈和关键事件分析后发现,创业者通过学习提升创业胜任力进而促进企业绩效的提高;Corbett(2005)发现创业者的亲验学习风格影响创业机会原型的识别和机会开发的成功;Holcomb 等(2009)则认为创业者的学习行为对开发当前市场中的新利基和获得企业竞争优势是非常重要的;陈文婷(2011)在中国情境下研究家族企业第二代的创业学习模式对其创业行为选择的影响,从侧面支持了创业者的学习行为对其创业行为的影响;付宏与肖建忠(2008)通过对上海浦东的小企业创业跟踪发现,相比于组织学习对企业绩效的影响效应,创业者个人的学习行为对企业发展的影响更为显著;刘井建(2010)通过案例研究发现创业学习与企业的成长具有直接关系。这些研究表明,企业的组织行为如竞争策略制定、决策、战略制定和行动方案等在很大程度上决定于创业者;创业者通过学习所掌握的创业技巧、启发式或处理规则影响企业对不确定情境的处理（Breslin & Jones，2012；Loasby，2007），对企业绩效具有直接影响作用。

创业行动学习行为是包含创业学习核心特征的新理论构思，本研究认为它对创业绩效具有积极影响。首先，创业者作为企业负责人，他/她需要在不断变化的环境下，根据环境信息、企业绩效反馈和市场的变化及时做出正确判断并设计出可行的问题解决方案。此时，创业者体验搜集信息有助于获取全面的信息以能够更为全面和准确地诊断问题和获取问题的情境特征。其次，通过与他人的交互反思，有助于创业者采用他人视角重新审视创业问题，表征创业问题，找到创业问题解决的新思路。第三，系统整合行为有助于创业者从当前获取的信息和经验中提炼出创业知识，并与以往的创业经验信息和问题环境信息结合设计出适合操作的更完善的问题解决方案。第四，只有当问题解决方案真正执行尝试才能解决问题，或发现问题解决方案存在的瑕疵并不断改进，有助于解决创业问题，进而促进企业的发展。因此，创业行动学习行为有助于创业者解决创业过程中遇到的寻利问题，进而推动企业发展。因此，本研究提出如下假设：

假设 1：创业行动学习积极影响创业绩效。

假设 1a：体验搜集积极影响企业的创业绩效。

假设 1b：交互反思积极影响企业的创业绩效。

假设 1c：系统整合积极影响企业的创业绩效。

假设 1d：行动验证积极影响企业的创业绩效。

7.2.2 资源网络能力的中介效应

创业网络是新创企业获得关键资源的重要来源。资源基础理论（Resource Based Theory）认为企业的竞争优势来源于企业所拥有的异质性、有价值且不易流动的资源。创业过程是创业者为实现创业机会的价值而识别、获取和配置资源的过程（Alvarez & Barney，2004）。相对于成熟企业，资源稀缺是新创企业普遍存在的难题：一方面，新创企业经营历史短且市场知名度低，其产品在市场得到的信任度较低，产品的市场占有率低，企业资金回流速度较难；另一方面，新创企业拥有的资金较少，在相同竞争条件下很难购买到或购买得起企业发展所需要的资源。新创企业要发展，必须要依赖外部环境来获取发展所需的资源，且是以低于市场成本的方式，网络/关系则是最佳的选择。在中国情境下，我国特有的差序格局的社会结构特征使得社会关系/创业网络对创业活动的影响更加显著。属于私营经济体制的新创企业在资源获取、市场合法性建设和自由竞争等方面上相比于国有体制下的经济主体面临更多的障碍和束缚。相比于西方基于契约的公平、公正的经济活动特征,我国的创业活动更多以关系形成的信任为基础。这种特征影响创业过程的信息获取、创业融资、创业资源获取、创业团队构建和新创企业之间的合作等。

本书从创业能力视角提出并实证检验创业学习行为对创业绩效产生影响的机制模型。具体而言,本书拟从资源网络能力(network resource capability)视角来探析创业行动学习对创业绩效产生影响的机制。资源网络能力指创业者从创业网络中获取企业发展所需资源的能力。创业者从创业网络中获取资源的能力是创业能力的重要部分(林嵩,2012)。资源网络能力概念是对网络能力(network capabilities)(Walter et al.,2006)与网络资源(network resources)的拓展(Gulati,1999)。虽然从某种意义来讲,拥有丰富创业网络的创业者将能够更便捷地获取到资源,但这并不表明创业者就善于利用网络获取资源。创业者需要懂得如何从创业网络中获取资源,即资源网络能力,这是创业者能力的重要一部分。创业者利用创业网络获取资源越频繁,则越容易获得资源,且能进一步拓展网络获得更为丰富的网络资源(杨俊等,2009)。

创业者的资源网络能力是伴随创业过程而不断提升的。创业过程是创业者不断扩大网络并进而建立新社会联系的过程:这个过程创业者从零开始识别机会、开发机会和处理市场新进入缺陷的过程,在这个过程中创业者不仅需要与供应商和合作商合作来设计、加工和包装产品,也需要与渠道商、消费者或竞争者密切联系以建立新市场格局,还需要与税务部门、同行创业者或行业协会建立联系(Karata C S O Zkan,2011;Lans et al.,2008)。在从零到有的新创业网络拓展和建立关系过程中,创业者需要不断搜集网络特征和网络中人群的互动反馈以框定网络问题;通过新视角反思自己与某个网络的交互方式存在的不足和需要改进之处;通过结合企业需要的资源、已拥有资源和未来发展规划来设计资源获取策略;通过严格执行以真正得到关键资源并建立或维护创业网络。因此,创业者在拓展创业网络以获取企业发展所需资源的过程,也是创业行动学习的过程。创业者的学习行为提升了创业者从网络中获取资源的能力(Rae & Carswell,2001)。

　　创业行动学习是指创业者通过社会互动方式来解决创业问题进而促进学习的过程。相比于一般的创业学习行为,创业行动学习更强调围绕与他人互动来产生学习进而改变创业行为的过程:为了搜集相关信息,创业者需要主动参加各种行业交流以获取行业动态信息,需要频繁与他人互动以深入探讨创业问题以获取新视角;在评估创业想法的可行性、寻找创业过程中的不足和重新思考创业问题时,创业者需要广泛借鉴他人的观点或意见以从新视角审视问题,发现自身创业思路存在的不足;执行创业策略的过程是创业者不断改变创业情境的过程,随着创业行动的开展,创业者的活动范围扩大,与创业网络互动的程度和获得的资源也在拓广。因此,基于创业问题的创业行动学习行为在驱动创业者寻找相关的网络节点以获取所需要的资源过程中提升创业者的资源网络能力。

　　创业者的资源网络能力对新创企业成长具有积极影响。一方面,创业过程是创业者不断解决寻利问题的学习过程,创业问题是学习的起点。创业情境的复杂性和不确定性使得创业问题具有非结构化的特征,这使创业者很难找到问题解决的切入点,甚至会陷入一种问题解决的思维僵局。当个体处于这种状态时,他人的视角有助于重新表征问题并产生创造性的问题解决方案(Moss et al.,2011)。资源网络能力强的创业者会根据问题特征积极从创业网络寻找到问题解决所需的新启发/视角,促进创业问题的解决进而促进企业的发展。另一方面,资源网络能力的提升有助于桥接不同的信息网络,获得更多补充性的知识和技巧、导师支持、沟通的机会,促进创业者对新机会的识别和创业任务的执行(Man,2012;Bhagavatula et al.,2010)。特别是当创业者在面对创业困境而不知该如何推进时,若更懂得利用创业网络获取资源时,就越容易获得别人对问题的不同视角,越快获得问题解决的切入点;而当创业者越不善于利用创业网络获取资源,越难获得不同角度的问题新见解,越难以走出创业问题解决的思维僵局,进而影响企业的发展。因此,创业者的资源网络能力越强越有助于创业者获取丰富创业支持来解决创业问题进而促进企业成长。

　　此外,在中国情境下,我国特有的差序格局的社会结构特征使得创业网络对创业活动的影响更加显著(张玉利等,2012)。属于私营经济体制的新创企业在资源获取、市场合法性建设和自由竞争等方面比国有体制下的经济主体面临更多的障碍和挑战。只有通过已有网络关系建立起来的信任,创业者才能以更低成本更快速度获得关键资源。创业者的资源网络能力越强越有助于企业的发展。本研究基于创业情境,提出如下假设。

假设 2a:资源网络能力中介体验搜集与创业绩效之间的关系。

假设 2b:资源网络能力中介交互反思与创业绩效之间的关系。

假设 2c:资源网络能力中介系统整合与创业绩效之间的关系。

假设 2d:资源网络能力中介行动验证与创业绩效之间的关系。

7.2.3　协进型领导能力的中介效应

创业过程是创业者带领他人一起实现创业梦想的过程。在此过程中,创业者作为企业的主要负责人,需要采取一定的领导策略方式来塑造公司成员对创业构思框架和未来蓝图的认知一致性以促进创业梦想的实现。不同于一般的领导风格,创业者的领导行为具有很强的情境依赖性,是随着创业者的职能需求和任务目标的改变而改变的。创业过程是创业者不断通过"做中学"的方式来缩短企业发展所需要的能力和个人能力之间差距的过程。在通过社会交互来实现问题解决进而获得学习的过程中,创业者通过带领企业成员一起解决企业面临的难题,创业者提升辅导和培养企业成员掌握企业的相关技巧以提升任务执行效率的能力,即协进型领导能力。

协进型领导能力是创业者创业成功所需要的一种重要能力。创业者不仅需要自己学习,也需要辅导员工并将自己获得的新知识传递给他们以帮助员工更好地学习和执行任务(Rae & Carswell,2000;Breslin & Jones,2012)。在新创企业中,创业者需要身兼多职:不仅需要对企业的关键事务做决策,对企业问题寻找问题解决方案,创业者还需要管理企业员工,开拓市场和应对市场的临时变化等。而创业者的认知资源有限、创业过程充满不确定性和新挑战,为了能解放创业者的认知资源以用于产生更多的利于企业发展的新知识,创业者需要与员工积极沟通,将自己掌握的创业经验和创业知识传递给员工的同时,积极听取员工的意见和建议,鼓励公司成员积极思考、自由表达思想、设计出创新的问题解决方案并完成任务,及时化解企业内部冲突以避免产生不利影响(Breslin & Jones,2012;Loasby,2007)。

在创业情境下,创业行动学习行为可提高创业者的协进型领导能力。首先,创业行动学习是创业者通过解决创业问题来学习创业知识的重要方式。创业者作为企业领导者,其创业过程是带领公司成员一起解决创业问题和挑战的过程。

在这个过程中,创业者不仅会增加对创业环境和创业任务信息的了解,也会逐渐掌握公司成员个性特征、工作态度和任务进度等信息。这些信息不仅有助于创业者更好地与公司成员沟通并建立良好的关系,也会帮助创业者提前发现并解决公司内部存在的冲突。其次,创业行动学习行为促进创业者重视员工的想法和意见。创业问题解决过程中,他人视角对问题的解决具有重要帮助。创业者的体验搜集和交互反思行为会促使创业者更加重视他人提出的建议或意见,特别是熟悉问题情境特征的公司成员;在系统性设计问题解决方案的系统整合行为中,员工提供的细节信息有助于解决方案的可操作化;在对方案进行行动验证的过程中,需要及时收集员工的反馈信息以更好地控制问题解决过程。因此,本研究提出如下假设:

领导者的协进型领导对团队/组织绩效具有重要影响。采用协进型领导技巧的领导者,会保证团队成员都可以建言(voicing),保证团队成员在团队中受到尊重,并互相尊重彼此的习惯和爱好等(Breshears & Volker,2012)。这种领导策略会促进员工支持他/她设置的工作目标、有集体意识地从集体利益来考虑和讨论问题和形成一致性的凝聚力和行为协作等。在组织管理研究中,协进型领导对企业绩效的影响已经得到一些实证研究的支持:一项对研发团队的纵向跟踪研究发现,领导者的协进型领导对研发团队成员积极参与团队决策、化解团队内部冲突和促进成员开放性讨论团队问题具有积极影响作用,这些团队过程进而影响团队的项目绩效(Hirst & Mann,2004);组织学习领域的著名学者Edmondson(2002)在对12个组织团队的学习过程进行探索性研究发现,当领导者能够辅导团队成员并帮助他们解决问题时,团队产生反思性的活动增多,对不同想法也更具有开放性,这有利于团队成功完成任务目标。

相同的,本研究认为在创业情境下,创业者的协进型领导对企业绩效也会产生积极影响。一般来说,新创企业的规模都比较小,如92%的欧洲新创企业的员工数量都小于10(Lans et al.,2008)。在这种情境下,创业者的协进型领导对企业绩效的影响具有直接作用:促进企业成员形成关于创业机会和企业发展的共同愿景,进而在完成创业活动时更会从企业的整体利益出发来思考问题,促进创业目标的实现;企业成员被鼓励自由说出想法和意见,这不仅使员工得到被重视的感觉,也会促进企业形成反思性的工作氛围和开放性的思考方式,有利于产生创业问题的创造性解决方案;创业者对冲突的妥善解决避免了冲突对企业和员工所产生的不利影响,保证企业稳定发展;参与和员工建立关系的活动,不仅有助于降低创业者与员工之间的权力距离,提升员工的组织承诺度,也有助于创业者更全面获取企业发展和员工想法的信息进而做出更完善的创业决策。因此,本研究基于创业情境,提出如下假设。

假设 3a:创业者的协进型领导能力中介体验搜集与创业绩效之间的关系。

假设 3b:创业者的协进型领导能力中介交互反思与创业绩效之间的关系。

假设 3c:创业者的协进型领导能力中介系统整合与创业绩效之间的关系。

假设 3d:创业者的协进型领导能力中介行动验证与创业绩效之间的关系。

7.2.4　资源网络与协进型领导能力的交互效应

在创业过程中,企业发展所需要的创业者能力与所需资源是相互匹配、协调发展的过程。初创企业,由于资源的稀缺,且企业的资金有限不能吸引较好的人才,创业者经常需要身兼多职:不仅需要借助已有网络来获取资源以解决企业所遇到的难题,也需要辅导和调动企业成员齐心协力完成任务。随着企业的发展,企业所需要的资源在改变,对创业者提出的能力要求也在提升。在此过程中,创业者作为企业的主要负责人,不仅需要根据情境特征、任务情况对外拓展网络以获取任务成功所需要的资源,促进企业业务的顺利开展,也需要采用一定的领导策略方式来塑造公司成员对创业构思框架和未来蓝图的认知一致性以促进创业梦想的实现。创业者通过社会互动行为从企业外部网络中获取解决问题的关键线索的同时,提升创业者从创业网络中获取资源的能力,即资源网络能力;另一方面,通过带领企业成员一起解决企业面临的难题,创业者提升辅导和培养企业成员掌握企业的相关技巧以提升任务执行效率的能力,即协进型领导能力。基于创业过程理论,本研究认为随着企业的成长,创业者的创业行动学习行为在提升资源网络能力的同时,也提升创业者的协进型领导能力。当创业者的资源网络能力越强则越能获得关键资源,对企业的当前特征和未来发展规划越有把握,越能成为成功的协进型领导者,促进新创企业的成长。为此,本研究提出如下假设:

假设 4:创业者的资源网络能力与协进型领导能力正向交互影响创业绩效。

7.3　研究方法

7.3.1　取样标准与流程

本次取样与第三个研究的问卷同时进行,与前文第三个研究的取样方式相同。本研究涉及的协进型领导是创业者与员工之间的交互行为。为了能够客观地测量,本研究采用创业者与公司部分员工同时评测的方式。问卷以配套形式发放。由于新创企业的员工数量一般较少(调研企业中将近三分之一的企业员工数量在5名以内),且由于部分员工或创业者需要离开办公室去办理业务,很难同时在办公场所出现。因此,在配套问卷调研时,采用每个企业由1名主导创业者和1~3名的员工填写的方式进行。

由于员工填写的问卷涉及对领导的评价,为了能有效获取客观的评价数据,本研究作者经过所在企业的创业者同意后,会亲自与员工说明调研原因、匿名问卷及数据保密等内容。在员工愿意填写该问卷后,本研究作者亲自指导其问卷填写,如问卷中的"我们老板"是指公司的主导创业者等。在问卷填写后本研究作者亲自从员工手中回收问卷以保证问卷数据保密。在整个现场问卷调研过程中,除了5家企业是创业者与员工问卷已叠放一起回收外,其他问卷均为本研究作者亲自从员工手里回收,这最大程度上保证员工的问卷填写不受公司负责人的影响。

本研究采用亲自到企业现场发放问卷并在1个小时内回收的方式进行,因此问卷回收情况较好。本次调研共收回92套问卷(共92份创业者问卷和165份员工问卷)。对于回收的问卷,作者先后检查创业者问卷的填写质量并进行有效问卷筛选:检查问卷主要题项的填写是否完整;检查问卷的填写是否认真(题项的数据分布是否正常);企业创办时间是否小于8年;是否是企业的主导创业者填写。本轮检查剔除了不符合条件的创业者问卷8份,企业中无员工配套填写的问卷有4份,最终获有效创业者问卷80份。在完成创业者问卷检查和筛选之后,本研究依据配套方式对对应员工的问卷进行内容有效性筛选:有7个公司的员工的数据,或没有填写充分,或问卷填写不认真,故剔除。最终获有效问卷73套共209份问卷,其中员工问卷136份,平均每个公司有2名员工填写问卷。

由于本次实证研究需要使用配套问卷数据,因此创业者的有效问卷数量少于第三个研究。

7.3.2　测量工具

创业行动学习采用本研究自开发 14 道测量题项,如"我密切关注行业里的各种动态信息"和"我经常采纳他人观点来寻找创业过程中存在的不足"。与前文研究一致,本研究采用团队学习构思测量相同的方法(Gibson & Vermeulen,2003),采用四要素均值乘积的方法计算创业行动学习的测量值。量表形式采用 5 点量表,1 为非常不符合,5 为非常符合。

资源网络能力是本研究基于创业网络理论和团队学习理论而提出的新概念,指创业者从创业网络中获取资源的能力。为测量资源网络能力,本研究借鉴 Davidsson 等(2003)与蔡莉等(2010)的研究,结合前文对多位创业者的深度访谈,选取了创业者与创业朋友、商会、政府和行业协会四个重要网络资源,认为创业者从这些网络中获取资源的能力受创业行动学习影响最大且对企业发展最重要。本研究将创业者与这四种网络的互动行为作为测量创业者资源网络能力的指标。测量题项例子为"我的好朋友中有很多是创业的"和"我是商会/创业交流小组的成员"等。

协进型领导能力采用 Hirst 等(2004)使用的测量方法,采用创业者与员工同时评测的方法。创业者填写的题项例子为"我确保团队成员都有机会说出他们想法和意见"。员工填写的题项例子为"我们老板会采取措施保证冲突不对公司或我们产生不利影响"。量表形式采用 5 点量表,1 为非常不符合,5 为非常符合。

新创企业的绩效测量非常困难,主要原因有三点:大企业常用的绩效测量方法例如利润、营业额和销售额,并不能都应用于小企业;小企业的财务信息经常较为接近,较难产生绩效差异;创业者不愿意分享客观绩效信息。尽管主观感知的数据具有局限性,它们具有测量误差和潜在的主观方法偏差,主观测量方法与客观的企业绩效具有积极相关(Burke & Murphy,2004)。因此本研究有关创业绩效的所有指标都采用主观测量的方法。对于创业绩效的具体指标选择,本研究结合研究目的,采用了企业的财务绩效、新增就业绩效、创业能力提升和创业者满意度这四个方面来全面衡量新创企业的成功程度:财务绩效采用企业销售额增长情况和企业盈利情况这两个指标来测量;新增就业绩效以员工数量变化情况为测量指标;创业能力提升以企业整体发展情况来评价;创业者满意度采用的是创业者对公司整体绩效和目标实现两个指标来测量(Ensley et al.,2002;张玉利、李乾文,2005;Robinson,1999)。量表形式采用 5 点量表,1 为非常低,5 为非常高。

　　关注创业者的学习行为对新创企业绩效的影响机制,主要从创业者角度选择相关控制变量:性别、年龄、是否是初次创业和是否是独立创业(相对于团队创业)作为控制变量。创业者个体的能力、学习、经验等因素对企业绩效的影响已得到许多研究支持,其中创业者的创业经验背景对企业的绩效影响最大(Campos & Hormiga,2012)。创业者是否有先前创业经验对企业的成长具有至关重要的关系(Ucbasaran et al.,2009),本研究将创业者是否有过创业经历作为控制变量,要求创业者回答是或否(1=是,0=否)。由于创业团队建立的企业存活能力更强且发展更快(Harper,2008),因此本研究将是否是团队创业作为本研究的控制变量(1=是,0=否)。

　　新创企业死亡率高是研究公认的事实,特别初创者创办的企业,因为他们更不能处理创业过程中遇到的传统障碍和不确定性(Politis,2005)。对于资源短缺、经验缺乏的创业者来说,在创业过程中将会遇到各种各样的挑战和困难。这些挑战将在实时和结构不确定的创业情境下迅速演化成影响企业生存的关键点(Rudolph et al.,2009)。人才作为资源有限的企业最宝贵的资本,对企业的发展具有重要作用。因此,在企业层次的控制变量选择上,本研究用以企业总人数为代表的企业规模。

7.3.3　分析思路与统计方法

　　本研究中的协进型领导为创业者与员工同时填写的数据,属于群体层面的变量,需要采用统计指标表明个体层次内具有一致性,且保证群体水平上具足够的变异度(张志学,2010)。本研究根据数据聚合的思路,按照每个企业中创业者与员工测量的数据为分析单元,采用组内相关系数 ICC 和 Rwg 作为统计指标,来判定协进型领导是否符合数据聚合的标准。若数据符合统计指标的要求,则对每个组的数据求均值作为群体层次的变量值。$ICC(1)$ 与 $ICC(2)$ 采用 HLM 来计算,Rwg 则根据公式采用办公软件 excel 手动计算。

在数据分析的工具上,主要采用 AMOS 和 SPSS 两款统计软件。首先,对本研究中的所有变量进行共同方法偏差检验;其次,采用 AMOS 软件对变量的测量效果进行评估;之后,对研究涉及变量进行创业与创业者背景因素的单方差分析;最后,采用 SPSS 软件进行回归分析,考察创业行动学习、创业资源网络能力、协进型领导能力和创业绩效之间的关系。为了避免变量之间的相关性过高,特别是创业行动学习、资源网络能力与协进型领导能力之间的交互项的共线性问题,本研究在进行回归分析时,对涉及变量的模型检验进行去中心化处理,使所有数据的平均值移到 0(Baron & Kenny,1986)。

本研究中的中介效应采用逐步回归分析方法,具体步骤参考 Baron 和 Kenny(1986)的研究。在检验中介效应时,采用如下三个步骤:检验自变量与因变量之间的关系;检验自变量和中介变量的关系;将中介变量作为控制变量,检验自变量与因变量之间的关系是否受到影响。当自变量和中介变量同时对因变量进行回归验证时,若自变量系数显著,表明中介效应为部分中介;当自变量系数不显著时,则为完全中介效应。

7.4　研究结果

7.4.1　描述统计结果

我们对获取的企业和创业者的数据分别进行初步统计分析:参与调研的企业基本信息如表 7 - 1 所示;创业者的基本信息如表 7 - 2 所示;参与调研的员工信息如表 7 - 3 所示。

从企业创办年份来看,本次参与调研的企业中创办于 2010 年和 2011 年的企业较多,分别占调研企业的 32.4% 和 23.9%;从企业规模来看,几乎全部的企业规模在 50 人以内,员工数量在 6~10 人的企业最多;从行业来看,文创类企业数量最多,其次是服务业、高新技术和电子商务行业;从企业营业额来看,高于 50 万元而低于 300 万元的企业数量最多,占调研整体的 43.8%,其次是 50 万元以内的企业。

表 7 - 1　参与效能机制研究调研的企业信息描述

指标名称	类别	频次	百分比（%）
公司成立年份	2006 年	1	1.40
	2007 年	4	5.60
	2008 年	7	9.90
	2009 年	8	11.30
	2010 年	25	32.40
	2011 年	17	23.90
	2012 年	11	15.50
员工数量	1～5 人	21	28.80
	6～10 人	32	43.80
	11～20 人	9	12.30
	21～50 人	10	13.70
	51～100 人	1	1.40
行业	文创业	20	27.40
	服务业	17	23.30
	高新技术	15	20.50
	制造业	3	4.10
	农业	1	1.40
	电子商务	15	20.50
	其他	1	2.80
企业营业额（元）	0～50 万	22	30.10
	51～300 万	32	43.80
	301～1000 万	14	19.20
	1001～5000 万	4	5.50
	5000 万以上	1	1.40

表 7 - 2　参与效能机制研究调研的创业者个体信息描述

指标名称	类别	频次	百分比（%）
性别	男	51	69.90
	女	22	30.10

（续表）

指标名称	类别	频次	百分比（%）
年龄	25 岁及以下	12	16.40
	26～35 岁	46	63.00
	36～45 岁	15	20.50
学历	高中及以下	7	9.60
	大专	19	26.00
	本科	37	50.70
	研究生及以上	10	13.70
专业	理工科	34	46.60
	经济管理类	17	23.30
	文史哲社科类	15	20.50
	高中（未选专业）	7	9.60

　　参与本次调研的创业者中,男性创业者数量仍然远超过女性创业者,占调研群体的 69.9%;年龄位于 26～35 岁的创业者居多,占调研群体的 63.0%,更年轻或年长的群体参与创业活动的人数较少;一半以上的创业者为本科毕业生(占50.7%),其次为大专毕业生;创业者中来源于理工科专业的人群较多,而经管类和社科类专业的创业者数量较为接近。

表 7-3　参与效能机制研究调研的员工信息统计表

指标名称	类别	频次	百分比（%）
性别	女	58	42.60
	男	78	57.40
年龄	25 岁及以下	75	55.10
	26～35 岁	57	41.00
	36～45 岁	4	3.00
学历	高中及以下	13	9.50
	大专	58	42.60
	本科	60	44.10
	研究生及以上	5	3.70

（续表）

指标名称	类别	频次	百分比（%）
在本公司工作时间（月份）	3 个月以内	31	22.80
	4～6 个月	23	16.90
	7～12 个月	44	32.40
	1～2 年	27	19.90
	2～5 年	10	7.30
	5 年以上	1	0.70

从表 7-3 的数据可以看出，参与调研的企业员工在性别比例上，男性居多，但性别数量差距低于创业者；半数以上的企业员工年龄在 25 岁以下，占调研群体的 55.1%，而高于 36 岁的员工较少；从学历来看，就职于新创企业的员工大部分是本科或大专学历，分别占调研群体的 44.1% 和 42.6%，而研究生及以上学历的员工数量最少；从员工工作时间长度来看，大部分被调研员工的工作时间低于 1 年，超过调研群体的 70%，而工作时间超过两年的员工数量则急剧减少。

7.4.2 共同方法偏差检验

本研究的假设涉及的变量，即创业行动学习、创业资源网络能力和创业绩效均为创业者自评的数据，容易产生预测变量与效标变量之间的人为共变。在此采用 Harman 单因素检验法来检测这三个变量之间是否存在共同方法偏差。如果数据分析只得到一个因子或者主要因子解释了大部分的变异，则该测量存在严重的共同方法偏差；反之，则从统计角度来讲该数据的共同方法偏差并不严重。本研究按照该方法分析得出这样的结果：三个变量的题项共获得 7 个因子，共解释了 69.95% 的变异，其中变异量最大的因子的解释比例为 13.64%，低于临界值 50%。由此可见，本研究涉及的变量之间不存在共同方法偏差严重的现象。

7.4.3 测量工具分析

接下来，对本研究涉及的关键变量进行测量工具的检验来评估测量效果，以保证最后的模型检验的效度。本研究涉及的创业行动学习构思已在前文研究中进行有效验证过,因此,在本研究中对它只进行验证性因素分析。而对于资源网络能力、协进型领导能力和创业绩效来说,虽然是借鉴已有研究的测量量表,但还不是成熟的研究量表,因此在这里进行量表的探索和验证性因素分析。

7.4.3.1　创业行动学习

创业行动学习进行验证性因素分析结果如表 7-4 所示,四个要素的创业行动学习的测量模型具有较好的拟合度:$RMSEA$ 为 0.07;χ^2/df 值为 1.37(低于2.00);TIL、CFI 和 IFI 均大于标准的 0.90。

表 7-4　创业行动学习的验证性因素分析结果

测量模型	χ^2	Df	χ^2/df	$RMSEA$	TLI	CFI	IFI
虚无模型	435.78	91.00	4.79				
四因素模型	97.44	71.00	1.37	0.07	0.90	0.92	0.94

注:$N=73$

7.4.3.2　资源网络能力

资源网络能力是结合国内外学者设计的测量方法。由于较少实证研究涉及且尚未有更完善的测量量表,因此在此对其进行构思测量和探索与验证性因素分析。首先,将获得的 73 份测量数据随机分成两份($N=37$ 和 $N=36$)。其次,对第一份数据进行 KMO 和 $Bartlett$ 球形检验。检验结果表明:KMO 系数为0.60,符合因素分析的普通(mediocre)准则,适合因素分析;$Bartlett$ 的球形系数检验的卡方值为 22.87(自由度为 6),达到 0.000 的显著水平,可拒绝虚无假设。第三,进行探索性因素分析,获 1 个因子,因素解释变异量为 49.10,探索的因素载荷如表 7-5 所示。

表 7-5　资源网络能力探索因素分析结果

题　项　内　容	因素 1
我的好朋友中有很多是创业的	0.66
我熟悉一些对我的企业有帮助的政府官员	0.46
我是商会/创业交流小组的成员	0.75
我与行业协会的工作人员很熟悉	0.87

注:$N=37$

之后,采用 AMOS 对另一份数据进行验证性因素分析,分析结果如表 7-6 所示。RMSEA 属于较好的模型拟合指数,虽然它受样本数量的影响不大,但对参数过少的误设模型比较敏感。本处涉及的资源网络能力的测量指标只有 4 道题项,模型复杂,RMSEA 为 0,因此常用的模型拟合指数值并不能说明模型的拟合优度。

表 7-6 资源网络能力验证性因素分析结果

测量模型	χ^2	Df	χ^2/df	RMSEA	TLI	CFI	IFI
虚无模型	52.43	3.00	17.48				
单因素模型	1.55	2.00	0.77	0.00	1.02	1.00	1.01

注:$N=36$

7.4.3.3 协进型领导能力

协进型领导能力虽然采用了结合国内外学者设计的测量方法,但由于较少实证研究涉及且尚未有更完善的测量量表。因此在此对其进行构思测量和探索与验证性因素分析。首先,将获得的 209 份协进型领导测量随机分成两份($N=104$ 和 $N=105$)。其次,对第一份数据($N=104$)进行 KMO 和 Bartlett 球形检验。检验结果表明:KMO 系数为 0.67,符合因素分析的普通准则,适合因素分析;Bartlett 球形系数检验的卡方值为 51.10(自由度为 3),达到 0.000 的显著水平,可拒绝虚无假设。第三,进行探索性因素分析,获一个因子,因素解释变异量为 66.77,探索的因素载荷如表 7-7 和表 7-8 所示。

表 7-7 协进型领导探索因素分析结果

题 项 内 容	因素 1
确保团队成员都有机会说出他们想法和意见	0.81
采取措施保证冲突不对公司或公司成员产生不利影响	0.86
参与能与公司成员建立关系的活动	0.78

注:$N=104$

表 7 - 8   协进型领导验证性因素分析结果

测量模型	χ^2	df	χ^2/df	RMSEA	TLI	CFI	IFI
虚无模型	52.43	3.00	17.48				
单因素模型	0	0	—	0.29	—	1.00	1.00

注:$N=105$

最后,采用 AMOS 对另一份数据进行验证性因素分析,分析结果如表 7 - 8 所示。从表中可以看到,RMSEA 大于常规的 0.80 标准,而 CFI 与 IFI 则符合最佳指数值。好的指数除了不受样本量影响外,还应该能惩罚复杂模型并对误设模型敏感(温忠麟和侯杰泰,2004)。RMSEA 属于较好的模型拟合指数,虽然它受样本量 N 的影响不大,但对参数过少的误设模型比较敏感。本研究中协进型领导的测量指标只有 3 个题项,模型的自由度为 0,自由参数多,模型复杂,因此常用的模型拟合指数值并不能说明模型的拟合优度。

7.4.3.4   创业绩效

由于创业绩效的测量方式是结合国内外学者的测量方法,挑选了其中最具代表性的 6 个指标作为财务绩效与非财务绩效的测量题项。在此,对其进行探索与验证性因素分析。首先,将样本随机分成两份:$N=37$ 和 $N=36$。对 $N=36$ 的样本进行 KMO 和 Barlett 球形检验;进行探索因素分析;采用 AMOS 对 $N=37$ 的样本进行验证性因素分析。分析结果显示,KMO 值为 0.65,Barlett 值为 72.88,$p<0.001$,表明适合因素分析;采用主成分分析法,采用最大变异转轴法,萃取出两个因子,解释了 66.69% 的变异度。从表 7 - 9 的数据可以看出,企业的销售额增长情况、员工数量增加情况和公司的盈利情况经过探索因素分析后形成因素 2,这里将它命名为创业的财务绩效;对公司整体绩效水平的主观满意度、任务目标实现程度和公司整体发展的满意程度归属到因素 1 下,在这里称呼为创业绩效的非财务绩效要素。

表 7 - 9   创业绩效探索因素分析结果

题 项 内 容	因素 1	因素 2
公司的销售额增长情况	0.25	0.86
公司员工数量增加情况	−0.13	0.54

（续表）

题 项 内 容	因素 1	因素 2
公司的盈利情况	0.36	0.75
对公司的整体绩效水平的主观满意度	0.90	0.15
过去一年，您的工作目标实现程度	0.72	0.44
对公司的整体发展的满意程度	0.81	−0.07
特征根	2.83	1.17
解释方差比例（100%）	36.31	30.38

注：$N=36$

AMOS 验证因素分析结果则如表 7-10 所示：$\chi^2/df=0.63$ 小于 2，且优于虚无模型。如前面所阐述的，$RMSEA$ 对参数过少的误设模型比较敏感，因此此处不将其作为模型拟合的优化参考指标。

表 7-10　创业绩效验证性因素分析结果

测量模型	χ^2	Df	χ^2/df	$RMSEA$	TLI	CFI	IFI
虚无模型	87.80	15.00	5.85				
双因素模型	5.05	8.00	0.63	0.00	1.08	1.00	1.04

7.4.4　个体层面往群体层面数据聚合

协进型领导能力为群体层面的数据，在数据聚合前需要检查测量数据在个体层次内是否具有一致性，并保证群体水平上具足够的变异度。因此，在数据聚合前计算测量数据的组内一致性指数 ICC 与 Rwg。根据 Shrout（1999）的 ICC 计算方法，计算得出 $ICC(1)$ 值为 0.16，高于 $ICC(1)$ 的标准值 0.12（Shrout & Fleiss，1979）；$ICC(2)$ 值为 0.93，大于常用的 0.60 的临界值。该数值表明协进型领导在个体层次和群体层次上均有足够的变异度。之后，本研究对每个公司的创业者与员工测量的协进型领导的一致性进行检验，求 Rwg 系数。首先，对每组测量数据进行 Rwg 系数计算；其次，对 73 份数据求平均值，求得 Rwg 值为 0.78，其中高于均值的小组占群体的 75%。以上两种指标测量值表明，协进型领导数据符合群体层面聚合的要求。因此，本研究对每个公司获取的不同协进型领导能力测量值进行加总平均,获得群体层面的变量数据。

7.4.5　描述性相关分析结果

接着,对本研究涉及的变量进行描述性相关分析,计算研究涉及的各变量的均值、标准差和相关系数,分析结果如表 7 - 11 所示。从标注数据可看出:模型中涉及的自变量与中介变量、因变量之间的相关系数低于 0.70,变量之间不存在多元共线性问题;变量间的相关系数符合多元回归的基本假定(吴明隆,2012)。

7.4.6　背景因素单因素方差分析结果

在进行效能机制验证之前,本研究先对研究设计所涉及主要变量进行创业背景信息的单因素方差分析。创业背景信息包含新创企业信息和创业者信息,各自的分析结果见表 7 - 12 和表 7 - 13。

本研究选取企业背景信息中的企业年限、员工数量、创业行业和年营业额作为单因素方差分析的考察变量,以本研究涉及的七个核心变量(创业行动学习四要素、资源网络能力、协进型领导能力和创业绩效)为因变量来进行方差分析。分析结果表明,本研究涉及变量在这些背景因素上呈现出不同的差异性。不同的企业年限对创业绩效具有弱显著的影响($F = 2.06$;$p < 0.10$)。事后分析(LSD)结果表明,四年以上的企业在创业绩效($M = 3.80$;$SD = 0.64$;$n = 14$)上优于年限低于四年的其他四种类型企业;而年限在四年内的企业其创业绩效在年限上没有显著方差差异。该研究结果与 GEM(globe entrepreneurship monitor,全球创业观察项目)对企业初创期的界定比较吻合:企业初创期是指从创建到之后的 42 个月,处于初创期的企业面临更大的不确定性和市场新生缺陷,企业的生存和成长面临更大的挑战。创业绩效除了在企业年限上具有显著差异外,在企业规模和年营业额上也具有相似的差异。从表中数据可以看出,企业规模(员工数量)对创业绩效具有显著差异($F = 2.67$;$p < 0.05$),其中员工数量在 21 人以上的企业在创业绩效($M = 3.89$;$SD = 0.72$;$n = 11$)上显著高于其他规模的企业,而其他规模类型上则无显著差异;企业年营业额对创业绩效也有显著差异($F = 5.61$;$p < 0.01$),其中营业额在 1000 万元以上的企业在创业绩效($M = 4.25$;$SD = 0.79$;$n = 6$)上显著高于其他企业。此外,不同行业的创业者在体验搜集行为上具有显著差异($F = 2.69$,$p < 0.05$)。具体而言,服务型行业

表 7-11　效能机制相关分析结果

	M	SD	1	2	3	4	5	6	7	8	9	10	11	12	13
01　性别	0.70	0.46													
02　年龄	30.55	5.01	0.12												
03　初次创业	0.51	0.53	0.24*	0.23*											
04　独立创业	0.38	0.49	-0.16	0.07	0.10										
05　企业规模	13.38	24.02	0.07	-0.02	0.16	-0.15									
06　创业行动学习	247.59	136.46	0.06	0.12	0.22	-0.02	0.06	(0.87)							
07　一体验搜集	3.97	0.75	0.18	0.03	0.24*	-0.02	0.09	0.70**	(0.80)						
08　一交互反思	3.80	0.81	0.07	0.14	0.15	-0.12	-0.02	0.75**	0.48**	(0.80)					
09　一系统整合	3.89	0.76	-0.12	0.08	0.24*	0.05	0.18	0.74**	0.35**	0.43**	(0.67)				
10　一行动验证	3.86	0.68	-0.12	0.05	0.09	0.09	0.04	0.69**	0.39**	0.37**	0.58**	(0.76)			
11　协进型领导	3.08	0.87	-0.09	0.14	-0.07	0.07	-0.27*	0.36**	0.22	0.21	0.25*	0.29*	(0.75)		
12　资源网络能力	4.13	0.48	-0.21	0.05	-0.03	0.03	-0.13	0.25*	0.23*	0.28*	0.05	0.23*	0.19	(0.75)	
13　创业绩效	3.56	0.70	-0.13	0.00	0.18	0.01	0.15	0.38**	0.22	0.23*	0.20	0.41**	0.22	0.31**	(0.73)

注：$N=73$；* $p<0.05$；** $p<0.01$；对角线上的数字代表该量表的信度系数 α 值。

（$M=4.04$；$SD=0.75$；$n=17$）的创业者在体验搜集行为上显著高于文创行业（$M=3.62$；$SD=0.80$；$n=20$）；电子商务行业（$M=4.39$；$SD=0.60$；$n=16$）的创业者在体验搜集行为上显著高于文创行业（$M=3.62$；$SD=0.80$；$n=20$）和高新技术行业（$M=3.87$；$SD=0.71$；$n=15$）。

本研究关注创业者的学习行为及其效能,因此除了企业基本信息外,也选取了创业者的基本信息(性别、年龄、学历和专业)作为单因素方差分析的自变量。分析结果表明,协进型领导能力在性别上有弱显著方差差异,女性的协进型领导能力（$M=4.19$；$SD=0.43$；$n=22$）略高于男性（$M=4.10$；$SD=0.51$；$n=51$）。本研究涉及的主要变量在创业者年龄与学历的不同类别上没有显著差异,但在创业者受教育的专业类别上显示出一定差。由于部分创业者未接受过高等教育,因此专业分类除了常规的理工科、社科和经济管理类外,再增加高中学历一类共四类。研究结果表明:理工科（$M=4.01$；$SD=0.70$；$n=34$）与经济管理专业（$M=4.32$；$SD=0.54$；$n=17$）背景的创业者的体验搜集行为均显著高于文史社科专业背景（$M=3.55$；$SD=0.86$；$n=16$）的创业者;在行动验证行为上,受过高等教育的创业者均高于高中学历（$M=3.21$；$SD=0.99$；$n=6$）的创业者。此外,本研究还发现一个重要差别,即经济管理背景（$M=4.41$；$SD=0.33$；$n=17$）的创业者的催化管理能力均显著高于其他三类创业者。这些方差分析结果表明,创业者的创业行动学习行为中的体验搜集行为受创业者的专业背景因素影响,理工科与经济管理背景的创业者更经常使用该行为;在行动验证要素,受过高等教育的创业者更倾向于将创业策略付诸实践。在分析过程中,发现协进型领导能力在性别和专业背景上呈现显著差异:女性创业者的协进型领导能力略高于男性创业者;受过经济管理专业训练的创业者评测的协进型领导能力显著高于其他专业背景的创业者。

表 7-12　企业背景信息的单因素方差分析结果

	体验搜集	交互反思	系统整合	行动验证	资源能力	催化能力	创业绩效
企业年限（F）	0.79	0.47	0.36	0.49	0.49	1.05	2.06[†]
(1) 1 年内	3.79(0.89)	3.97(0.71)	4.03(0.88)	3.95(0.67)	2.91(0.72)	4.07(0.65)	3.45(0.64)
(2) 1~2 年	4.01(0.63)	3.75(0.85)	3.80(0.86)	3.75(0.75)	2.96(0.87)	4.33(0.36)	3.21(0.46)
(3) 2~3 年	3.86(0.69)	3.75(0.88)	3.96(0.78)	3.77(0.80)	3.07(0.99)	4.08(0.49)	3.46(0.60)

（续表）

	体验 搜集	交互 反思	系统 整合	行动 验证	资源 能力	催化 能力	创业 绩效
(4) 3～4 年	3.90(0.69)	3.54(0.53)	3.67(0.59)	3.90(0.42)	3.38(0.55)	4.00(0.45)	3.38(0.43)
(5) 4 年以上	4.25(0.88)	3.95(0.91)	3.93(0.66)	4.04(0.53)	3.21(0.97)	4.08(0.48)	3.80(0.64)
方差比较 分析结果							(5)＞(1)($p=0.006$) (5)＞(3)($p=0.082$) (5)＞(4)($p=0.099$)
员工数量(F)	0.65	1.68	0.30	0.33	0.70	0.76	2.67*
(1) 5 人以内	3.77(0.85)	3.54(0.80)	3.78(0.73)	3.74(0.67)	3.00(0.76)	4.14(0.52)	3.39(0.51)
(2) 6～10 人	4.04(0.74)	3.80(0.90)	3.91(0.85)	3.91(0.69)	3.03(0.91)	4.20(0.47)	3.35(0.56)
(3) 11～20 人	4.03(0.72)	4.22(0.62)	4.04(0.48)	3.94(0.69)	3.47(0.93)	4.02(0.51)	3.46(0.50)
(4) 21 人以上	4.07(0.57)	3.94(0.61)	3.97(0.81)	3.86(0.71)	3.05(0.95)	3.97(0.46)	3.89(0.72)
方差比较 分析结果							(4)＞(1)($p=0.020$) (4)＞(2)($p=0.008$) (4)＞(3)($p=0.095$)
创业行业(F)	2.69*	0.11	1.94	0.78	1.03	0.40	0.58
(1) 文创	3.62(0.80)	3.78(0.82)	3.97(0.68)	3.91(0.55)	3.31(0.72)	4.07(0.59)	3.53(0.46)
(2) 服务	4.04(0.75)	3.78(0.87)	3.57(0.83)	3.81(0.83)	2.93(0.78)	4.22(0.44)	3.41(0.71)
(3) 高新技术	3.87(0.71)	3.73(0.73)	3.76(0.73)	3.67(0.80)	3.23(0.95)	4.18(0.38)	3.29(0.50)
(4) 电子商务	4.39(0.60)	3.92(0.91)	4.25(0.64)	3.91(0.63)	2.80(1.03)	4.09(0.54)	3.51(0.54)
(5) 其他行业	4.00(0.50)	3.73(0.80)	4.00(1.00)	4.25(0.25)	3.10(0.93)	3.98(0.31)	3.67(1.00)
方差比较 分析结果	(2)＞(1)($p=0.079$) (4)＞(1)($p=0.002$) (4)＞(3)($p=0.045$)						
年营业额 (元)(F)	1.19	1.65	0.47	1.25	0.02	0.11	5.61**
(1) 0～50 万	3.82(0.76)	3.79(0.83)	3.78(0.83)	3.75(0.87)	3.1(0.72)	4.16(0.50)	3.28(0.55)
(2) 51～300 万	3.90(0.77)	3.66(0.84)	3.89(0.69)	3.80(0.61)	3.08(0.89)	4.14(0.50)	3.38(0.50)
(3) 301～1000 万	4.20(0.73)	3.86(0.74)	3.98(0.76)	3.98(0.51)	3.09(0.99)	4.07(0.53)	3.57(0.48)
(4) 1000 万以上	4.29(0.43)	4.44(0.62)	4.17(0.98)	4.29(0.51)	3.00(1.14)	4.09(0.34)	4.25(0.79)
方差比较 分析结果							(4)＞(1)($p=0.000$) (4)＞(2)($p=0.000$) (4)＞(3)($p=0.012$)

注：† 表示 $p\leqq0.10$；* 表示 $p\leqq0.05$；** 表示 $p\leqq0.01$；*** 表示 $p\leqq0.001$；采用 LSD 事后比较方法。

表 7 - 13　创业者背景信息的单因素方差分析结果

	体验 搜集	交互 反思	系统 整合	行动 验证	资源 能力	催化 能力	创业 绩效
性别(F)	2.41	0.36	1.00	0.95	3.20	0.56[†]	1.14
(1) 女	3.76(0.75)	3.71(0.84)	4.03(0.73)	3.98(0.46)	3.35(0.8)	4.19(0.43)	3.57(0.56)
(2) 男	4.05(0.74)	3.84(0.81)	3.84(0.78)	3.81(0.75)	2.96(0.88)	4.10(0.51)	3.41(0.6)
创业者年龄	0.44	0.56	1.67	0.29	0.35	0.78	0.29
(1) 25 岁及以下	3.87(0.81)	3.86(0.63)	3.47(0.73)	3.79(0.62)	2.92(0.59)	4.05(0.59)	3.35(0.52)
(2) 26～30 岁	3.93(0.72)	3.65(0.7)	4.05(0.77)	3.84(0.66)	3.08(0.96)	4.05(0.48)	3.53(0.58)
(3) 31～35 岁	4.14(0.59)	3.83(1.02)	3.91(0.85)	3.99(0.79)	3.24(0.84)	4.2(0.44)	3.43(0.67)
(3) 36～45 岁	3.9(0.94)	3.98(0.9)	3.93(0.59)	3.8(0.68)	3.02(0.96)	4.24(0.46)	3.44(0.59)
创业者学历(F)	0.44	0.56	1.67	0.29	0.35	0.78	0.29
(1) 高中及以下	3.89(0.75)	3.67(1.02)	3.43(0.69)	3.14(0.92)	2.93(0.8)	3.95(0.21)	3.45(0.58)
(2) 大专	4.21(0.69)	3.88(0.69)	3.93(0.87)	4(0.55)	3(0.78)	4.09(0.58)	3.34(0.47)
(3) 本科	3.93(0.7)	3.8(0.76)	4.04(0.73)	3.91(0.6)	3.09(0.95)	4.16(0.5)	3.52(0.65)
(4) 研究生以上	3.7(0.98)	3.73(1.16)	3.6(0.58)	3.9(0.82)	3.28(0.85)	4.19(0.35)	3.43(0.59)
创业者专业(F)	3.40 *	1.60	1.28	2.69 *	0.20	3.52 *	1.91
(1) 理工科	4.01(0.70)	3.74(0.79)	3.82(0.75)	3.82(0.71)	3.04(0.87)	4.12(0.48)	3.33(0.52)
(2) 经济管理	4.32(0.54)	4.16(0.75)	4.04(0.81)	4.04(0.57)	3.13(1.00)	4.41(0.33)	3.74(0.61)
(3) 文史哲社科	3.55(0.86)	3.58(0.78)	4.06(0.72)	4.00(0.47)	3.17(0.80)	3.94(0.58)	3.43(0.64)
(4) 高中学历	3.83(0.80)	3.72(1.10)	3.44(0.75)	3.21(0.99)	2.88(0.86)	3.88(0.14)	3.47(0.63)
	(1)>(3)(p=0.036)			(1)>(4)(p=0.040)		(2)>(1)(p=0.039)	
	(2)>(3)(p=0.002)			(2)>(4)(p=0.009)		(2)>(3)(p=0.005)	
				(3)>(4)(p=0.014)		(2)>(4)(p=0.020)	

注:† 表示 $p \leqq 0.10$;* 表示 $p \leqq 0.05$;** 表示 $p \leqq 0.01$;*** 表示 $p \leqq 0.001$;采用 LSD 事后比较方法。

7.4.7　逐步回归分析结果

7.4.7.1　创业行动学习的直接效应

接下来进行创业行动学习的直接效应检验。在前面的相关分析结果中,变量之间的相关系数符合多元回归分析方法的基本假定,因此本研究采用逐步回归分析方法来检验该直接效应(温忠麟等,2004)。表 7 - 14 呈现的是创业行动学习对创业绩效的直接效应分析结果。首先,分别检验创业行动学习四要素对创业绩效的影响：以创业绩效为因变量，模型 0 是只包含控制变量的模型，模型 1、2、3 和 4 分别是对应假设 1a、1b、1c 和 1d 的检验模型。研究结果显示，体验搜集、交互反思和行动验证均显著影响创业绩效；系统整合对创业绩效无显著影响。因此，假设 1a、1b 和 1d 得到验证，假设 1c 没有得到支持。该直接效应的分析结果也为之后的检验奠定基础。

其次，本研究检验创业行动学习四要素的合成值对创业绩效的影响。创业行动学习是由四要素同时组成的过程模型，要素间具有紧密联系但不能相互替代。基于这样的构思框架特征，本研究借鉴 Gibson 等（2003）的过程构思计算方法，采用四要素相乘而非叠加的方式来计算创业行动学习的合成值。回归检验结果表明，创业行动学习与创业绩效之间的关系系数显著（$\beta = 0.36$，$p <$ 0.001）。创业行动学习四要素的合成值积极影响创业绩效。

表 7 - 14　创业行动学习的直接效应回归分析结果

	模型 0	模型 1	模型 2	模型 3	模型 4	模型 5
性别	−0.18	−0.21	−0.18	−0.16	−0.13	−0.18
年龄	−0.02	−0.01	−0.04	−0.03	−0.03	−0.05
初次创业	0.21	0.16	0.17	0.18	0.17	0.13
独立创业	−0.02	−0.02	0.02	−0.02	−0.04	−0.00
企业规模	0.12	0.11	0.14	0.10	0.11	0.12
体验搜集		$0.21^{\dagger}$				
交互反思			0.23^{*}			
系统整合				0.12		
行动验证					0.38^{***}	
创业行动学习						0.36^{***}
R 方	0.08	0.12	0.13	0.09	0.22	0.20
调整 R 方	0.01	0.04	0.05	0.01	0.15	0.12
R 方更改	0.08	0.04^{*}	0.05^{*}	0.94	0.14^{***}	0.12^{***}
F 值	1.12	1.47	$1.58^{\dagger}$	1.09	2.07^{**}	2.71^{*}
N, df	72,5	72,6	72,6	72,6	72,6	72,6
DW 系数值	1.80	1.80	2.03	1.90	2.07	2.24

注：$N = 73$；$\dagger p \leqq 0.10$；$*\ p \leqq 0.05$；$**\ p \leqq 0.01$。

7.4.7.2 资源网络能力的中介效应

检验资源网络能力在创业行动学习四要素与创业绩效间关系所起的中介效应时运用如下步骤。首先,本研究中涉及的控制变量如创业者的性别、年龄和是否初创业等控制变量加入对因变量和中介变量的影响模型中,以更精确地检验中介效应;其次,以资源网络能力为因变量,分别将体验搜集、交互反思和行动验证三个要素加入模型中(由于直接效应中系统整合要素对创业绩效没有直接效应,不符合中介检验条件,故未进入模型检验),检验它们与资源网络能力之间的关系(模型 2-1 至模型 2-3)。由于前面直接效应已经检验过自变量与因变量的关系,故直接进入中介效应的检验,将资源网络能力再依次加入各自模型中(模型 1-1 至模型 1-3)。检验结果如表 7-15 所示。

表 7-15　层级回归分析:资源能力的中介效应检验结果

	创业绩效			资源能力			
	模型 1-1	模型 1-2	模型 1-3	模型 2-0	模型 2-1	模型 2-2	模型 2-3
性别	-0.14	-0.13	-0.09	$-0.22^{\dagger}$	-0.26^{*}	$-0.22^{\dagger}$	-0.19
年龄	-0.03	-0.05	-0.05	0.07	0.08	0.04	0.06
初次创业	0.17	0.18	0.17	0.03	-0.03	-0.02	0.01
独立创业	-0.01	0.01	-0.03	-0.03	-0.02	0.02	-0.04
企业规模	0.15	0.16	0.14	-0.12	-0.13	-0.10	-0.13
体验搜集	0.13				0.30^{*}		
交互反思		0.15				0.30^{*}	
行动验证			0.33^{**}				$0.21^{\dagger}$
资源网络能力	0.28^{*}	0.27^{*}	0.24^{*}				
R 方	0.18	0.19	0.27	0.06	0.14	0.15	0.11
调整 R 方	0.10	0.10	0.19	-0.01	0.07	0.07	0.03
R 方更改	0.07^{*}	0.06^{*}	0.05^{*}	0.06	0.08^{*}	0.08^{*}	0.04
F 值	2.08^{*}	2.15^{*}	3.43^{**}	0.88	$1.84^{\dagger}$	$1.87^{\dagger}$	1.31
N,df	72,7	72,7	72,7	72,5	72,6	72,6	72,6
DW 系数值	1.80	1.88	.1.98	1.96	1.96	1.96	1.87

注:$N=73$;$\dagger p \leqslant 0.10$;$*\ p \leqslant 0.05$;$**\ p \leqslant 0.01$;模型 1-1、1-2 和 1-3 中的 R 方更改是相对于表 7-14

中的模型 1、2 和 4 为参照点;模型 2-*中的 R 方更改均以模型 2-0 为参照点。

从表中数据可以看出,在严格控制相关影响变量如创业者的性别、年龄、是否初次创业、是否独立创业和企业规模之后:体验搜集和交互反思对创业资源网络能力有显著的正向影响($\beta=0.30$,$p<0.05$;$\beta=0.30$,$p<0.05$);行动验证对创业资源网络能力有弱显著的正向影响($\beta=0.21$,$p<0.10$)。验证结果也表明假设 3 中的三个中介模型检验可继续进行。模型 1-1、1-2 和 1-3 检验的是资源网络能力对三个要素与创业绩效之间关系的中介效应,从表中数据可以看出,当纳入控制变量和中介变量到回归方程之后:体验搜集对创业绩效的弱显著影响效应完全消失;交互反思对创业绩效的显著影响效应完全消失;行动验证对创业绩效的显著影响效应减弱;三个模型中,资源网络能力对创业绩效都有显著的正向影响效应。从表中结果可知,资源网络能力在体验搜集和交互反思对创业绩效的影响效应中起完全中介的作用,而在行动验证对创业绩效的影响关系中起部分中介效应。因此,假设 3a、3b 和 3c 得到验证。

该分析结果表明,资源网络能力中介创业行动学习与创业绩效之间的关系。创业行动学习的体验搜集、交互反思与行动验证三个要素通过影响创业者的资源网络能力来对企业整体绩效产生影响。

7.4.7.3 协进型领导能力的中介效应

检验创业者的协进型领导能力对创业行动学习四要素和创业绩效的中介效应时按照如下步骤进行。首先,本研究中涉及的控制变量如创业者的性别、年龄、是否初次创业和是否团队创业等因素加入对因变量和中介变量的影响模型中,以更精确地检验中介效应;其次,以协进型领导能力为因变量,分别将创业行动学习的四个要素加入模型中(表 7-16 中的模型 2-1 至模型 2-4),检验创业行动学习四要素与协进型领导能力之间的关系;由于创业行动学习与创业绩效之间的直接关系已经在前面检验过,因此这里直接进入协进型领导能力的中介效应检验,以创业绩效为因变量,分别将协进型领导能力再依次加入各自模型中(表 7-16 中的模型 2-1 至模型 2-3),检验协进型领导能力的中介效应。由于前面检验发现系统整合对创业绩效的回归系数并不显著,因此该要素的中介效应没有继续检验。

表 7-16　层级回归分析:协进型领导能力的中介效应检验结果

	创业绩效			协进型领导能力				
	模型 1-1	模型 1-2	模型 1-3	模型 2-0	模型 2-1	模型 2-2	模型 2-3	模型 2-4
性别	-0.18	-0.17	-0.13	-0.08	-0.11	-0.08	-0.02	-0.04
年龄	-0.05	-0.08	-0.06	0.16	0.17	0.13	0.14	0.15
初次创业	0.19	0.19	0.18	-0.05	-0.11	-0.08	-0.13	-0.08
独立创业	-0.02	0.00	-0.04	0.02	0.02	0.05	0.01	-0.01
企业规模	0.18	$0.20^{\dagger}$	0.15	-0.25^{*}	-0.27^{*}	-0.24^{*}	-0.31^{**}	-0.27^{*}
体验搜集	0.14				0.29^{*}			
交互反思		0.18				$0.21^{\dagger}$		
系统整合							0.33^{**}	
行动验证			0.33^{**}					0.30^{**}
协进型领导	$0.24^{\dagger}$	0.24^{*}	0.18					
R 方	0.16	0.18	0.24	0.10	0.18	0.14	0.20	0.19
调整 R 方	0.07	0.09	0.16	0.04	0.11	0.07	0.12	0.11
R 方更改	$0.05^{\dagger}$	0.05^{*}	0.03	0.10	0.08^{*}	$0.04^{\dagger}$	0.09^{**}	0.09^{**}
F 值	$1.83^{\dagger}$	$1.98^{\dagger}$	2.98^{**}	1.53	2.41^{*}	$1.85^{\dagger}$	2.68^{*}	2.53^{*}
N, df	72,7	72,7	72,7	72,5	72,6	72,6	72,6	72,6
DW 值	1.83	2.03	2.07	2.06	2.02	2.10	2.05	2.06

注:$N=73$;$\dagger p \leqslant 0.1$; * $p \leqslant 0.05$; ** $p \leqslant 0.01$;模型 1-1、1-2 和 1-3 中的 R 方更改是相对于表 7-14 中的模型 1、2 和 4 为参照点;模型 2-* 中的 R 方改均以模型 2-0 为参照点。

　　检验结果如表 7-16 所示,在严格控制相关影响变量后:创业行动学习的四个要素与协进型领导能力之间具有显著的正向关系(见模型 2-1 至 2-4),该结果符合中介效应的检验条件;体验搜集与创业绩效之间的回归系数呈弱显著($\beta=0.21$, $p<0.10$),加入协进型领导能力之后,该效应被抑制($\beta=0.14$, ns)(模型 1-1),而协进型领导能力和创业绩效之间的关系系数具有弱显著性($\beta=0.24$, $p<0.10$),表明协进型领导能力完全中介体验搜集与创业绩效之间的关系,假设 4a 得到验证;交互反思对创业绩效具有显著的正向影响($\beta=0.23$, $p<0.05$),当协进型领导能力被纳入该模型之后,该效应消失($\beta=0.18$, ns),即协进型领导能力完全中介交互反思与创业绩效之间的关系,假设 4b 得到验证;在表 7-14 中的模型 3,系统整合对创业绩效没有显著的影响效果($\beta=0.12$, ns),

故假设 4c 没有得到支持;从模型 1-3 中可看出,虽然加入协进型领导能力到回归模型后,行动验证对创业绩效的影响关系被削弱,但由于协进型领导能力与创业绩效之间的回归系数并不显著,因此,协进型领导能力没有中介行动验证与创业绩效之间的关系,假设 4d 没有得到支持。

该分析结果表明创业行动学习通过提升创业者的协进型领导能力水平进而对企业整体绩效产生影响。创业者的协进型领导能力中介体验搜集和交互反思两个要素对创业绩效的影响关系,假设 3a 和 3b 得到验证;本研究中的系统整合行为对创业绩效没有显著影响效果,假设 3c 没有得到支持;协进型领导能力对行动验证与创业绩效之间的关系没有产生影响,假设 3d 没有得到验证。

7.4.7.4 资源网络与协进型领导能力的交互效应

采用层级回归分析检验创业者的资源网络能力与协进型领导能力对创业绩效正向交互效应。分析过程按照三个步骤进行:将控制变量进入模型中;将两个交互变量加入模型中;将交互变量的乘积值交互项加入模型以检验交互效应。分析过程中涉及的控制变量、交互变量和因变量均经过数据标准化处理。具体过程如下:首先,将相关控制变量加入模型中(模型 1);其次,将交互变量协进型领导能力和资源网络能力加入模型中(模型 2);第三,将两者的乘积项作为交互项加入模型中(模型 3)。交互效应结果如表 7-17 所示。

表 7-17 层级回归分析:资源网络能力与协进型领导能力的交互效应

	创业绩效		
	模型 3	模型 1	模型 2
性别	-0.18	-0.10	-0.11
年龄	-0.02	-0.08	-0.07
初次创业	0.21	0.21†	0.21†
独立创业	-0.02	-0.02	0.01
企业规模	0.12	0.22†	0.25*
协进型领导能力		0.24*	0.23*
资源网络能力		0.28*	0.29*
资源能力×协进型领导			-0.09
R 方	0.08	0.22	0.23
调整 R 方	0.01	0.14	0.13

	创业绩效		
	模型 3	模型 1	模型 2
R 方更改	0.08	0.14**	0.01
F 值	1.12	2.61*	2.33*
N,df	72,5	72,7	72,8
DW 值	2.13		

注：$N=73$；† $p \leqslant 0.1$；* $p \leqslant 0.05$；** $p \leqslant 0.01$。

从表 7 - 17 的层级回归分析结果可看出，在控制了相关变量后，资源网络与协进型领导能力进入回归方程都显著地增加了对创业绩效的回归方程的解释力。其中，资源网络能力和协进型领导能力两个因素对创业绩效具有正向预测作用（$\beta = 0.23, p \leqslant 0.05$；$\beta = 0.29, p \leqslant 0.01$）；当资源网络能力与协进型领导能力的交互项进入回归模型之后，两者的交互作用并未显著提升对创业绩效的预测（$\beta = 0.01, ns$）。该分析结果表明，创业者的资源网络能力和协进型领导力对创业绩效没有交互影响效应，假设 4 没有得到支持。

7.5　本章小结

创业行动学习是创业者个体的学习行为，该行为如何转化成企业组织层次绩效的机制是本章节研究尝试探索的问题。本书认为创业者的资源网络能力是创业学习行为影响创业绩效的中介因素；创业者的协进型领导能力中介创业行动学习行为与创业绩效之间的关系。为验证这些研究假设，本章节在前文开发的创业行动学习新构思和测量量表的基础上，采用 73 套共 209 份来自创业者与企业员工填写的配套问卷为检验数据来源，对本研究的核心假设进行验证，得到如下实证研究结果。

首先，本研究选择新创企业与创业者的关键信息作为自变量，对涉及的七个核心变量进行单因素方差分析，研究结果发现这些变量在这些背景信息上呈现出不同的差异：年限在四年以上的企业的创业绩效显著高于年限小于四年的企业，而年限小于四年的各年限企业在创业绩效上无显著差异；员工数量和企业年营业额在背景因素上的方差分析结果与企业年限相似，员工数量在 21 人以上的企业在创业绩效上显著高于其他规模类别的企业,年营业额在 1 000 万元以上的企业在创业绩效上显著高于其他营业额规模类别的企业;从行业上看,来自电子商务行业的创业者在体验搜集行为上的评测值高于文创行业和高新技术行业,服务型企业的创业者的体验搜集要素值高于文创行业;在创业者性别上,女性创业者的协进型领导能力弱显著高于男性;核心变量在创业者的学历与年龄要素没有显示出显著差异;创业者的专业背景不仅显著影响创业者的体验搜集与行动验证行为,也显著影响创业者的协进型领导能力。该研究结果让我们更深入了解创业者特征和企业特征对创业行动学习及其相关变量的影响效果。

其次,本研究探索了创业行动学习四要素模型对创业绩效的直接效应。创业行动学习是由体验搜集、交互反思、系统整合和行动验证四要素组成的过程模型,四个要素紧密相关且不可相互替代,因此,在研究它对创业绩效的直接效应时,采用四要素相乘的方法来计算创业行动学习的合成值。研究结果表明,在控制了创业者的年龄、性别、是否初次创业、是否团队创业和企业规模这几个重要的影响变量之后,四个要素对创业绩效显示出不同的影响效应:交互反思与行动验证对创业绩效产生显著的正向影响效果,其中行动验证对绩效的影响作用更大;体验搜集对创业绩效产生弱显著的正向影响效应,其影响系数值低于行动验证与交互反思;系统整合要素对创业绩效不产生显著的影响效应;创业行动学习行为显著影响创业绩效。该研究通过大样本的现场实证数据来支持以往学者的定性研究结果:创业者的学习行为对新创企业的存活与发展具有重要的影响效果。

第三,检验资源网络能力对创业行动学习四要素与创业绩效间关系中所起的中介效应。创业网络能力对创业者的信息获取、创业学习以及新创企业的存活与发展所产生的积极作用在以往研究中得到验证,然而这些研究或者仍然从传统的组织管理研究视角来研究创业网络能力的影响效果,或者将创业网络能力视为固定的、不受创业过程推进而变化的社会网络,而忽略创业者的创业过程是创业者从零开始创办企业并获取网络资源的过程,创业者的资源网络能力是随着企业发展的需要而不断提升的。基于这种特征,本研究提出创业者的创业行动学习行为有助于提升创业者的资源网络能力并进而提升企业组织层次创业绩效的研究假设。研究结果表明,创业行动学习中的体验搜集、交互反思和行动验证三个要素对创业者的资源网络能力具有积极影响;资源网络能力中介这三个要素与创业绩效之间的积极关系。该研究结果从另一种角度支持了创业行动学习自身所具有的开放团队性的特征:创业者在解决创业问题/挑战的过程中所采用的社会互动行为(如与他人互动、借鉴他人想法和观点等)不仅有助于创业者发现创业问题的解决新思路,也在创业者获取问题解决线索的同时提升资源网络能力。这种能力会帮助创业者从网络中获取新信息和新资源进而促进新创企业的成长。该研究结果对创业网络理论具有一定的补充:以往的研究均支持创业网络对创业者的信息和资源获取具有重要作用,但创业者通过何种方式来获取则很少有研究进一步探索,而本研究认为基于创业问题解决的创业行动学习行为会促进创业者的资源网络能力进而促进企业的成长。

第四,本研究从协进型领导能力的视角,来探索创业行动学习对新创企业绩效所产生的效能机制。创业者作为企业的领导者,其创业过程是带动企业成员执行创业任务的过程。在这个过程中,创业者不仅需要自己学习,也需要将自己掌握的创业绩效通过协进型领导的方式传递给公司成员。这样做不仅培养员工的任务执行能力,也有助于解放创业者的认知资源使其有精力进行其他业务的拓展。协进型领导行为是一种可以激励下属产生集体智慧、对组织活动产生责任性和想出创新性的问题解决方案等积极工作氛围的有效手段。不同于其他类型的、被视为与生俱来的领导风格(如变革型领导、创业领导等),协进型领导能力更多被视为是一种后天习得的行为策略,是领导者可以有针对性地通过一些努力来提升的。通过本研究的第一个多案例研究发现,创业者对如何解决企业内部冲突、鼓励员工产生创新的问题解决方案和与员工建立关系的协进型领导能力在基于创业问题的创业行动学习过程中得到不断提升。受该研究结果的启发并结合协进型领导能力的研究结果,本研究提出并验证了:创业行动学习积极促进创业者的协进型领导能力;协进型领导能力中介创业行动学习中的体验搜集与交互反思对创业绩效的影响效应。该研究结果表明:创业者的创业行动学习行为促进了其对企业内外环境特征的了解,这些知识有利于其更清晰地开发公司成员的任务议程、设定员工的工作目标并灵活调整创业任务与计划进而促进创业活动的顺利开展;创业者为寻找问题的解决方案而进行的体验搜集行为与交互反思行为会促进创业者参与和员工建立关系的活动及鼓励员工自由表达意见与想法,这种行为反过来促进创业者获得更多的信息和问题解决新视角,不仅有助于创业者的问题解决,也有助于创业者制定更完善的创业决策,进而促进新创企业的发展。该研究结果不仅为我们从与员工互动的视角理解创业者的学习行为如何对企业成长产生作用，也是协进型领导能力在创业情境下的新验证。

在本章的研究过程中，有三个研究子假设并没有得到证实。其一是创业行动学习的系统整合要素对创业绩效没有起显著影响。造成这种结果的可能原因是：系统整合是将从体验搜集与交互反思过程中获得的新信息和新视角与企业的当前情况相结合的过程，该过程从输入—加工—输出（I-P-O）的视角来看，并没有为创业过程带来新的输入，因此对创业绩效没有产生显著的影响；新创企业相对成熟企业来说，企业规模、社会关系和资源方面都较为简单，关于企业发展的具体信息量也相对较少故易于被创业者所牢记，新视角与创业现实结合的系统整合行为相对于创业者从他人获得的信息和反思性视角或创业者对创业策略的践行来说，其对创业绩效所产生的影响效果更低。系统整合对创业绩效没有产生显著影响的研究结果也使得团队领导对系统整合行为和创业绩效之间关系的中介效应没能进一步检验，因此导致假设 1c 没有得到支持。

第二个研究假设没有得到支持的是协进型领导能力并没有在行动验证和创业绩效的关系中起中介效应。在该假设的验证过程中发现：行动验证对创业绩效具有显著的积极影响；行动验证对提升创业者的协进型领导能力具有显著影响，但协进型领导在该过程中并没有起到中介效应。造成这种结果的原因可能是，在创业过程中，创业者按照策略积极行动来对企业成长产生效果的过程受许多因素的影响，例如创业者技巧提升、创业资源获取和创业情境改变等。协进型领导能力虽然对创业者营造积极的工作氛围具有重要作用，然而相对于其他因素来说，它在创业策略的践行过程中所产生的作用很有限。但这并不表明协进型领导能力不具有重要性，而是表明其在创业行动学习的四要素与创业绩效的关系中所发挥的作用不同：协进型领导能力对创业者的体验搜集行为和交互反思行为在对创业绩效产生影响的关系中起重要的中介作用，而并不显著影响行动验证对创业绩效所产生的影响作用。

此外，基于创业过程视角，认为资源网络能力与协进型领导能力交互影响创业绩效的研究假设也没有得到实证验证。反思这种结果，本研究认为原因可能有两个。一方面，虽然创业者对外的资源网络能力和对内的协进型领导能力都在提升，但由于个体的认知资源有限，加上新创企业存在诸多不健全，使得创业者处理问题的精力非常有限，未能内外兼顾，使得两种能力未能发生相互协调和促进的作用。另一方面,由于新创企业资源稀缺,创业者所掌握的网络资源有限,在企业发展到成熟阶段之前,企业发展所需要的网络资源类型一直在更新在变化,已积累的网络资源未能与创业者的协进型领导能力形成积聚效应。

　　总的来说,本章节在前面三个研究的基础上,进一步深入探索本研究的核心构思——创业行动学习行为的效能机制。研究结果表明:创业行动学习对新创企业的创业绩效具有积极作用;由四个要素组成的创业行动学习对创业绩效的影响最大;创业行动学习通过提升创业者的团队领导能力来对企业绩效产生影响。

第8章　职能经验对创业行动学习的影响机制
——艰巨工作体验的中介效应

8.1　研究目的

创业经验是创业学习的重要来源(Cope,2005；Politis,2005；Cope,2011)。然而,创业者是否从过去经验中学习,研究结论莫衷一是(Chen & Pan,2019)。如商业机会识别,有研究发现先前创业经历有助于识别更多机会(Grégoire et al.,2010),有研究认为先前创业经历的次数与识别的机会数量之间呈倒 U 型关系(Ucbasaran et al.,2009),也有研究发现先前创业经历的次数与创业机会识别能力不存在显著关系(张玉利,王晓文,2011)。又如创业成功方面,有研究认为创业经验可以带来更好的市场计划能力,财务规划能力和管理团队的平衡能力(Lamont,1972);而有研究则发现先前创业经验所带来的心智捷径(如启发式、模板等)会简化创业者对于创业情境的表征,不利于创业成功(Rerup,2005)。创业经验能否促进创业学习行为的研究争论还没有得到较好的回答。

创业经验研究存在这样彼此迥异的结论,有以下原因:关注创业者拥有的静态存量的创业经验,忽略创业情境的动态影响;先前经验多基于小样本事件,其充分性和正确性有待检验;创业者自身也有较大的个体差异性;以先前创业次数(张玉利等,2008)、创业经验类型(张玉利,王晓文,2011)和不同工作类型(Politis,2005;杨隽萍等,2017)等定量测量方式,不能代表创业经验自身所含有的丰富特征。在同样时长的创业经历中,遇到更多挑战的创业者,显然其体验密度是高于遇到挑战较少的创业者。此外,当前主流研究多热衷于创业经验对创业结果(如创业绩效、创业能力)的预测效应,较少关注其对创业行为的影响机制研究。

创业经验是由创业情境与个体差异之间相互影响形成的,其本质上是一种工作经验,应包含定量(如次数、任期)、定性(如任务执行过程中的艰巨体验)和两者的交互这三种成分(Tesluk & Jacobs,1998)。对创业经验时间长度、创业次数或者经验类型的测量是属于定量成分,而创业任务的具体特征则反映了创业者与创业情境之间交互的丰富特征。定性与定量成分之间的交互则反映了创业经验的密度:密度越高,则对后续工作行为的影响也越大。三种成分虽然在成分上是彼此独立的,但却会影响彼此。并且,它们还会受个体因素、情境因素的影响。基于 Tesluk 和 Jacobs(1998)的工作经验理论框架,本书探索创业经验、学习目标取向与创业者的艰巨工作体验对创业学习行为的联合效应。学习目标取向和职能经验是创业者的个体差异因素;职能经验代表创业经验的定量成分。艰巨工作体验(challenging work experience)则反映了任务的具体特征,代表创业经验的定性成分,是行为主体产生学习的直接来源(McCall,2004)。

在新兴产业中,新创企业虽然在数量上有优势,但创业死亡率却远高于进入同产业的成熟企业(Dinlersoz & MacDonald,2009)。这主要是创业者没有学习或太晚学习(Aldrich.,2000)。当前新兴产业研究主要聚焦在宏观产业层面或实践层面的产业发展与优化问题(洪勇,张红虹,2015;孙晓华等,2016),而创业研究由于理论与实证上存在的挑战而长期忽略新兴产业领域的相关问题(Forbes & Kirsch,2011)。新兴产业背景下,微观层面的创业者学习行为差异原因探索,是值得深入探讨的问题。本书选择新兴产业创业情境作为研究情境,因此选择基于创业行动学习行为作为预测变量。研究尝试对拓展中国新兴产业创业情境的学习行为研究产生一定的理论意义。

8.2　研究假设

8.2.1　创业行动学习

创业行动学习是指创业者解决新兴产业创业情境中的创业难题并从该经历中获得学习的过程。它描述了新兴产业背景中创业者从创业行动中学习的行为特征。新兴产业背景下结构不良、不确定性高且复杂难解的创业任务,易使创业行动情境的深层特征有别于创业者已习得的创业经验,这给创业者带来更多的认知挑战(Frese & Gielnik,2014)。创业者在开展行动的过程中容易产生行动错误。这些错误在创业情境中表现为创业问题/挑战。创业行动学习构思强调创业者聚焦创业问题/挑战,持续与外部社会环境互动的群体互动学习特征。这与传统产业中注重创业者个人体验中学习的创业学习概念模型有显著区别。创业的本质是创业者主动产生创业问题和挑战的有效解决方案(Shane & Venkataraman,2000;Sarasvathy,2001)。聚焦创业者如何从解决创业问题的过程中学习创业行动的学习四要素框架,为我们描述新兴产业中创业学习行为特征提供了一种新的视角。

8.2.2 学习目标取向与创业行动学习

目标取向是一种较为稳定的动机因素,它解释了逆境中行为主体努力去面对挑战、开发能力和获取专业知识的行为之特征(DeRue & Wellman,2009)。目标取向分为学习目标取向和绩效目标取向(Dweek,1986)。研究表明,在复杂的任务情境中,学习目标取向的个体更倾向于获取新技能,进而表现出更多的学习行为;而绩效目标取向的个体则倾向于规避学习(Payne et al.,2007)。因此,在环境动态变化、任务充满挑战的新兴产业创业情境下,学习目标取向对创业学习行为的影响更为显著。本书关注学习目标取向对创业学习行为的影响机制。

在新兴产业创业情境下,受情境动态变化的影响,具有学习目标取向的创业者更容易展示出创业行动学习行为。具有学习目标取向的创业者,在遇到困难或新挑战时,他们不会逃避或畏缩,而是将它们视为学习的机会,不断尝试新实践方案,积极学习新技巧并掌握新信息(De Clercq et al.,2012)。进而言之,在新兴产业创业情境中,学习目标取向的创业者将展示出更高的问题解决动机,做出更多的问题解决方案搜集与设计的行为。因此,本研究提出如下假设。

假设1:创业者的学习目标取向与创业行动学习积极相关。

8.2.3 职能经验与创业行动学习

创业经验是个多维度的概念,职能经验是其中的重要部分(张玉利,王晓文,2011;张秀娥等,2017)。它是指创业者在创业前在企业不同职能领域所拥有的

工作经验,含市场营销、财务管理、一般管理、生产管理和技术研发(Li & Zhang,
2007)。其中,前三种是普遍适用于各种企业的管理经验,被界定为通用管理经
验;而后两者被视为专用于特定行业和企业的经验,则被界定为专用职能经验
(张玉利,王晓文,2011)。职能经验是促进企业正常运营和规范化发展的重要基
础(张玉利,王晓文,2011; Li & Zhang,2007)。它为创业者提供了商业基础知
识,不仅有助于其识别创业机会,也有助于克服新创企业的新进缺陷(Politis,
2005)。

先前经验能够帮助创业者学习如何识别和评估问题,越成功的创业者越容
易判断哪些问题需要及时的注意(Lamont,1972)。经验越丰富的创业者越擅长
从多种经验视角来表征问题,分析问题表象下的深层原因。同时,职能经验代表
创业者先前的人脉资源。经验越丰富,创业者在解决创业问题时拥有越多的信
息资源。此外,创业者多是基于未来结果的预期来采取行动的(Simon,1947)。
这些预期是由已有经验和现状的信息所形成的。有丰富经验的创业者对现状的
评估和未来结果的预期越精准(Simon,1947),行动不确定性低,进一步行动的
可能性越高(Mcmullen & Shepherd,2006)。

假设 2:创业者的职能经验积极与创业行动学习行为积极相关。

假设 2a:创业者的通用管理经验积极影响创业行动学习行为。

假设 2b:创业者的专用创业经验积极影响创业行动学习行为。

8.2.4　艰巨工作体验对创业行动学习的影响

艰巨工作体验指行为主体的既有策略和惯例不能胜任,需要采用新处理方
式的工作任务特征(Aryee & Chu,2012)。它来源于组织研究,是指组织成员对
挑战性任务的感知,是工作经验的重要定性成分,反映了工作情景中的具体特征
(Aryee & Chu,2012)。组织管理研究发现,并非所有的工作任务都能促进参与
者产生学习行为,只有特定的、提供挑战性的、需要采用新技巧,并且运用新策略
或采用新行为的工作任务才能产生学习机会(Aryee & Chu,2012; De Pater,
2009; Dragoni et al.,2009)。学习发生在个体体验艰巨的任务并反思这些经历
的活动中;工作体验越艰巨,个体发生在职学习的可能性也越大(Marsick &
Watkins,1990)。

在创业情境下,创业者对任务艰巨程度的感知会影响其学习行为。首先,不

断出现的寻利问题在给创业者带来挑战的同时,也带来消极的情绪影响。此时创业者质疑个人的感知,反思个人的行动结果,被迫转换个人当前持有的行动假设并进行新的尝试。其次,创业本质上是一种行动,然而行动会随时间变化且未来是不可预知的,由此可将创业的本质视为具有不确定性的存在。这种不确定性又由创业行动的创新本质而进一步加深(Mcmullen & Shepherd,2006)。在这种环境下,随着企业的创立以及后期的管理发展,创业者需要不断处理各种不确定的挑战性任务。这些任务具有目标的非结构化,信息线索的难以解释以及没有最佳答案等多种特征(Man,2012)。这些极具挑战性的任务要求创业者不断学习以获取新的技巧、策略或惯例来应对。

创业行动学习是指创业者通过社会互动方式来解决创业问题进而促进学习的过程(陈燕妮,王重鸣,2015)。创业行动学习的四个要素行为是创业者在不断解决复杂创业问题的前提下产生的。基于以上推导,我们认为在新兴产业创业情境下,创业者正是在解决艰巨创业任务的过程中采取创业行动学习行为的。

假设3:创业者的艰巨工作体验积极影响创业行动学习行为。

8.2.5　艰巨工作体验的中介作用

虽然艰巨工作体验包含大量可能的失败,然而,具有学习目标取向的个体将会把这种体验视为开发新技巧的学习机会(Dragoni et al.,2009)。他/她们在工作逆境下,会积极选择更具挑战性的任务,会更加努力解决任务中的难题。在创业情境下,创业者需要不断解决寻利问题(Harper,2008),并且克服市场新进入缺陷(Cope,2011)。学习目标取向的创业者会更积极寻求艰巨工作体验作为自己提升创业技巧的学习机会。

假设4:艰巨工作体验中介创业者的学习目标取向与创业行动学习行为之间的关系。

经验塑造创业者的认知属性(Baron,2004)。在新创企业中,创业者的职能经验能帮助企业更有效地开发、生产和销售新的技术和产品(Li & Zhang,2007)。职能经验创建了路径依赖:创业者倾向于注意到与已有职能经验类似的先前经验,将它们与先前知识连接起来,不仅使他们更有效地获取和评估诊断线索,更有助于指导接下来的创业行动(Anderson,1982)。丰富经验会减少创业者的认知加工负担,帮助其识别更多新颖和独特的信息,也会给创业者带来更多的新机会和新挑战(Ucbasaran et al.,2009)。具有丰富职能经验的创业者,更容易识别创业过程中潜在的挑战。

假设 5:艰巨工作体验中介创业者的职能经验与创业行动学习行为之间的关系。

假设 5a:艰巨工作体验中介创业者的通用管理经验与创业行动学习行为之间的关系。

假设 5b:艰巨工作体验中介创业者的专用经验与创业行动学习行为之间的关系。

8.3　研究方法

8.3.1　取样标准与流程

取样选择企业年限小于 8 年的创业者(Chrisman et al.,1998)。由于判断产业是否为新兴产业的标准存在许多争论,如产业年限、产业分类、市场成熟度等(Forbes & Kirsch,2011;Santos & Eisenhardt,2009;李晓华,吕铁,2010;李丫丫等,2016),本研究借助新兴产业创业园、新兴产业创业交流会和新兴产业创业培训班来寻找新兴产业创业者[①]。为降低共同方法偏差,所有问卷均匿名填写。本书作者亲自指导被试填写问卷并在 1 小时内回收。

本次调研发出问卷 200 份,收回 193 份。筛选、剔除不符合条件的数据后得到 175 份有效数据。企业基本信息:12.6%的企业年限小于或等于 1 年,61.7%为 1 到 3 年,18.8%为 3 到 5 年。在企业规模上,68.6%在 10 人以内,13.1%在11 至 20 人之间,29.7%在 21 至 50 人之间;年营业额在 50 万元以内的企业占34.9%,51 与 300 万元之间的占 41.7%。创业者信息:女性占 29.7%;20 岁到 30岁之间占 56.6%,31 岁到 40 岁占 41.7%;22.7%为大专学历,58.1%为本科学历;44.6%为初次创业者。

---

① 当前,国家和地方对新兴产业创业者的扶持力度较大,各新兴产业园、创业培训和交流会都会对入驻企业、参与者进行筛选,这无形中便利了本研究的取样。

8.3.2　测量工具

自变量——学习目标取向采用 VandeWalle(1997)开发的 6 个题项,题项如"我喜欢那些对工作技能和能力有较高要求的任务"。采用 Likert 五点量表形式。量表信度系数为 0.82。职能经验采用张玉利等(2011)的测量方法,用 Likert 五点量表方式。其中,通用职能经验用市场营销、财务管理和一般管理这三个题项来测量,信度系数为 0.74,专用性职能经验采用技术研发和生产管理两个题项来测量,信度系数为 0.71。

中介变量——艰巨工作体验。借鉴 Aryee 等(2012)的测量方法,根据新兴产业的独特特征,从 McCauley 等(1994)的测量量表中提取七个题项,题项如"尝试新方法""管理不熟悉的事务"和"与不同类型的人群打交道"等。采用 Likert 五点量表形式。量表信度系数为 0.80。

因变量——创业行动学习。创业行动学习采用本书开发的 14 个题项。该量表包含四个要素:四个题项测体验搜集,例如"我不断搜集其他人/其他企业的优秀创业实践",信度系数为 0.81;三个题项测交互反思,例如"我经常结合他人建议来重新思考创业过程中遇到的问题",信度系数为 0.82;三个题项测系统整合,例如"我经常从各种看似无关的创业信息中发现新关联",信度系数为 0.80;四个题项测行动验证,例如"我严格按照已确定的创业思路来开展工作",信度系数为 0.82。本研究借鉴团队学习构思的计算方法(Gibson & Vermeulen,2003),创业行动学习的测量值由四个阶段获得的测量均值进行乘积得出。量表整体信度系数为 0.81。

控制变量。选择性别、年龄、学历背景、先前创业经历作为控制变量。以往创业研究发现,学历背景属于一种独特人力资本,会影响创业行为(Baron & Henry,2010);初创者与再次创业者会表现出不同的创业行为(Sarasvathy,2001)。因此,有必要控制这些变量的影响效应。

中介效应检验采用 Baron 和 Kenny(1986)的三步骤检测方法,并采用允许抽样不符合正态分布的 Bootstrap 方法来进一步验证。Bootstrap 采用 Preacher 和 Hayes(2008)所开发的插件,抽样次数限定在 5 000 次,检验创业行动学习通过资源网络能力到创业绩效的间接效应($a \times b$)是否显著。

8.3.3　数据分析结果

为避免预测变量与效标变量产生人为共变,本研究采用 Harman 单因素检验法来检测是否存在共同方法偏差。四个变量的题项旋转后产生九个因子,共解释了 71.95% 的变异,其中变异量最大的因子的解释比例为 23.41%(低于临界值 50%)。这表明变量间不存在共同方法偏差。表 8-1 是涉及变量的描述性分析结果。数据表明,变量间不存在多元共线性问题;变量间的相关系数符合多元回归分析的基本假定。

表 8-1　描述性统计表

		M	SD	1	2	3	4	5	6	7	8
01	性别[a]	0.67	0.47								
02	年龄	30.48	5.33	- 0.01							
03	学历背景	3.71	0.75	- 0.11	0.14†						
04	创业经历	0.54	0.50	0.12	0.41***	0.10					
05	LGO	4.10	0.56	- 0.22**	0.05	0.09	0.05				
06	通用经验	2.86	0.80	0.13†	0.07	- 0.15*	0.20**	0.02			
07	专用经验	3.02	0.88	0.08	0.13†	0.01	0.20**	- 0.05	0.29***		
08	CJE	3.88	0.59	- 0.13†	- 0.02	0.08	0.14†	0.49***	0.24***	- 0.11	
09	EAL	233.07	103.48	- 0.13†	0.10	- 0.00	0.11	0.55***	0.19**	- 0.12	0.52***

注:* $p<0.05$;** $p<0.01$;[a]性别:"男性"= 1,"女性"= 0。

表 8-2 为本研究所有假设的检验结果。学习目标取向积极影响创业行动学习行为($\beta=0.56$,$p<0.001$),假设 1 得到支持。创业者职能经验中的通用经验积极影响创业行动学习($\beta=0.16$,$p<0.05$),假设 2a 得到支持。专用经验与创业行动学习行为之间的关系不显著($\beta=0.07$,$p=0.12$),假 2b 不成立,因此假设 4b 也不成立。艰巨工作体验积极影响创业行动学习行为($\beta=0.51$,$p<0.001$),假设 3 得到支持。

表 8-2 可见,当艰巨工作体验进入模型 2 后,艰巨工作体验对创业行动学习具有显著积极影响(模型 6,$\beta=0.32$,$p<0.001$),学习目标取向对创业行动学习的显著效应减弱[模型 2($\beta=0.56$,$p<0.001$)变成模型 6($\beta=0.41$,$p<$

0.001)〕,表明艰巨工作体验部分中介学习目标取向与创业行动学习之间的关系。Bootstrap 检验结果($a \times b = 31.22$,$p < 0.001$,$CI = [17.7854, 48.7939]$)进一步支持该结论,假设 4 得到部分支持。

当艰巨工作体验进入模型 3 后,艰巨工作体验对创业行动学习具有显著积极影响(模型 7,$\beta = 0.49$,$p < 0.001$),通用经验对创业行动学习的显著效应消失(模型 3($\beta = 0.16$,$p < 0.01$)变成模型 7($\beta = 0.07$,$p = 0.35$)),表明艰巨工作体验完全中介通用经验与创业行动学习之间的关系。Bootstrap 检验结果($a \times b = 14.94$,$p < 0.01$,$CI = [7.0089, 24.8204]$)进一步支持该结论,假设 5a 得到支持。

表 8-2　回归分析结果

	创业行动学习							艰巨工作体验		
	模型 1	模型 2	模型 3	模型 4	模型 5	模型 6	模型 7	模型 8	模型 9	模型 10
性别	-0.16*	-0.04	-0.18*	-0.16	-0.08	-0.03	-0.09	-0.16	-0.18*	-0.05
年龄	0.07	0.06	0.06	0.07	0.12	0.10	0.12	-0.10	-0.11	-0.11
学历背景	-0.03	-0.07	-0.01	-0.04	-0.06	-0.08	-0.05	0.05	0.10	0.03
创业经历	0.08	0.04	0.05	0.10	-0.02	-0.01	-0.03	0.19*	0.14†	0.16*
学习目标取向		0.56***				0.41***				0.47***
通用经验			0.16*				0.07		0.25***	
专用经验				-0.12						
艰巨工作体验					0.51***	0.32***	0.49***			
ΔR^2	0.04	0.30***	0.02*	0.01	0.25***	0.07***	0.23***	0.05†	0.06***	0.21***
F	1.60	16.58***	2.11†	1.78	13.13***	18.90***	10.97***	2.32†	4.12**	11.81
DW 值	0.56	0.72	0.85	0.83	0.78	0.74	0.78	0.65	0.71	0.77

注:†$p \leqslant 0.10$;* $p \leqslant 0.05$;** $p \leqslant 0.01$;*** $p \leqslant 0.001$;表中模型 2、3、4 和 5 中的 ΔR^2 是相对于模型 1 为参照点;模型 6 中的 ΔR^2 是以模型 2 为参照点;模型 7 中的 ΔR^2 是以模型 4 为参照点;模型 9 和 10 中的 ΔR^2 是以模型 8 为参照点。

8.4　本章小结

8.4.1　研究结论

本研究尝试探索新兴产业创业情境中为什么存在创业学习行为差异的问题，即是个体动机导致还是创业经验塑造的？研究发现，创业者的通用管理经验通过在职工作体验——艰巨工作体验，来间接影响创业行动学习。研究结果拓展了我们对创业经验如何影响创业学习行为的机制问题的理解。研究也发现，创业者的学习行为动机——学习目标取向，对创业行动学习部分是直接影响，部分是通过艰巨工作体验来影响。职能经验中的专用经验则对创业行动学习行为的影响并不显著。究其原因，首先通用管理经验在不同创业情境中具有普适性（张玉利，王晓文，2011），因而会对创业学习行为具有显著影响；而专用经验来源于特定技术与产品的研发经历，在新技术呈现前沿性、专业性和先导性的新兴产业背景下，具有其局限性。

8.4.2　理论贡献

本章节研究的贡献主要体现在以下几点。首先，考察创业经验对创业学习的影响机制，研究结论拓展了我们对创业经验影响机制的理解范畴。具体而言，以往研究认为，先前经验是创业者的固定存量，是其学习的主要来源。然而，本章节研究发现职能经验是间接对创业学习行为产生影响，其影响程度是通过过程中的体验来产生的。可见，先前职能经验对创业行为的影响并非为固定效应，而是受任务情境影响。并且，以往研究多关注创业经验的定量成分（如先前创业经历次数、创业经验类型等）对创业绩效的预测效应，得到的结论彼此迥异（Ucbasaran et al.，2009；张玉利等，2008；杨隽萍等，2017）。工作经验的定量测量只能有效预测结构性任务的绩效（Tesluk & Jacobs，1998）。本研究认为，对于结构不良、不确定性高且复杂的创业任务（Frese & Gielnik，2014），我们需要采用创业经验的定性成分才能产生更好的预测效度，为此，我们需要深入探索创业经验的定性部分的影响。本研究将创业者的在职工作体验——工作艰巨体验作为创业经验的定性成分，探索它与创业者职能经验（定量成分）对创业行动学习行为的联合效应。研究结果发现,创业者先前职能经验是通过创业者在执行创业任务过程中的艰巨体验来对创业行动学习行为产生影响。该结论较恰切地回答了创业经验如何影响创业行为的问题,为拓展创业经验研究提供了新的视角。

其次,本研究采用组织管理研究中的成熟理论来构建并检验创业行动学习的前因模型,这对发展基于中国独特产业情境的创业学习理论具有重要价值。创业学习研究起源于西方,然而中国新兴产业的制度、经济和市场等的基础等与西方国家有很大差异,企业所处的竞争环境也有很大不同(陆亚东,2015)。简单套用国外成熟量表或心理学和认知科学的成熟量表将缺乏较好的信效度(杨俊等,2015)。本研究扎根于中国创业实践,探索基于中国新兴产业特征的创业行动学习行为的产生机制,反映了中国创业者在创业学习过程中受创业经验与创业者个体差异的交互影响,拓展了我们对创业行动学习的前因机制的理解。

8.4.3 研究不足与展望

本研究基于工作经验的整合模型,从创业经验的定性成分,探索创业者的个体差异与创业经验对创业行动学习行为的影响机制,取得了有一定意义的研究结果。然而,本研究还存在一些不足之处。首先,本研究只关注先前创业经验中的职能经验而没有探索其他类型的创业经验对创业学习行为的影响。未来研究可以进一步探索其他先前创业经验,如先前创业次数,先前创业失败经历,各种工作经历的任期等的影响。其次,本研究结论的泛化效度有待进一步检验。本研究将对象限定为新兴产业,研究结论是否适用于其他传统产业,是研究可进一步尝试的方向。第三,由于新兴产业企业成活率低、分布零散,本研究只能便利取样,因此样本数量有限。虽已通过纸质调查问卷、现场调研等方式获得较好调研数据,但理论上还可以适当增加样本数量。上述局限性,将在笔者未来研究中加以改进。

第9章 新兴产业创业者的发展型工作挑战能否提升创业绩效[①]
—— 一个包含创业行动学习与创业经验的中介调节模型

9.1 研究目的

新创企业在新兴行业中的发展更加艰难（Dinlersoz & MacDonald，2009；Forbes & Kirsch，2011），因为该情境的具有不确定性高、挑战多且参照少等特征（Forbes & Kirsch，2011）。创业者必须学会适应快速变化的环境，担起各种重要责任，扮演多种角色，并解决复杂的问题。创业者是从经验中学习的（Cope & Watts，2000；Cope，2011；Keith et al.，2016；Lafontaine & Shaw，2016）。越来越多的研究表明，创业经验对新创企业的发展至关重要（Ucbasaran et al.，2009；Cope，2011）。然而实证研究结论却不一致（Ucbasaran et al.，2009；Grégoire et al.，2010）。

先前研究在帮助我们理解创业经验重要性的同时，也存在一些局限性。首先，大部分研究关注静态存量形式的经验（Cope，2005；Grégoire et al.，2010），忽略工作任务的动态影响。其次，研究者主要关注经验的定性类型，如先前创业次数（Forbes，2005）或职能经验类型（Dimov，2009），这使得研究结论不一致。根据工作经验理论（Tesluk & Jacobs，1998），工作经验的定量成分与复杂任务并不直接相关。第三，既有研究或是研究了定量类型的创业经验（Ucbasaran et al.，2009），或只关注在职体验（Keith et al.，2016），尚未将两者放入同一研究框

[①] 本章是笔者已发表英文论文的翻译版。

架中。从集成视角来更好理解创业经验与企业绩效之间关系的内在机制是很有必要的。

基于工作经验理论（Tesluk & Jacobs，1998）和人力资本理论（Becker，1964），本研究提出并检验一个发展型工作挑战（developmental job challenges）如何影响工作绩效的模型。研究以中国新兴产业的创业者为研究对象。本章节研究不仅将创业经验视为定量形式，如先前创业次数或职能型工作经验的年数，也将其视为创业任务的发展质量的定性形式。研究定义发展型工作挑战为创业活动中能挑战并改进创业者技巧和知识的发展型成分的程度。本章节研究首先提出并检验创业行动学习在发展型工作挑战和创业绩效关系之间的中介模型。然后检验先前创业经验在该模型中的调节效应。

研究为拓展创业经验理论具有三方面贡献。第一，本研究有助于拓展我们对创业经验的理解。本章节研究并未将创业经验视为传统定量的存量形式，而是将其视为创业任务中所具有的发展型程度。其次，研究增进我们对创业者经验的定量与定性形式的交互影响。基于工作经验理论，本章节研究检验创业经验的集成模型。研究不仅检验了创业者在职工作体验的发展质量的影响效果，也实证分析了它与定量创业经验的交互影响。第三，研究不仅将发展型工作挑战的研究拓展到新兴产业创业领域，也拓展到非西方文化主导的中国情境。在中国新兴产业中，相比于成熟企业，新创企业数量更多但失败率也更高（Forbes & Kirsch，2011；Dinlersoz & MacMillan，2009）。让新创企业知觉到在职工作体验中的发展型成分并采取更多有效的行为来获得更好的工作绩效，是非常重要的事情。

9.2 研究假设

9.2.1 工作经验理论

工作经验是预测工作绩效的重要变量。许多研究将其操作化成定量形式，如工作任期。Tesluk 和 Jacobs（1998）认为这种方式并不能反映工作中的复杂性和挑战性。他们将工作经验概念化成三个维度，即定量成分（时间长度或某个任务执行的次数）、定性成分（知觉到的挑战性和复杂性）和两者成分的交互部分

（一项经验的密度和时间性）。此外，他们提供了一个工作经验的诺莫网络（nomological net）：情境与个体因素是前因变量；工作动力、知识和技能提升以及工作相关的态度是直接结果；工作绩效和职业发展是间接结果。

9.2.2　发展型工作挑战

发展型工作经验也被称为挑战型工作体验，是指个体在挑战性任务背景下的在职工作体验（De Pater，2009；Dragoni et al.，2009；McCauley et al.，1994；Seibert et al.，2017）。该术语来自领导力开发领域，现在在管理与员工开发领域应用较多（De Pater，2009；Carette et al.，2013；Preenen et al.，2011）。发展型工作挑战让个体认识到当前技能和理想目标之间存在差距。为缩小差距，个体会努力获取新技能和知识并尝试新方法（Aryee & Chu，2012）。因此，发展型工作挑战是指工作的发展型程度，因为它为个体提供了在职学习机会（Dragoni et al.，2009）。

最初的发展型工作挑战研究识别了十种元素（McCauley et al.，1994）。然而，大部分研究采用了缩减版的五个要素：陌生的工作责任、高工作责任要求、创建变革、跨界工作和管理多样性（Dragoni et al.，2009；DeRue & Wellman，2009；Cao & Hamori，2016）。实证研究发现发展型工作挑战和组织中不同层级的积极结果相关，如主管的领导有效性（Seibert et al.，2017）、员工工作绩效（Aryee & Chu，2012）、管理者的胜任力（Dragoni et al.，2009）和专家型员工的组织承诺（Cao & Hamori，2016）。发展型工作挑战在提升组织中个体胜任力和绩效的同时，能否提升创业者的绩效是个值得探索的问题。

9.2.3　新兴产业中的创业行动学习

创业行动学习是基于中国新兴产业的独特情境特征提出的新概念，指创业者解决新兴产业创业情境中的创业难题并从该经历中获得学习的过程（Chen & Wang，2015）。创业学习是学术界对创业过程中学习行为的总体称谓（Wang & Chugh，2014）。不同学者根据研究需要自行界定其概念定义，是一个没有情境差异的普遍概念。创业行动学习描述了高不确定性、高复杂性和不可预测的新兴产业情境中的学习行为。尽管研究认为创业学习是一种做中学（learning-by-doing）（Cope & Watts，2000；Lafontaine & Shaw，2016），也有一些研究认为创业者是从社会网络中学习的(Zozimo et al.,2017；Soetanto,2017)。创业行动学习认为创业者不仅从行动产生的挑战中学习,也从与他人的交互过程中学习,或通过观察或通过沟通来学习。

创业行动学习是基于行动学习理论而提出的。行动学习理论认为,成人是通过学习小组解决复杂问题的方式来获得学习的(Pedler,1991)。与传统产业相比,新兴产业给新创企业带来更多不确定性,更少的企业标杆和更大的时间压力(Forbes & Kirsch,2011)。在这种条件下,创业者经常需要快速解决结构不良的问题。由于忙于应付这些困难,他们没有充裕时间来参与正式的培训或学习。在职学习是他们主要的学习来源(Keith et al.,2016)。同时,位于企业和外部商业网络之间交界位置的创业者,不得不与情境交互。通过直接的观察或者与客户/供应商/员工和其他利益相关者的交流,创业者能够重新框定情景并开发出更好的备选方案。

前面研究已经识别出创业行动学习的四个要素。体验搜集是指创业者针对创业问题展开对问题情境的考察和问题解决方案的线索搜集;交互反思阶段是指创业者在他人信息的启发下,采用新视角回顾问题情境并反思先前的问题解决尝试,归纳问题僵局产生的各种原因,从中查找问题存在的行动假设的缺陷的过程;系统整合,创业者重新整合新知识与以往创业经验,并运用新的行动假设来提炼出新的手段目的链以促进此后行为模式的改变;行动验证是指将问题策略应用于真实情境以验证其正确性,正确则强化其学习,有偏差则促进方案的修订。

9.2.4 发展型工作挑战与创业绩效

大量文献已经支持发展型工作挑战与个体绩效之间的积极关系(Dragoni et al.,2009；DeRue & Wellman,2009；Carette et al.,2013)。然而,它对创业绩效之间的关系鲜有研究触及。新企业一般都比较小(Lans et al.,2008)。创业者是企业的主要决策者和管理者,需要为企业识别机会,整合资源并开发机会(Frese & Gielnik,2014)。根据高阶梯队理论(Hambrick & Mason,1984；Hambrick,2007),本研究认为创业绩效可以代表创业者个人的绩效。

本研究认为挑战性的创业任务能够提升创业绩效具有如下原因。首先,挑战迫使创业者增加努力水平以匹配高要求的任务,这会产生更好的创业绩效。

创业者的行动是目标导向型的行为(Frese,2011)。挑战型的工作意味着创业者觉知目标实现过程中遇到的困难。根据目标设定理论,困难的目标迫使个体聚焦于所选的任务,会实施更高水平的努力,会坚持完成既定目标并开发新策略,这些都会产生更好的创业绩效(Locke,1968)。

其次,根据工作经验理论(Tesluk & Jacobs,1998),定性经验所含有的开发成分会产生更好的工作绩效(Aryee & Chu,2012)。创业者经常需要扮演具有不同责任的角色(Zahra et al.,2018)。他们所面对的新颖和复杂任务,使他们必须考虑不同选项的利弊,去尝试行动的新方式,并去反思反馈。这些行为为他们提供了更多获取知识、实践技能和提升胜任力的机会(Dragoni et al.,2009)。因此,相对于一致性任务,这些行为与绩效之间的关系在不一致性的任务里(Aryee & Chu,2012;Tesluk & Jacobs,1998)。

假设1:发展型工作挑战与创业绩效积极相关。

9.2.5　创业行动学习的中介效应

在管理与领导力开发领域,发展型工作挑战代表学习机会。许多实证研究得到一致结论,即发展型工作挑战促进在职学习(DeRue & Wellman,2009;McCauley et al.,1994;Preenen et al.,2011)。因为这类经验迫使个体走出舒适区,去开发解决问题的新方式(Dragoni et al.,2009)。进一步,这种类型的经验也会给他们带来更多学习资源,例如实验机会和各种各样的反馈。

工作经验理论认为,学习机会是工作经验的直接效果(Tesluk & Jacobs,1998)。因此,本研究认为挑战型工作体验会促进创业行动学习行为的产生。创业者是从体验中学习的(Keith et al.,2016)。然而,两位创业者从一项简单业务中获得的学习是不一样的,因为他们遇到的挑战机会是不同的。在发展型业务中,一位创业者可能学到更多,因为他具有更高密度的体验(Tesluk & Jacobs,1998)。创业者从任务中觉察到越多挑战,他们将越会努力克服它们,因为任何挑战都会影响企业的生存。在新兴产业中这种关系会更显著,因为学习环境更加动荡、复杂和不确定。实证研究发现,在稳定和冗余度高的传统行业中,创业者获取信息和产生创造性想法的能力随着他们创业经验的增加而减少(Ucbasaran et al.,2009)。

创业行动学习能帮助创业者获取知识和机会进而帮助企业的成长。根据工作经验理论,学习是在职工作体验的直接结果,而工作绩效是间接结果(Tesluk & Jacobs,1998)。这与人力资本理论一致,即学习的技能和技巧与工作绩效紧密相关(Becker,1964)。创业行动学习指的是新兴产业的创业者如何从问题解决过程中学习。由于时间和精力受限,创业行动学习成了创业者的主要在职学习方式。创业行动学习帮助创业者积累任务相关的人力资本,这对成功具有积极影响(Unger et al.,2011)。

假设2:创业行动学习中介发展型工作挑战与创业绩效之间的关系。

9.2.6　创业经验的调节效应

创业者的知识和经验会影响机会识别与开发(Shane & Venkatarman,2000)。因此,作者将创业经验纳入本书研究模型。根据人力资本理论,先前创业经历是一种重要的领域专有知识(Hmieleski et al.,2015)。它帮助创业者熟悉"新生缺陷"并影响他们对问题的理解和解决(Forbes,2005)。有案例研究发现,具有先前创业经历的创业者更加以产品为导向,具有更优良的融资技能并能平衡好关键的业务技能(Lamont,1972)。因此,研究创业经验的影响是很有意义的。

然而,实证研究结论并不一致,因为有些研究支持创业经验对创业成功的预期效果(Grégoire et al.,2010),然而有一些研究发现两者呈现负向关系(Rerup,2005)。在工作经验理论中,Tesluk和Jacobs(1998)认为工作经验的定量成分与定性成分的交互很大可能会影响后续结果,例如学习。因此,本研究认为先前创业经历(视为定量成分),对发展型工作体验和创业行动学习之间的关系起到调节效应。

创业者在高度不确定的环境中需要快速决策并行动(Mcmullen & Shepherd,2006)。实际上,相比于稳定环境,高管在高速运转的环境中使用了更丰富的信息并开发更多的备选方案(Eisenhardt,1989)。在新兴产业中,具有挑战型工作体验的在职体验会将创业者置于高度风险的认知超载状态,因为它不仅让创业者产生精神焦虑,也要求他们做决定的同时快速响应环境。具有先前创业经历的创业者对挑战带来的不确定性和风险具有更高的容忍度(Dimov,2009)。面对危难情境,他们的响应行为带有更多警觉,这可以帮助他们发现更多信息并获取更多洞察。实际上,具有先前创业经验的创业者在搜集信息和识别机会时会比新手更加有效(Ucbasaran et al.,2003)。相反的,创业新手更容易将挑战型情景视为有风险的,并因此更容易将注意力从任务中移开。他们担心可能的失败并评估焦虑,而不是直面挑战并从该过程中学习。

假设 3:创业经验会强化发展型工作挑战和创业行动学习之间的关系。

同样,根据工作经验理论,本章节研究认为创业经验会调节发展型工作挑战与创业绩效之间的关系。因为绩效是工作经验的定性成分与定量成分交互部分的间接结果。

假设 4:创业经验会强化发展型工作挑战与创业绩效之间的关系。

综合假设 3 和 4,作者认为发展型工作挑战的调节效应由创业行动学习这个中介效应传递。这是因为学习是工作经验的直接结果(Tesluk & Jacobs,1998)。这意味着创业经验对创业绩效具有全局的调节效应,是被中介的调节效应。当研究控制创业行动学习的中介效应时,创业经验对创业绩效的剩余调节效应会被减弱。这意味着创业经验的调节效应受创业行动学习所中介。这表明产生了有中介的调节效应(Muller et al.,2005)。基于以上分析,本书提出一个包含中介和调节效应的有中介的调节模型。

假设 5:创业行动学习中介了创业经验对发展型工作挑战和创业绩效之间的调节效应。

图 9-1 展示了本章研究的假设模型。

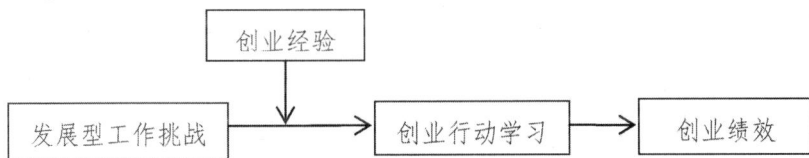

图 9-1 本章研究的假设模型

9.3 研究方法

9.3.1 数据收集与基本统计信息

本研究选择中国新兴产业的创业者作为研究样本。这些创业者的产业符合中国战略性新兴产业政策的标准。企业的年限必须小于 8 年,因为以往研究认为新创企业在 8 年之后就变成成熟企业了(Chrisman et al.,1998)。研究在中国硅谷城市——杭州取样。由于创业者都比较繁忙而且分布零散较难寻找,作者采用便利取样的方式。作者寻找创业者会聚集在一起的地方,如新兴产业园、风投举办的路演比赛和新兴产业创业者培训等。具体而言,本研究从 12 个创业园区、两场风投路演和两个创业培训项目中取样。在获得产业园管委会的同意之后,作者敲开每一家企业的大门。平均而言,每个园区有 80 家新创企业,大概会有 25 家企业创业者会在场,其中的 14 位会愿意接受作者的调研。而在路演或者培训现场调研时,几乎所有的创业者都愿意接受调查。

对于每一位创业者,作者都会问他/她是否是创业者。如果是,作者会介绍作者的身份并描述调研的目标。在取得同意之后,作者会告知他们填写规则和注意事项。作者会给每一位创业者一份小礼物表示感谢。所有的问卷都在一个小时之内回收。由于创业绩效是本研究模型的重要变量,作者在问卷的开始位置设置了一道三个选项的题目,了解她/他的身份:独立创业、团队创业(主导者)和团队创业(非主导者)。如果创业者选择了第三项,作者会建议他/她停止该调查。

作者从 230 个企业中获取数据:163 个来自创业园区,14 个来自路演,43 个来自创业培训项目。作者删除含有较多缺失值的问卷,并把样本限制于新兴产业,最终得到 193 份有效问卷。这些样本中:51.30% 为男性;33.0% 为个体创业者;年龄平均 30.16 岁;59.5% 具有本科学历;企业年限平均为 29.96 个月;44.20% 的企业营业额在 30 万元到 100 万元之间;70.10% 的企业员工少于10 个;35.0% 的企业是数字创新产业,23.4% 是新信息科技产业,18.8% 是新能源与新媒体产业,16.2% 属于相关服务产业。

9.3.2 测量

本章研究采用中文问卷。所有英文的原始量表都采用了翻译和回译的流程来设计。

1)发展型工作体验

采用 McCauley 等(1994)开发的七个题项。题项如"尝试新方法""管理不熟悉的事务"和"与不同类型的人群打交道"等。采用 Likert 五点量表形式。量表信度系数为 0.82。

2）创业行动学习

采用前面开发的 14 个题项，信度系数是 0.85。

3）创业绩效

由于研究对象为私营企业，很难获得财务数据。并且，创业者不愿意公开客观数据（Smart & Conant，1994），所以研究只能采用主观测量的方法。Reiter-Palmon 等（2012）认为，自我感知的创造性/工作绩效是否与客观测量的数值相关，取决于两个假设：填写者理解问题内容；填写者愿意准确汇报数据。本章节研究满足这两个假设。首先，在设计问卷时，作者邀请五位创业者填写并访谈他们对问卷的看法。作者发现他们能完全准确地理解量表。其次，作者保证问卷的保密和匿名，作者相信创业者们愿意准确汇报数据。

由于新兴产业中新创企业失败率非常高，作者采用评估利润增长率、营业额增长率和市场份额增长率来评估创业者的财务绩效。采用 Likert 五点量表（Keh et al.，2007；Poon et al.，2006）。作者要求创业者们以他们主要的竞争对手为对比数据。尽管主观的、自我汇报形式的方法具有一定局限性，早期研究发现高管的绩效知觉与客观测量值是高度一致的（Wall et al.，2004）。信度系数是 0.79。

4）先前创业经验

创业经验的测量有两种方法：先前创办企业的数量；是否创办过企业，用一个哑变量来表示。这两种方法在研究中被普遍使用过（Davidsson & Honig，2003；Hmieleski & Baron，2009；Farmer et al.，2011）。然而，先前创业绩效能否影响学习行为或企业绩效取决于外部环境条件（Ucbasaran et al.，2003）。丰富经验/习惯型创业者面对不同环境或变化的环境时直接迁移旧经验会很危险（Dawes，1988）。由于本书聚焦在高度不确定性、缺乏行业标杆和更大时间压力的新兴产业（Forbes & Kirsch，2011），作者采用第二种方式，因为先前创业经验所带来的任务专用型人力资本对后续的经验影响更大（Brüderl et al.，1992）。根据 Forbes（2005）的研究，本研究将具有先前创业经验的创业者标注为 1，没有先前创业经验者标注为 0。

5）控制变量

为研究创业者个人独特变量对模型的影响，作者控制了性别（男性＝0，女性＝1)、年龄(年为单位)和教育学历(1＝中学;2＝高中;3＝大专学历;4＝本科学历;5＝研究生及以上)。此外,由于父母是否经商会对创业者的学习行为与绩效有影响(Kim et al.,2006),研究采用一个哑变量来控制,1 为父母有创业经历,0 为没有。作者也控制了企业年限,以月份为计算单位。

9.3.3　共同方法偏差

虽然本研究涉的测量题项都不是敏感问题,并且所有变量都与独立于方法影响的工作特征相关(Glick et al.,1986),但研究采用的方法还是有可能产生共同方法变异。根据 Podsakoff,MacKenzie 和 Lee (2003)的研究,我们采用三种程序性补救措施来减少可能的方法偏差。

首先,开展预测来减少题项的模糊性。发放正式问卷之前,我们请五位创业者来填写问卷,并在填写完后访谈他们以了解他们对题项和问卷的反馈。之后,我们根据反馈来完善问卷以保证清晰度。其次,针对不同的变量,我们采用不同的量表锚,以避免被试的映射判断。第三,我们向被试保证调查的保密性和匿名性。并且,我们强调问卷填写没有对错之分。

由于程序性补救不可能删除所有形式的共同方法变异,我们也采用程序性措施来控制。我们执行了一个单因子模型(Harman,1967)来保证共同方法变异不会影响我们的发现。结果发现,模型拟合指标的值并不好($\chi2 = 1215.25$,$CFI = 0.47$,$TLI = 0.38$,$RMSEA = 0.14$,和 $SRMR = 0.15$),这意味着单因素模型并不能解释变异的主体。

9.3.4　描述性统计

表 9-1　描述性统计与相关[a]

变量[b]	M	SD	1	2	3	4	5	6	7	8
1.性别	0.52	0.50								
2.年龄	30.16	5.15	0.07							
3.父母创业经历	0.44	0.50	-0.01	-0.12						
4.教育	3.68	0.68	0.08	-0.01	-0.00					
5.企业年限(月)	29.96	16.02	0	0.35***	-0.13	-0.08				

（续表）

变量[b]	M	SD	1	2	3	4	5	6	7	8
6. 发展型工作挑战	3.77	0.60	- 0.07	- 0.03	- 0.07	- 0.09	- 0.05			
7. 先前创业经历	0.45	0.50	0.05	0.15*	- 0.06	0.06	0.05	—0.00		
8. 创业行动学习	3.81	0.48	- 0.07	0.07	- 0.06	- 0.11	- 0.00	0.54***	0.08	
9. 创业绩效	3.45	0.61	- 0.10	- 0.08	- 0.02	- 0.07	- 0.03	0.43***	0.15*	0.47***

注：[a]$n = 197$。[b]性别，0 = 男性，1 = 女性；父母创业经历，1 = 父母中至少一位有创业经历，0 = 父母没有创业经历。* $p < 0.05$；** $p < 0.01$；*** $p < 0.001$。

表 9 - 1 展示了本研究涉及变量的均值、标准差和双变量相关关系值。我们可以看到，发展型工作挑战与创业行动学习积极相关（$r = 00.54$，$p < 0.001$），和创业绩效积极相关（$r = 0.43$，$p < 0.001$），这意味着发展型工作挑战促进学习行为和绩效。创业行动学习与创业绩效之间呈现积极相关（$r = 0.47$，$p < 0.001$）。创业经验与发展型工作挑战和创业绩效并不相关。根据 Hayes（2013）的研究，一个调节变量并不需要与自变量和中介变量有显著相关。

9.3.5　假设验证

本研究采用回归分析来验证假设 1。表 9 - 2 展示了挑战型工作挑战与创业绩效之间的关系。M4 包含四个控制变量。研究将挑战型工作挑战加入 M5 之后，这个模型的拟合效果比 M4 更好。结果意味着挑战型工作挑战与创业绩效是显著相关的（$\beta = 0.41$，$p < 0.001$），假设 1 得到支持。

表 9 - 2　层级回归分析[a]

变量	创业行动学习				创业绩效			
	M1	M2	M3	M4	M5	M6	M7	M8
步骤 1（控制变量）								
性别	- 0.09	- 0.05	- 0.04	- 0.06	- 0.05	- 0.07	- 0.05	- 0.10
年龄	0.09	0.10	0.09	- 0.10	- 0.07	- 0.06	- 0.08	- 0.05
父母创业	- 0.08	- 0.03	- 0.02	- 0.04	0.00	0.01	0.01	0.02
教育情况	- 0.11	- 0.06	- 0.07	- 0.05	- 0.02	- 0.04	0.03	- 0.02

（续表）

变量	创业行动学习				创业绩效			
	M1	M2	M3	M4	M5	M6	M7	M8
企业年限	− 0.05	0.01	− 0.01	− 0.02	0.00	− 0.01	− 0.02	0.01
步骤 2（主效应）								
发展型工作挑战		0.52***	0.36***		0.41***	0.23*	0.24***	0.13
步骤 3（调节）								
创业经验			0.05			0.15*		0.14*
步骤 4（交互项）								
$DJC \times EE$			0.20*			0.23*		0.17
步骤 5（中介）								
创业行动学习							0.32***	0.29***
R^2	0.03	0.29	0.31	0.02	0.18	0.22	0.25	0.28
调整 R^2	0.01	0.27	0.28	− 0.01	0.15	0.19	0.22	0.25
F	1.33	12.97***	10.50***	0.75	6.84***	6.61***	8.95***	7.98***
ΔR^2	–	0.26	0.02	–	0.16	0.04	0.07[b]	0.06[c]
ΔF	–	68.75***	2.49	–	36.58***	5.04**	17.95***	14.93***

注：[a] $n = 197$；[b] 与 M5 相比较；[c] 与 M6 相比较；DJC = 发展型工作挑战；EE = 创业经验；

　* $p < 0.05$；** $p < 0.01$；*** $p < 0.001$；双尾检验。

为了检验中介效应，本研究采用 Baron 和 Kenny（1986）的步骤。正如表 9−2 中 M2 模型所见，发展型工作挑战与创业行动学习显著积极相关（$\beta = 0.52$，$p < 0.001$）。在控制发展型工作挑战之后，创业行动学习与创业绩效积极显著相关（$\beta = 0.32$，$p < 0.001$；M7）。同时，发展型工作挑战对创业绩效的影响效应减少（$\beta = 0.24$，$p < 0.001$；M7），意味着部分中介。由于样本量比较少，本研究也采用了 Preacher 和 Hayes（2008）的 SPSS 宏（PROCESS）来检验主效应，通过开展 Bootstrap 方法来响应正态分布的假设。正如表 9−3 所示，通过创业行动学习具有显著的间接效应，基于 2 000 bootstrap 次数的估算区间为 [0.10，0.24]。因此，假设 2 得到支持。

为验证假设 3 和 4，本研究检验了创业经验的调节效应。数据显示（见表 9−2 的 M3），创业经验对发展型工作挑战和创业行动学习之间的关系具有显著的调节效应($\beta = 0.20$，$p < 0.05$)；对发展型工作挑战和创业绩效之间的关系具有显著的调节效应($\beta = 0.23$，$p < 0.05$)。见图 9 - 2 所示,具有创业经历的创业者的发展型工作挑战的影响效果更显著,有先前创业经验的创业者的曲线更陡。两个调节效应也进一步被 Bootstrap 检验所验证,95% 的置信区间在[0.03，0.55]和[0.01，0.40]。因此,假设 3 和 4 得到支持。

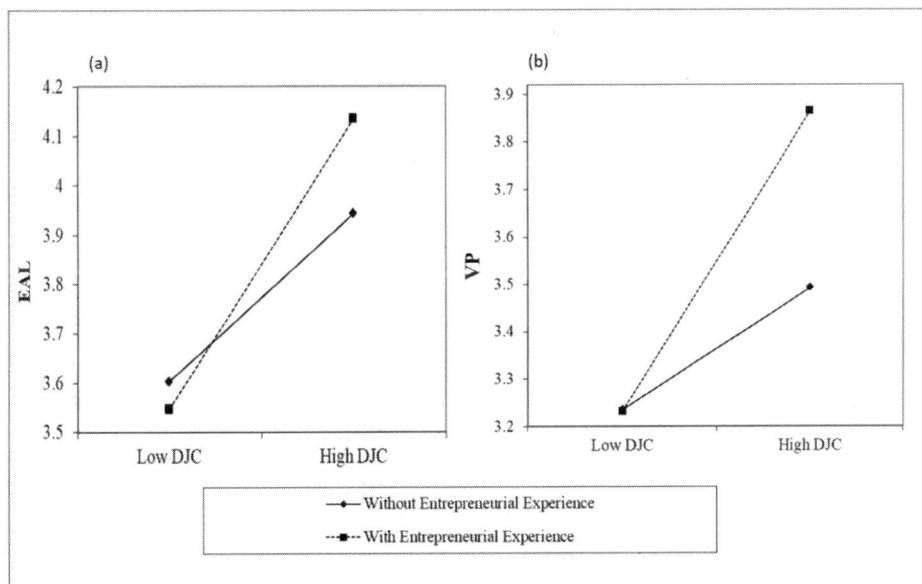

图 9 - 2 (a)创业经验(调节变量)对发展型工作挑战(**DJC**,自变量)和创业行动学习(**EAL**,因变量)之间关系的调节效应。(b) 创业经验(调节变量)对发展型工作挑战(**DJC**,自变量)和创业绩效(**VP**,因变量)之间关系的调节效应

　　本研究认为发展型工作挑战对创业绩效的整体效应会受到创业经验的调节,且该交互效应会受到创业行动学习的中介效应和来自创业经验的被中介的调节效应的影响。根据 Muller,Judd 和 Yzerbyt(2005),作者确认这是有中介的调节效应。

表 9－3 调节、中介和中介调节的非标准化 Bootstrap 估计ª

调节

	交互项验证			不同创业经历的条件效应				
		95%乖离率修正CI					95%乖离率修正CI	
路径	效应(ΔF)	LLCI	ULCI	EE值	效应	SE	LLCI	ULCI
$DJC \times EE \to VP$	0.29(4.86**)	0.03	0.55	0	0.23	0.10	0.03	0.43
				1	0.52	0.08	0.35	0.68
$DJC \times EE \to EAL$	0.21(4.34*)	0.01	0.40	0	0.28	0.08	0.13	0.43
				1	0.49	0.06	0.36	0.61

中介

		95%乖离率修正CI		间接效应的正态理论检验			
路径	间接效应	SE	LLCI	ULCI	Effect	SE	z	p
$DJC \to EAL \to VP$	0.16	0.04	0.10	0.24	0.16	0.04	3.75	0.000

中介调节

	中介调节指数			不同创业经历值的条件效应				
		95%乖离率修正CI					95%乖离率修正CI	
路径	指数(SE)	LLCI	ULCI	EE水平	效应	SE	LLCI	ULCI
$DJC \times EE \to EAL \to VP$	0.08(0.04)	0.02	0.17	0	0.11	0.03	0.06	0.18
				1	0.19	0.04	0.12	0.29

注：ª n＝197；PE＝父母创业；DJC＝发展型工作挑战；EE＝创业经历；EAL＝创业行动学习；VP＝创业绩效；LLCI 和 ULCI：分别代表估计区间的上限和下限。

本研究仍然使用由 Preacher 和 Hayes（2008）开发的 SPSS 宏 PROCESS 来验证有中介的调节效应。该宏可以一次性验证该效应。正如表 9‑2 的 M3 模型所示，发展型工作挑战对创业行动学习具有显著效应，它与创业经验的交互项对创业行动学习也有显著效应；M8 模型中，创业行动学习对创业绩效的影响效应仍然显著（$\beta = 0.29$，$p < 0.001$）。根据 Muller，Judd 和 Yzerbyt（2005）的观点，这些数据满足有中介的调节效应。因此，创业经验对发展型工作挑战和创业行动学习的调节效应（$\beta = 0.20$，$p < 0.05$）由显著变得没有显著（$\beta = 0.17$，$p > 0.05$），表明完全中介调节效应。结合这些结果，本研究认为存在着完全中介的调节效应，假设 5 得到支持。

9.4　本章小结

基于工作经验和人力资本理论，本研究提出并检验发展型工作挑战、创业经验、创业行动学习和创业绩效之间关系的模型。研究采用中国新兴产业的创业者样本来检验该模型。结果支持了本研究提出的有中介的调节效应的假设。具体而言，发展型工作挑战与创业绩效积极相关，创业行动学习部分中介该关系效应。并且，先前创业经验调节发展型工作挑战和创业绩效之间的关系。进一步，该调节效应受到创业行动学习的完全中介。

9.4.1　理论意义

本研究对发展型工作挑战、创业经验和创业行动学习具有三方面的理论贡献。首先，本研究跳出传统的将创业经验视为定量存量形式的视角，将其视为创业任务的发展型质量，增进我们对创业经验的了解。基于工作经验理论，我们研究创业者在职工作体验对创业绩效的影响。结果显示，当创业任务富有发展型维度时，创业绩效会变得更好。该研究为未来研究在职工作体验的定性成分如何促进创业者和企业的发展提供了实证基础。同时，本研究为探索先前经验类型和发展型任务质量之间关系提供了新的视角。

其次，本研究增进我们对创业经验的定性与定量成分之间交互的影响。尽管创业经验在创业过程中发挥重要作用（Cope，2005；Pittaway & Thorpe，

2012)，对于创业经验如何促进企业发展的研究还没有较为成熟的实证研究支持。本研究发现具有先前创业经验的创业者在意识到任务的挑战时，更可能采用创业行动学习行为。并且，本研究发现创业者具有先前创业经验时，他/她的发展型工作挑战特征与创业绩效之间的关系更强。研究为我们理解创业特征和创业任务对创业者学习和发展的重要性提供了实证证据。

第三，研究促进了基于中国新兴产业的创业行动学习的理论开发。本研究通过实证展示了发展型工作挑战作为前因、创业绩效作为结果变量拓展创业学习的构思工作。具体而言，本研究发现任务的挑战直接影响学习行为，并且先前创业经验在该关系中具有调节效应。这与以往研究认为创业者从经验中学习的结论部分一致。本研究从实证角度区分了不同创业经验成分对创业学习的独特影响。

9.4.2　不足与展望

虽然研究结果让人感兴趣，但也不可避免地有一些研究不足。在讨论不足的时候，本研究也提供未来研究方向。

第一，本研究采用横截面自我汇报的研究方法设计，这会导致共同方法变异（Podsakoff et al.，2003）。虽然这是评估个体知觉的最有效和有用的方法（Spector，1994），并且作者采取了程序性和统计补救来控制，本研究还是不能删除所有形式的方法偏差。未来研究应该考虑更客观的测量方法。

第二，由于这是横截面研究，存在因果关系的不确定性。也有可能是这样的，积极采用创业行动学习行为的创业者会从任务中感知到更多挑战，而不是任务中的挑战驱使他们学习。本研究不能否认这样的可能性，但研究结论与工作经验理论提出的理论逻辑是一致的。未来研究应该设计纵向研究来厘清两者的因果关系。

第三，本研究的结论受限于中国新兴产业的创业者。这与西方的文化情景和市场环境都不一样。我们不能确认该模型也能够泛化到其他国家。未来研究可以重复该模型，采用跨国样本。此外，由于创业者的经验和学习行为是情景化的，我们也需要将情景变量纳入我们的模型中。未来研究应该考虑环境条件，例如环境动态性。

第 10 章 总 论

    新兴产业是受技术创新、政策变化或者新市场需求等作用下形成或者重新组成的新产业(李晓华,吕铁,2010)。它是产业结构优化、经济高质量发展的重要动力,也是新企业创办和发展的主要情境(Forbes & Kirsch,2011)。在新兴产业中,新创企业虽然在数量上有优势,但成功率却远低于进入新产业的成熟企业(Dinlersoz & MacDonald,2009)。研究认为,创业者没有学习或太晚学习是重要原因(Aldrich.,2000)。当前国内新兴产业研究主要聚焦在宏观产业层面或实践层面的产业发展与优化问题(洪勇,张红虹,2015;孙晓华等,2016),而创业研究由于理论与实证上存在的挑战而长期忽略新兴产业领域的相关问题(Forbes & Kirsch,2011)。而实际上,对于研究创业学习而言,新兴产业为本书呈现了独特的情境特征。新兴产业指的是产业生命周期的初始阶段,其技术应用、产业环境、市场需求和商业模式均未成熟(李丫丫等,2016),其动态变化多、情形复杂的特征使得创业者的学习行为受情境的影响更为显著。并且,相比于传统产业,新兴产业创业者需要更有意识地根据情境变化来调节行动,并及时将认知层面的抽象概念或理论应用于行动层面进而调节创业行为(Frese,2009)。新兴产业背景下,微观层面的创业者是如何从行动中学习的,是值得深入探讨的问题。

    创业学习是嵌入情境且与行动紧密相连的学习过程(Wang & Chugh,2014;Cope & Down,2010;Corbett,2005)。但是当前研究多将创业学习视为普遍性的学习行为,缺乏创业情境因素的嵌入,这在一定程度上忽略了创业学习的特质,即嵌入创业情境、以问题解决的行动为核心和通过外部网络来学习。因为创业者所面临的情境发生了较大的变化,特别是新兴市场环境变化更加动态,新技术更迭更加迅速,客户需求更加碎片化,这给创业者带来结构复杂、行业参照度低和不确定性高等创业挑战/问题。受时间压力大、资源稀缺和信息过载等因素影响的创业者,其创业学习模式更多地呈现为持续嵌入在创业过程里的问题和挑战这类关键事件中的学习。这种学习方式既包含个体层面主动参与的"干中学",又体现为群体层面的互动学习,同时也与创业者自身需求相关的实践性问题紧密结合。

创业行动学习是基于中国新兴产业的独特情境特征提出的新概念,指创业者解决新兴产业创业情境中的创业难题并从该经历中获得学习的过程(陈燕妮,王重鸣,2015)。基于新兴产业,陈燕妮和王重鸣提出扎根中国创业实践的创业行动学习新概念。创业学习研究起源于西方,而我国新兴产业的制度、经济和市场等的基础与西方国家存在很多差异,企业生存与竞争环境也大不相同(陆亚东,2015),因此研究中国新产业背景下的创业学习需要扎根中国的创业实践。并且,创业行动学习是基于新兴产业创业背景特征提出的概念。相比进入新产业的成熟企业,新创企业的生存更为困难。创业行动学习聚焦具体情境的创业学习方式,具有当下性和实践意义。

发展创业学习概念体系不仅是创业学习理论自身发展的迫切需要(Cope,2005;Wang & Chugh,2014;朱秀梅等,2013;Politis,2005;Holcomb et al.,2009;Man,2012;Ucbasaran et al.,2009;Breslin & Jones,2012;蔡莉等,2012),也是发展中国本土化创业学习实证研究的必经之路(Wang & Chugh,2014;朱秀梅等,2013;蔡莉等,2012)。虽然创业行动学习代表一种新的创业学习方式,但它仍只是一个未经实证检验的理论构思,这一定程度上限制了其开展实证研究并构建本土化创业学习理论的空间。

本书将创业学习视为创业者普遍性的学习行为,将创业行动学习视为新兴产业独特情境中聚焦行动问题解决的特定学习方式。研究借鉴创业学习与行动学习的核心思想,提出创业行动学习新构思。该构思不仅体现有效创业学习的核心特征,也是行动学习在创业情境下的体现。研究期望通过对新构思的探索研究来解答以下问题:①创业行动学习的构思内涵和行为要素是什么,即新构思概念内涵与量表开发研究;②在哪种条件下会产生创业行动学习行为,即其形成机制研究;③创业行动学习对创业绩效产生影响的机制是什么,即效能机制研究;④创业经验、创业行动学习与创业绩效之间的关系是什么。为回答这几个问题,本书分别应用了焦点小组访谈、深度访谈、跨案例比较和现场问卷调查等管理研究方法,并取得了一定的理论进展。本章节接下来从四个方面来总结:研究主要结论;理论进展;实践意义;研究局限和未来研究展望。

10.1　本书理论进展

10.1.1　本书研究结果

1) 创业行动学习四要素过程模型

本书严格按照组织管理研究方法中的构思开发步骤开发获得一个具有稳定结构的构思框架和具测量信效度的行为指标。首先,为探索创业行动学习的概念内涵,本书采用多案例研究方法:研究选择创业学习与行动学习理论中的共同理论框架——亲验学习四阶段框架(具体体验、反思观察、抽象概念化和积极实验),作为开发新构思的基础理论框架;在案例样本选择上,从两个符合行动学习要求的创业辅导项目中按照已经注册公司、没有先前创业经历、企业年限在 4 年附近、在学习期间实现多个行动学习关键事件且所在行业属于新兴产业的标准来选择创业者样本;在数据收集上,对三位创业者进行长达两年的成长跟踪和多次访谈资料收集,获得丰富的原始数据;在数据分析上,建立关键事件年表并对数据材料进行筛选、归类、归纳和提炼后,得到三个较为完整的创业行动学习案例;在案例分析过程中,先紧密结合亲验学习理论模型对单案例进行深入分析,后再进行跨案例比较分析。通过这些研究步骤,本研究得到如下结论:创业行动学习是由体验搜集、交互反思、系统整合和行动验证四个阶段组成的过程模型;问题是创业行动学习的驱动力,是促进创业者产生探询式顿悟的前提。四个要素实时存在创业过程中:创业过程是创业者在结构不确定的条件下进行的逐利问题解决过程;问题的解决是随着创业者行动范围扩大和对反馈信息的不断诊断来重新框定并递进的行动学习过程。不断出现的创业新挑战促进新创业僵局的产生,创业者必须不断根据需要来调整行动方案,而在对行动验证诊断反馈的过程也有助于创业者不断修改和补充方案。

其次,在得到创业行动学习的构思模型后,本研究进一步开发其测量量表,

使创业行动学习成为具有可识别行为的具体构思。题项具体开发过程严格遵守
Clark&Watson(1995)的题项开发原则,题项数据来源则是按照 Hinkin(1988)的
面谈法与焦点小组访谈法①来获得。在题项编制过程中,本研究紧紧围绕创业
行动学习的构思内涵和四要素框架,从原始数据中挑选出符合创业行动学习行
为特征的行为语段,采用"三级决策树"方式逐层确定的子量表结构来对这些语
段进行筛选、分类和归纳,最终获得 23 个题项的题项池。结合多位本领域专家
对题项池的内容效度评估意见,本研究对题项池进行适当修订、合并和删除,最
终得到 17 个题项的题项池。此后,通过对 253 家新创企业主导创业者的自评数
据进行量表预试分析、探索因素分析和验证因素分析后,本研究最终得到了具有
稳定结构的四要素共 14 个题项的测量量表。为进一步验证构思效度,本研究进
一步验证分析了构思的聚合效度,将创业行动学习的四个要素分别与系统搜索、
反思、创造性和主动性行为这四个内涵较为相近的变量进行相关分析;为验证构
思的辨别效度,本研究将四个要素与创业者消极情感进行相关分析;为验证创业
行动学习四要素之间关系的内部结构,本研究对四个要素之间进行相关分析。
通过这些研究,本研究再次证明,创业行动学习这个构思具有较好的聚合效度、
辨别效度和结构效度。

通过以上步骤,本研究基于中国创业情境开发一个结构稳定且具有一定准
确度的创业行动学习构思,并开发了一套具有一定信效度的测量量表。该量表
不仅使创业行动学习易于操作化和实证检验,也为构建创业行动学习的理论模
型提供测量工具准备。

2) 创业任务特征对创业行动学习行为的驱动作用

虽然创业学习影响因素研究已有很多,但这些研究或基于理论推导,或是采
用定性研究方法,结论不具有普遍意义。通过第四章和第五章研究,本书得到具
有稳定结构和信效度的创业行动学习新构思及其测量工具。在此基础上,本书
进行创业行动学习的影响因素探索,以期得到具有一定普遍意义的前因模型。

具体而言,本书使用成熟组织管理理论探索创业行动学习的影响因素。由
于创业理论还处在理论构建状态,为了从更广视角探索创业行动学习的形成方
式,本研究将其视为一种特殊类型的工作场所学习行为,从工作场所学习的视角

---

① 　在案例研究中三位创业者的访谈基础上,本研究又进行两次焦点小组访谈和六位创业者(均符合研究
一的案例研究样本标准)的单独深度访谈,获得题项开发的关键事件数据。

来构建创业行动学习的影响因素模型。在系统回顾和梳理工作场所学习行为前因模型后发现,个体对工作任务特征的两种感知,即任务的挑战性和任务的目标学习取向,是影响工作场所学习行为的最主要因素。在此基础上,本书结合成熟的组织管理论来构建前因理论模型:创业者对创业任务挑战性的感知积极影响创业行动学习行为;创业者对创业任务所持有的学习目标取向会影响创业行动学习行为。通过现场问卷数据调查和统计检验分析后发现,创业任务的挑战性特征与目标学习取向特征均积极影响创业行动学习的四个要素。

该研究结果不仅获得创业行动学习行为的前因模型,也将创业行动学习与已有成熟理论(任务挑战性理论和目标学习取向理论)建立联系,从另一种层面上再次表明创业行动学习的构思及测量量表具有构思效度。

3) 创业行动学习的效能机制——团队与组织层面的双重机制

本书第三个主要研究结论是,创业者的学习行为是通过提升其协进型领导能力和资源网络能力来对组织层次的创业绩效产生影响。虽然以往研究不断肯定创业学习对企业成长具有积极作用,但未进一步探索这种行为是如何对组织层次的创业绩效产生影响。为回答该问题,本书将创业者的学习行为视为企业主导领导者的学习行为,尝试基于资源基础视角和团队领导视角来揭示这种效能机制。由于新创企业具有资源稀缺性和创业过程的网络性特征,即创业者需要不断拓展创业网络以获取企业发展所需要的资源,因此,本书从资源基础视角出发来探索创业资源网络能力对创业行动学习行为和创业绩效之间关系所起的效应:创业者通过创业行动学习行为从企业外部的创业网络中获得解决创业难题线索的同时,提升了自身从创业网络获取信息与资源的能力,促进企业进一步获得资源进而促进企业的整体发展。

由于新创企业的独特性(如企业规模较小、创业者与员工互动频繁)和创业者随企业成长而不断拓展创业提升领导能力的特征,创业者在新创企业中更符合团队领导者的角色。因此,本研究从团队领导视角来探索创业者的学习行为转化成为组织层次绩效的效能机制;创业过程是创业者带领他人一起解决创业难题的过程,创业者在辅导和培养企业成员掌握工作技巧的过程中,其协进型领导能力得到提升,帮助企业成员提高工作效率,促进企业的发展。

本书运用基于问卷的定量研究方法,采用逐步回归分析来验证该研究假设。通过对 73 位主导创业者和 136 位企业员工的现场配套问卷数据的分析后得到如下研究结论。

第一,创业行动学习对企业绩效具有积极影响。在不断解决寻利问题的创业过程中,创业者需要针对创业难题来体验创业环境和搜集各方信息以做出正确判断;交互反思有助于创业者重新框定问题特征进而找到问题解决的思路;创业者将从体验搜集和交互反思过程获得新视角反思当前的问题特征和已完成的行动方案,从中提炼出潜在的行为假设问题,进一步纠正假设并设计出匹配企业实际情况的问题解决方案;行动解决方案只有通过实践才能验证,才能在解决问题的同时推进企业的成长。由于创业行动学习构思是过程模型,因此在检验其对创业绩效影响时,采用四要素相乘积的方法来整合创业行动学习测量值。通过研究发现:体验搜集、交互反思和行动验证三个要素对创业行动学习具有积极影响,而系统整合要素则影响效果不显著;创业行动学习的整合值显著积极影响创业绩效。该研究表明创业者的创业行动学习行为对组织层次的创业绩效具有积极影响。

第二,创业者的资源网络能力在创业行动学习四要素与创业绩效之间的关系中起中介作用。具体而言,创业者的体验搜集、交互反思和行动验证三个要素通过创业者的资源网络能力来对创业绩效产生影响。创业行动学习是创业者通过社会互动方式来解决创业问题的学习过程。通过不断与他人互动以获取问题解决信息、反思行动假设等学习行为,创业者获取网络资源的能力得到不断提升,这有助于企业获取更多的资源和关键信息,进而推动企业的整体发展。该研究结果表明创业行动学习具有开放网络学习的内隐特征。

第三,创业者的协进型领导能力中介体验搜集与交互反思两个要素与创业绩效之间的关系。新创企业规模一般较小,创业者的行为习惯会直接影响员工的态度与行动,因此创业者的协进型领导能力对企业发展具有重要影响。协进型领导能力促进团队成员产生尊敬和积极人际关系,保证团队成员可以自由建言,进而营造出一种团队自由表达意见和想法行为的氛围。创业者在带动企业成员执行创业任务的过程中,通过解决创业问题的创业行动学习行为来增加关键创业知识的了解。这些知识不仅有助于提升创业者更清晰地开发企业任务议程、设定工作目标和调整任务计划等行为,也有助于创业者更熟练地与企业成员建立联系并鼓励和采纳公司成员自由发表的意见和想法等。而这些行为又进一步推动创业问题的解决和企业成员的任务执行效率,推动企业整体的发展。该研究结果不仅强化了协进型领导能力的后天习得特征,也解释了创业者的学习行为转化成企业绩效的过程机制。

综合以上研究结论,本书得到了创业行动学习构思信效度的前因和效能机制的理论模型图,见图 10 - 1 所示。该模型揭示了创业行动学习的构思内涵——是由体验搜集、交互反思、系统整合和行动验证四个要素组成;构建了前因因素模型,认为创业者对创业任务特征的感知(挑战性和学习取向)会积极影响创业行动学习行为;表明创业行动学习行为对企业绩效具有积极影响,这种影响是通过创业者的资源网络能力和协进型领导能力两要素来产生作用。

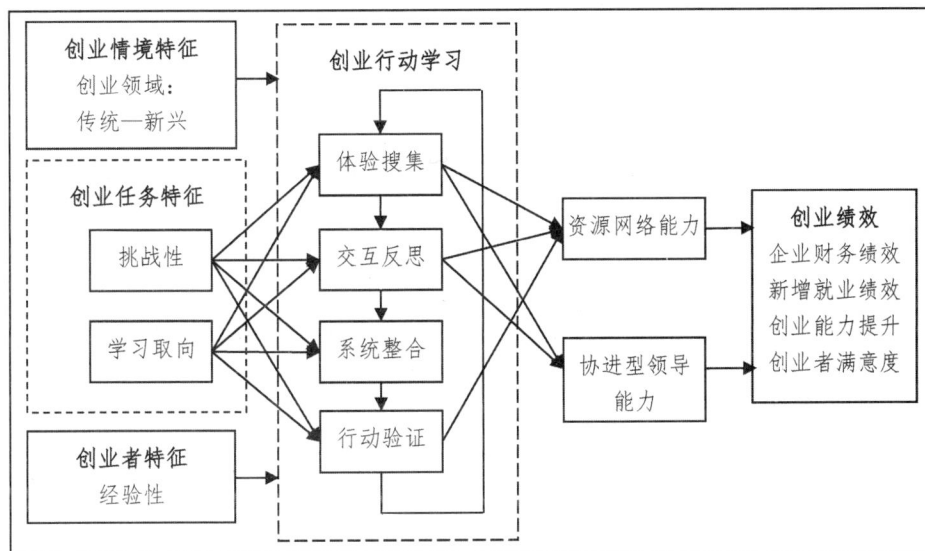

图 10 - 1   创业行动学习的特征及其构思效度模型

4）创业行动学习的拓展研究结论

创业学习是情境的和经验性的(Rae,2017)。单标安等(单标安等,2018)的案例研究发现,创业者会根据实际情境特征来选择相应的学习方式。创业经验是创业学习的重要来源(Cope,2011)。根据工作经验的整合框架(Tesluk & Jacobs,1998),创业经验是个多维度的概念:不仅包括定量成分,也包括定性成分和两者的混合部分。当前创业研究多聚焦其定量成分,如先前创业次数(张玉利等,2008)、创业经验类型(张玉利,王晓文,2011)和不同工作类型(Politis,2005;杨隽萍等,2017)等,忽略创业经验中所含有的丰富特征(王瑞,薛红志,

2010)对创业行为的影响。本部分研究在上述研究基础上，进一步探索创业经验、创业行动学习和创业绩效之间的关系。

（1）创业者职能经验对创业行动学习的影响机制。在行业参照度低、不确定性高和时间压力大的新兴产业创业情境，创业者是否从先前经验中学习，经验如何对创业行动学习产生影响是本研究探索的研究问题。基于工作经验理论框架，本研究探索创业经验、学习目标取向与创业经验的定性成分——艰巨工作体验对创业行动学习行为的联合效应。基于175份新产业创业者的数据，研究发现，新兴产业背景下，职能经验间接对创业行动学习行为产生影响，该影响取决于过程中的任务艰巨体验；而创业者的学习目标取向的影响较为直接，较少受任务体验的影响。

（2）发展型工作挑战能否提升创业绩效？基于工作经验理论和人力资本理论，本书提出了一个发展型工作挑战如何影响创业绩效的模型。具体而言，本书建立并检验了一个关于发展型工作挑战的中介调节效应模型。该模型将创业行为学习、创业经验和创业绩效联系起来。研究以中国新兴产业创业者为样本，结果表明创业任务中发展创业者能力的程度与创业绩效呈正相关，创业行动学习中介两者的关系。进一步，研究发现具有先前创业经历的创业者展示出更多的创业行动学习，并获得更好的创业绩效。

10.1.2 理论进展贡献

1）聚焦新兴产业情境中的创业行动学习构思

聚焦新兴产业创业情境的创业行动学习行为特征研究，是创业学习概念研究的重要新尝试。创业学习术语最早由 Lamont 于 1972 年提出，于 1988 年被 Deakins 和 Freel 界定为理论构思并开始成为创业领域的研究焦点。《创业理论与实践》[①]期刊于 2005 年刊发创业学习特刊后，创业学习成为创业研究热点。2010 年后，针对创业学习概念内涵的探索研究逐渐式微。在这一时期内，也有一部分学者虽然致力于创业过程中的学习行为研究，如创业过程中的刻意练习行为（Deliberate Practice）（Baron & Henry，2010；Keith et al.，2016）和创业失败学习（Cope，2011）等，但并没有着墨创业学习的构思内涵。本书认为，创业学

---

① 译名，期刊英文原名为 *Entrepreneurship Theory and Practice*。

习是学术界对创业过程中学习行为的总体称谓——不同学者根据研究需要自行界定其概念定义,是一个没有情境差异的普遍概念,其内涵有待进一步细化和丰富。近年来,创业情境对创业学习行为的影响已逐渐得到一些实证研究的支持,如有学者指出环境动态性影响创业者非正式学习的效果(Keith et al.,2016)。基于我国新兴产业背景的创业行动学习概念,是创业学习理论与我国新兴产业创业实践的有机结合。

由于新创企业自身存在新入缺陷,新兴产业也具有内隐的产业新生缺陷,因此新兴产业创业情境为本书呈现更多的特殊创业现象和研究空间。创业行动学习行为结构与量表开发,有助于本书建构新兴产业背景下的创业理论。并且时间标尺是理论的重要前提假设,因为它扮演着理论未详尽的边界条件(Zaheer et al.,1999)。由于创业理论处于新生阶段,许多学者忽略其对产业时间区间的适应性问题。创业行动学习构思在时间维度上定位为新产业时间区间,它既可以实证检验已有理论的时间区间适用性,也为实证探索新兴产业背景下的其他问题提供较好的研究出发点。虽然开发创业行动学习测量量表,亦即将其数量化,一定程度上会损失或者忽略部分的构思内涵,然而这可将该构思变成可共享的、可接受的标准化测量,可让更多学者共享其意义,从而促进更多的研究交流。因此,总体而言,创业行动学习行为结构与量表开发研究,为拓展现有创业学习理论、揭示新洞见提供了较好的研究基础。

2) 行动学习视角下的创业行动学习行为结构

虽然创业学习是当前创业领域的研究热点,但作为一个抽象构思,创业学习至今没有得到广泛认同的理论定义和内涵界定,大部分研究仍停留在理论构建的最初阶段——构思内涵的探索。在系统回顾创业学习研究之后,本研究认为创业学习研究需要引进新视角以提炼其核心特征、精确其定义和确定研究内容。基于创业学习所展现的行动性、关键事件学习和交互性等特征,本研究引进行动学习理论来重新理解创业学习的核心特征,提出创业行动学习新构思:创业者通过社会互动方式来解决创业问题进而促进学习的过程。

创业行动学习的四要素行为结构揭示了创业者在新兴产业创业过程中是如何学习的机制。已有研究用于解释创业学习机制的理论视角主要有经验学习理论与组织学习理论。这些理论虽然能从某种程度上回答创业者如何学习的内在机制,但组织学习理论能否适用于创业情境是需要进一步检验的。此外,基于成熟组织的学习理论在内在假设上与创业理论具有一定区别,组织层面的学习机制是否适用于创业者是研究需要进一步论证的。创业的本质是创业者主动产生创业问题和挑战的有效解决方案(Shane & Venkataraman,2000;Sarasvathy,2001)。本书基于创业者解决复杂问题过程的学习行为来开发量表,聚焦嵌入创业情境、围绕创业任务/问题解决而展开、与创业行动紧密关联和重视与外部的互动学习行为特征,这为本书拓展现有创业学习理论、揭示新洞见提供了较好的思路启发。

基于中国新兴产业独特背景的创业行动学习行为结构,表现出与西方不同的行为特征。相对于西方稳定的市场环境、规范的制度特征和"个体主义"的社会文化基础而言,中国新兴产业创业者所处的环境具有鲜明的特质。在具有差序格局特征的社会结构中,中国这个新兴经济体快速发展。民营性质的新企业在市场竞争、资源构建和企业身份合法性建设上,比西方体制下的经济主体面临更多的障碍和挑战。新产业创业者的学习行为不仅受情境影响更为显著,而且更依赖外部社会网络。相比于西方创业学习概念内涵探索研究呈现的碎片化和个体化特征(Wang & Chugh,2014),创业行动学习基于亲验学习理论框架,从行动学习的围绕问题、群体互动和行动实践的视角(Revans,1982),描绘新兴产业背景下的创业学习行为,形成具有结构性的四要素构思模型。该结构较恰切地反映了新兴产业创业者在创业过程中的聚焦创业问题/挑战、持续与外部社会环境互动和群体互动学习的行动特征。

3)创业行动学习是符合构思清晰度的新构思

创业行动学习这个新构思代表创业学习的核心内涵,是行动学习在创业情境下的体现,符合管理研究中的理论视角结合的要求(理论假设一致)。在新构思提出之后,本书运用多种研究方法开发具有一定信效度的创业行动学习测量工具,并通过系列的理论模型验证,得到一个符合如下构思清晰度(construct clarity)标准的新构思(Suddaby,2010;Cook et al.,1979)[①]。

首先,创业行动学习符合创业过程的问题解决特征、创业学习的社会交互特征和行动性特征,反映了创业学习的核心特征。它符合构思清晰度的三个标准:定义有效捕捉了构思的核心特征;没有同义反复或定义循环;简约性,即只关注

---

① 从概念内涵的层次来讲,构思清晰度比构思效度所覆盖范围更广,构思效度更聚焦在实证问题的操作与测量方面(Suddaby,2010)。

某个特定的概念领域。

其次,创业行动学习行为产生需要一定条件:新兴产业创业情境下,创业者通过对创业任务的挑战性感知和学习目标取向来产生体验搜集、交互反思、系统整合和行动验证行为。不仅如此,创业行动学习构思在空间、时间和研究假设上也需要特定条件:空间上,创业行动学习是一种特殊的工作场所学习,学习发生在广泛工作场所内;时间上,这种学习行为只发生在初创型而不是成熟企业中,新企业的市场新进入缺陷较多,创业者面临着更大的挑战;研究假设上,认为创业者的领导能力并不是一成不变的,而是随着企业的成长而不断提升。

第三,创业行动学习与其他构思建立起的前因与效能机制模型得到实证数据支持。本书采用工作场所学习的前因理论来探索创业行动学习行为的产生条件,研究结果表明:创业者对任务的挑战性感知和持有的学习取向显著积极影响创业行动学习行为的产生。在效能方面,研究检验了创业行动学习四要素与创业绩效之间的关系效应,研究发现创业学习的四要素积极影响创业绩效,创业者的资源网络能力和协进型领导能力这两个要素在这个关系中起到中介影响效应。这些实证研究不仅将创业行动学习与创业领域或管理领域的其他构思之间建立联系,也创建了以创业行动学习为核心的新理论模型。

最后,本研究构建的创业行动学习构思在构思定义、存在条件、构思来源和与其他构思的理论关系上具有一致性。在基础理论框架上,创业行动学习的构思框架是基于行动学习与创业学习的共同基础理论——亲验学习理论框架来构建的;在构思定义上,创业行动学习与创业学习、行动学习和创业的内涵均围绕创业问题的解决而展开;创业行动学习的前因模型,即创业任务挑战性的感知和创业者对任务持有的学习取向均与创业问题解决具有紧密联系。效能机制研究结果中的创业行动学习与创业绩效的直接关系、资源网络能力和协进型领导能力在创业行动学习与创业绩效关系中所起的中介关系支持了以往关于创业学习有助于创业成功的研究结论,再次强调了在新创企业中创业者的重要性。创业行动学习及其与其他构思形成的理论之间相互呼应,形成理论内涵一致的新理论。

因此,从构思定义、产生条件、构思间关系和理论内涵一致性上来看,创业行动学习符合构思清晰度的要求,这有助于将该构思与其他研究建立起可沟通的语言以进一步延续研究。创业行动学习构思的稳定结构及其测量量表有助于该构思的操作化和理论关系验证分析。当然,该构思的提出是对创业学习研究领域的一次尝试,可给其他研究提供新的启发。

4)构建了以创业行动学习为核心的理论视图

近年来,来自不同学科背景的学者开发了许多创业学习的构思模型,既丰富了我们对创业学习现象的理解,也拓展了我们在该领域里的研究思路。虽然创业学习是当前研究热点,但至今尚未有能得到广泛认同的概念界定,大部分研究至今停留对现象的描述与构思内涵的探索阶段。反思这种现象的原因,一是创业理论缺乏可以描述创业学习核心特征的理论构思,二是没有可实证验证的测量工具。本书基于行动理论,引用行动学习视角来重新理解创业学习行为,提出创业行动学习新构思,开发了一个含有可识别行为和可关系验证的具体构思。这跳出了当前的创业学习构思内涵的争论僵局,推动创业学习往实证和理论构建的方向发展。

以创业行动学习为核心的理论视图是本研究基于中国创业情境所构建的新理论,是对创业学习研究理论的新拓展。在谈到如何评价一个研究的理论价值时,Whetten提出评价一个研究最常用的七个问题:什么是新的;有什么影响;为什么是这么做;文章的理论推理是否合理;文章是否可读性强;为什么现在研究;对哪些人有意义(Whetten,1989)。这里就其中的四个方面讨论本研究在创业学习领域中的理论贡献。

(1)本书提出创业行动学习的新构思并以它为核心构思构建了新的理论模型。创业学习的大部分研究还停留在构思内涵的探索上,如经验转化成知识的过程、知识组件在组织内跨水平的演化过程、创业者随企业发展而不断学习技巧的过程等。这些研究提供了很有借鉴意义的理论框架,但研究进展仍然局限在创业学习这个抽象构思而没有对创业学习的内涵进行新的突破。本书采用行动学习视角来重新理解创业学习的关键特征,并通过系列的实证研究建立起创业者个体的学习行为对企业组织水平绩效的效能机制模型,为研究创业学习及其效能机制提供了新的研究参考。

采用行动学习理论来研究基于创业者的创业学习过程,不仅是对创业学习理论的新拓展,也是对行动学习理论研究的新拓展。研究跳出管理培训情境下的行动学习研究,将它应用于创业情境下,采用亲验学习理论框架探索创业行动学习的构思内涵。该研究将行动学习跳出其原始定义的局限性,为行动学习研究提供了新的研究思路和研究发现。

（2）本书从团队层次和组织层次提出创业行动学习的双重效能机制，提出并实证检验当前创业学习理论中所缺乏的效能机制，为解释创业学习及其效能机制提供了可验证的理论框架。本书采用自行开发并通过不同实证研究检验的创业行动学习量表，通过现场问卷研究来验证创业行动学习对创业绩效的影响机制——资源网络能力和协进型领导能力的中介效应。这为创业者的创业行动学习行为如何转化成为组织水平的企业绩效进行了新的探索。与以往研究只关注创业者学习行为与企业的创业绩效的直接关系或关注创业者个体特征对学习效果的影响研究不同，本研究从两种角度关注创业者对企业绩效的影响机制：创业者作为新创企业的主要决策者和资源管理者，通过提升其资源网络能力来获得企业所需资源进而推动企业发展；创业为创业者带领员工实现其创业想法的过程，创业者的学习行为会改进其与员工的互动行为（协进型领导能力）进而对企业绩效产生影响。

（3）本书按照科学理论构建的研究步骤（Handfield & Melnyk，1998），采用定性与定量研究方法结合来构建创业行动学习的新理论。为了开发创业行动学习的构思内涵，本研究采用理论演绎与案例材料归纳的方法获得了它的四要素结构。为验证创业行动学习的构思效度并构建理论，本研究开发并验证了具有稳定结构且可进一步泛化的创业行动学习测量工具，并将该构思与其他理论构思之间进行辨别与聚合效度分析。结合资源基础理论、团队领导理论、创业网络理论和协进型领导理论演绎创业者的资源网络能力和协进型领导能力两个要素在创业者的学习行为与创业绩效之间的中介作用假设，创业者与员工配套的现场问卷数据的实证结果进一步支持了该假设。这种理论演绎与归纳方法结合、定性与定量研究方法结合的方式构建了一个可重复验证的创业行动学习理论。

（4）本书针对创业学习研究缺乏核心特征和效能机制研究而提出可实证检验的理论框架，契合创业学习理论发展的需要。创业学习在创业领域已有较长历史，且仍是研究热点。它的构思内涵至今没有一致结论，尚未有可操作化的测量工具，这使它的理论构建仍然停留在定性研究的现象描述阶段，可泛化的实证研究未能进一步推进。近期，有学者开始呼吁开发具有创业学习核心特征的行为量表以便于从行为角度来探索创业学习的行为模式进而为其进一步拓展奠定基础（Man，2012）。本研究正是在这样的理论背景和研究需要下所进行的新尝试:从行动学习视角提出创业行动学习新构思用于捕捉创业学习的关键特征,并通过现场问卷研究来验证该构思的合法性和预测性。

概括而言,创业行动学习研究是对创业学习领域的一次新尝试,提出了可描述创业学习特征的理论构思并提供了可量化和证伪的测量工具,是对创业学习研究的新拓展。

5）基于网络和能力视角建构创业者成长模型

不同于以往将创业学习视为创业者个体的学习行为,本研究将创业者视为企业的主要领导者,将学习视为领导者的学习行为,从资源基础视角和团队领导视角出发,采用实证研究来探索创业者的学习行为、资源网络能力、协进型领导能力和企业绩效之间的关系机制。研究发现:创业行动学习有助于提高创业者的资源网络能力、协进型领导能力和企业绩效;资源网络能力和协进型领导能力在创业者学习行为与企业绩效的关系中产生中介效应。该研究不仅拓展了创业学习研究,揭开了创业者个体的学习行为如何转化成组织层次创业绩效的影响机制,也从资源网络和协进型领导视角拓展了新创企业的成长理论,进一步支持了创业者的学习行为和领导行为对企业成长的重要性。

本研究从实证角度验证创业学习行为会提升创业者的协进型领导能力。以往研究是从思辨角度构建创业者的领导能力在提高个体、团队和企业绩效中发挥效用的理论模型,认为创业者的领导能力会影响企业在竞争环境中的发展(Yang,2008)。这些研究多是从创业特征与领导能力间的相关与差异来构建创业领导理论和领导者创业能力理论(Cogliser & Brigham,2004),对于如何提高创业者的领导能力的关注却较少。这是由于研究上普遍将领导能力默认视为一种与生俱来的、不可后天习得的稳定能力。近期有学者开始突破这种研究假设,认为创业者在处理企业事务过程中获得的体验、观察、社会交互和反思等学习行为会提高创业者的领导能力(Bagheri & Pihie,2011)。在创业情境里,创业者在扮演领导者角色来处理领导任务的同时也是在加深对领导者角色的理解并提升领导胜任力(Kempster & Cope,2010)。因此,创业者的创业学习行为对开发和提升其领导能力有重要作用。

此外,本研究采用资源网络能力和协进型领导能力两个要素作为创业行动学习与企业绩效之间关系的机制变量,强调了创业者在新创企业中的对外网络获取与对内辅导员工的重要性。创业过程是创业者带领他人一起实现创业梦想的过程。由于新创企业的规模小、资源稀缺和生存能力弱,企业成员是公司最大的资源。在资源有限的情况下,创业者需要采用特定领导策略将其效能最大化。因此,创业者不仅需要发挥资源网络能力对外获取企业发展资源,还需要辅导企业员工积极处理创业过程中的不确定问题,而协进型领导正是一种与紧密结合团队任务、促进团队成员团结的领导行为,符合创业情境下的企业发展需要。资源网络能力和协进型领导能力这两个中介模型的提出,有助于未来创业成长理论更系统地看待创业者的相关能力在新创企业发展过程中的作用和"做中学"的提升机制,有助于进一步理解新创企业的成长机理。

6)研究各类创业经验与创业行动学习的关系

本书基于 Tesluk 和 Jacobs(1998)的工作经验理论,探索创业经验的不同成分和创业行动学习行为及创业绩效之间的影响关系。第八章和第九章两个研究在两方面对当前研究有所推进。首先,研究基于工作经验理论,将创业经验视为含有定量成分和定性成分的多维度概念,这对创业经验研究具有重要意义。当前创业经验研究并未对创业经验的内在成分进行结构区分,这使得研究结论上莫衷一是。实证研究结果也表明,创业经验的定量成分有别于定性成分,两者对创业行动学习行为的影响机制不一样。其次,这两个研究探索不同时间状态和成分的创业经验对创业行动学习和创业绩效的影响。这不仅拓展了本书对创业经验影响创业行为的理解范畴,也再次强化创业行动学习是受创业挑战/难题驱动的特征,为未来创业经验研究提供新的视角。

10.2 研究的实践意义

本书所开发的创业行动学习行为量表在一项历时五年、多达 500 位创业者参与的创业能力培训项目中得到验证,具有较好的实践效度,对新兴产业创业者和政府部门均有一定的实践启示。具体而言,本书给我国创业者在提升自我创业能力和促进企业成长两方面提供了三点方法指导。

10.2.1 行动领先是创业者获得有效学习的前提

创业行动学习指创业者通过社会交互方式来解决创业难题并从该经历中获得学习的过程。创业难题是创业者出现创业行动学习行为的前提,它很容易使创业者陷入思维僵局：一直在找解决方案，但却没办法找出更可行的新想法。这在给创业者带来压力的同时，也促使创业者积极大量地获取信息。

与他人互动是实现创业行动学习的重要方式。创业过程是不断与他人互动的过程：新产品的创建过程涉及产品的设计、加工与包装，需要与供应商和合作商等合作；进入新市场需要紧密关注渠道商、消费者或竞争企业以使产品在市场占领一定份额；而创建企业的过程，是创业者带领员工或创业团队成员建立企业的办公场所和分工、与税务部门建立企业税收关联、与办公所在场所的其他企业或管委会建立网络联系的过程。出现行动问题时，他人的视角不仅有助于创业者重新认识问题，也有助于创业者对该问题的记忆深度。

创业行动是行动问题产生的前提，而积极的社会互动是创业行动自身的一部分。处在创业迷茫情境下的创业者，由于经验和资源稀缺、创业前景不明朗、市场不确定性因素高，因而若要获得精准和丰富信息来探索企业的发展方向，他们必须行动领先。因此，创业者要获得有效的学习效果，积极的创业行动是前提。

10.2.2 创业行动学习能提升创业者的资源网络和协进型领导能力

创业者可按照创业行动学习的方法来提升自我的资源网络能力和协进型领导能力。以往研究发现创业者的学习行为大部分停留在单环学习而不是更有助于个人成长的双环学习。由于实践反馈的迟滞效应，创业者个体学习的方式会带有一定盲目性。本研究按照经典亲验学习的理论框架并结合创业实践的观察资料探索出创业行动学习的四要素模型，为创业者提供了学习方法的指导：学习包含体验搜集、交互反思、系统整合和行动验证四个要素；这四个要素缺一不可，共同组成创业行动学习行为。一般来说，创业者在学习过程中会偏重体验搜集和系统整合而轻视行动验证和交互反思两方面。而研究发现，行动验证和交互反思是创业者发现问题解决思路和解决问题的重要步骤。

交互反思强调创业者要注重他人的建议。在遇到复杂的未解问题时，创业者不应该闭门造车，而应该注重他人视角对问题的解读。通过思考不同视角与自身所持观点之间的差异及差异存在原因，创业者才会发现对问题持有的潜在假设是造成问题框定的主要原因。通过修改行动的潜在假设，创业者才会产生新的问题表征，而这是问题解决的关键。行动验证强调行动领先。对于处在创业迷茫情境下的创业者，在经验和资源稀缺、创业前景不明朗和市场不确定性因素高的情境下,要获得更多更准确的信息来明确企业问题的解决思路和战略发展方向时,创业者必须要行动领先。行动不仅会帮助创业者改变创业情境,也会使创业者获得更具体和确切的信息以及一定的经验积累。创业者只有先不断通过行动尝试积累相关信息,才能做出更适合情境和企业发展的战略;也只有不断地行动尝试,创业者才能优化调整行动策略,并挖掘到新的创业机会。因此,创业者需要全面采用这四个要素的学习行为才能产生更高水平的创业行动学习效果。

10.2.3　创业者需要重视资源网络能力和协进型领导能力的作用

许多创业者很重视个人能力的提升,但忽略企业外部网络利用和企业内部的氛围营造。新创企业资源稀缺,招人和留人难是一直困惑着创业者的难题,也是影响企业发展的关键因素。创业者需要一方面积极拓展企业的创业网络以便于及时获取创业信息和创业资源以促进创业问题的解决;另一方面,需要营造一个互助的、祥和的和积极建言的氛围这不仅有助于发挥员工的积极性和集体智力,也有助于增加员工的组织承诺。这两个方面促进创业者获得更完备的信息和问题解决新视角,两者相辅相成。而创业者的创业行动学习行为会增强创业者与他人互动交流以获取问题解决信息和资源的能力,也会增加创业者对创业环境和公司成员的认知,促进创业者更好地管理和发展新创企业。

本书认为在创业过程中给创业者提供相关创业经验是至关重要的。首先,创业经验有助于创业者识别潜在挑战,促进其有效学习进而提高创业效率。对于创业者而言,要积极吸收和借鉴他人经验;对于政府而言,要给创业者提供经验借鉴和潜在挑战预警。其次,基于创业者的职能经验只能通过创业过程中的实际体验才能激发创业学习行为结论。在职工作体验比静态存量类型的先前经验更重要,创业者应该聚焦在当前任务的体验中。创业者需要正视任务执行过程中的体验,重视行动领先,从行动中增强创业学习能力。再次,基于创业者学习目标取向对创业学习影响机制的结论,本书建议创业者在选择创业合伙人和天使投资人投资创业项目时,重视对对象的个人学习动机的考察。

10.3　研究局限与未来展望

本书在创业学习、新创企业成长方面有一定的理论进展,在指导创业者学习方法和辅导员工方面具有一定的实践意义,但研究还存在一些不足。

首先,研究结论的概化效度有待进一步检验。研究对象是新创企业的创业者。由于新创企业分布较不集中且相对大型企业来说较难找到其公司地址,本书只能采用方便取样的方法,这使得研究样本存在一定的局限性。由于样本大部分来自杭州市团委举办的创业辅导班和杭州市创业园区的新创企业,受杭州市的创业扶持政策和产业环境影响,这些企业在行业分布上较不均匀,文创行业、高新技术行业和电子商务行业占了调研样本中较大比例。本书调研的企业大部分位于创业园区内,他们在进入园区前已通过园区管委会按照项目资质、创业者能力等多种条件的筛选和选拔,是否能代表新创企业还有待进一步考证。

其次,本书的协进型领导能力的测量取样采用的是创业者与员工成组匹配问卷的调研方法。由于新创企业规模小且在调研时部分员工并不在办公现场,使得部分企业只得到1份员工问卷。虽然最后的聚合数据检验发现测量数据符合聚合要求,但还是应该尽可能争取更多的样本数量。此外,效能机制研究的调研企业数量不到100家,虽然在严格控制相关变量后的数据检验效果仍然显著,但还是有必要再增加企业数量以增加研究的有效性。

在研究展望方面,本书虽然是在新兴产业创业情境下探索创业者学习行为对组织绩效的影响机制,但对组织研究也有一定的启发意义。当前的组织研究或关注组织层次的特定行为,如组织学习行为、LMX交换行为对企业绩效的影响;或关注团队层次,如团队反思、团队领导、团队交互记忆系统或团队共享心智等因素对团队绩效的影响,很少研究关注组织/团队领导者的学习行为对绩效的影响机制。对于具有相同规模、相同任务特征和相同运转环境的新创企业和成熟企业或团队,是否会具有同样的效应机制,则是以后研究可以关注的方向。

当然,本书只是对创业者个体学习行为对企业的创业绩效影响机制的一种探索。研究以创业者个体的行为为主要研究对象,而较少考虑新创企业的组织架构、所在行业及行业位置、掌握的创业资源、创业者的领导风格以及过程因素,如企业员工的共享心智模型、组织交互记忆系统等因素的影响机制,这些将在未来研究中进一步探索。

参 考 文 献

[1] 蔡莉,单标安.中国情境下的创业研究:回顾与展望[J].管理世界,2013
(12):160-169.

[2] 刘宏伟,齐二石.管理咨询企业顾客满意关键因素的识别和鉴定[J].科学
学与科学技术管理,2010(7).

[3] 单标安,蔡莉,鲁喜凤,等.创业学习的内涵、维度及其测量[J].科学学研
究,2014(12):1867-1875.

[4] 张玉利,杨俊,任兵.社会资本,先前经验与创业机会[J].管理世界,2008,
7:91-102.

[5] 袁维新.国外关于问题解决的研究及其教学意义[J].心理科学,2011,34
(3):636-641.

[6] 朱秀梅,张婧涵,肖雪.国外创业学习研究演进探析及未来展望[J].外国经
济与管理,2013,35(12):20-30.

[7] 王重鸣,郭维维,FRESE MICHAEL,等.创业者差错取向的绩效作用及其
跨文化比较[J].心理学报,2008,40(11):1203-1211.

[8] 白新文,王二平,周莹,等.团队作业与团队互动两类共享心智模型的发展
特征[J].心理学报,2006(4):598-606.

[9] 徐寒易,马剑虹,杨凯,等.复杂任务中共享心智模型间的缓冲作用[J].心
理学报,2009(6):519-533.

[10] 蔡莉,单标安,刘钊,等.创业网络对新企业绩效的影响研究——组织学
习的中介作用[J].科学学研究,2010,28(10):1592-1600.

[11] 林嵩.创业网络的网络能力:概念建构与结构关系检验[J].科学学与科学技术管理,2012,33(5):38-45.

[12] 方刚.网络能力结构及对企业创新绩效作用机制研究[J].科学学研究,2011,29(3):461-470.

[13] 任胜钢.企业网络能力结构的测评及其对企业创新绩效的影响机制研究[J].南开管理评论,2010(001):69-80.

[14] 姚先国,温伟祥,任洲麒.企业集群环境下的公司创业研究——网络资源与创业导向对集群企业绩效的影响[J].中国工业经济,2008(3):84-92.

[15] 杨俊,张玉利,杨晓非,等.关系强度,关系资源与新企业绩效——基于行为视角的实证研究[J].南开管理评论,2009,4(12):44-54.

[16] 蔡莉,单标安,汤淑琴,等.创业学习研究回顾与整合框架构建[J].外国经济与管理,2012(5).

[17] 赵文红,王文琼.基于创业学习的资源构建对创业绩效的影响研究[J].科技进步与对策,2015,32(15):86-90.

[18] 刘井建.创业学习、动态能力与新创企业绩效的关系研究——环境动态性的调节[J].科学学研究,2011,29(05):728-734.

[19] 蔡莉,汤淑琴,马艳丽,等.创业学习、创业能力与新企业绩效的关系研究[J].科学学研究,2014,32(08):1189-1197.

[20] 朱秀梅,杨姗,董钊,等.创业学习会传染吗?——创业者到员工的创业学习转移机制[J].外国经济与管理,2018,40(10):3-16.

[21] 柯江林,丁群.创业型领导对初创企业员工态度与创新绩效的影响——职场精神力的中介效应与领导—成员交换的调节作用[J].经济与管理研究,2020,41(01):91-103.

[22] 魏峰,曹星,贝玉莲.人际协同视角下CEO包容型领导与创业绩效的关系研究[J].工业工程与管理,2020(5):1-11.

[23] 王曦,雷星晖,苏涛永,等.谦卑型领导对创业绩效的影响研究——基于战略决策的视角[J].华东经济管理,2019,33(08):29-35.

[24] 赵荔,丁栋虹.创业学习实证研究现状探析[J].外国经济与管理,2010,32(7):8-16.

[25] 沈汪兵,刘昌,罗劲,等.顿悟问题思维僵局早期觉察的脑电研究[J].心

理学报,2012,44(7):924-935.

[26] 张玉利,郝喜玲,杨俊,等.创业过程中高成本事件失败学习的内在机制研究[J].管理学报,2015(07):1021-1027.

[27] 田燕,罗俊龙,李文福,等.原型表征对创造性问题解决过程中的启发效应的影响[J].心理学报,2011(06):619-628.

[28] 朱新秤,李瑞菊,周治金.谜语问题解决中线索的作用[J].心理学报,2009(05):397-405.

[29] 王重鸣.心理学研究方法[M].北京:人民教育出版社,2001.

[30] 吴明隆.问卷统计分析实务——SPSS 操作与应用[M].重庆:重庆大学出版社,2012.

[31] 吴明隆.结构方程模型——AMOS 的操作与运用[Z].重庆:重庆大学出版社,2009.

[32] 胡青,王胜男,张兴伟,等.工作中的主动性行为的回顾与展望[J].心理科学进展,2011,19(10):1534-1543.

[33] 陈燕妮,王重鸣.创业行动学习过程研究——基于新兴产业的多案例分析[J].科学学研究,2015,33(3):419-431.

[34] 陈燕妮,JIRAPORN JAROENSUTIYOTIN.创业机会识别的整合视角[J].科技进步与对策,2013,30(2):4-8.

[35] 刘井建.创业学习对新创企业成长绩效的作用机理研究[J].哈尔滨工程大学学报,2011(4).

[36] 张玉利,杨俊,戴燕丽.中国情境下的创业研究现状探析与未来研究建议[J].外国经济与管理,2012(1):1-9.

[37] 张玉利,李乾文.公司创业活动与组织绩效——基于中国成长期私营企业的实证研究[J].科研管理,2005(1).

[38] 张志学.组织心理学研究的情境化及多层次理论[J].心理学报,2010,42(1):10-21.

[39] 温忠麟,侯杰泰.结构方程模型检验,拟合指数与卡方准则[J].心理学报,2004,36(2):186-194.

[40] 温忠麟,张雷,侯杰泰,等.中介效应检验程序及其应用[J].心理学报,2004,36(5):614-620.

[41] 张玉利，王晓文. 先前经验，学习风格与创业能力的实证研究[J]. 管理科学，2011,24(3)：1-12.

[42] 杨隽萍，于晓宇，陶向明，等. 社会网络、先前经验与创业风险识别[J]. 管理科学学报，2017,20(5)：35-50.

[43] 洪勇，张红虹. 基于共词分析的国外新兴产业研究知识网络分析[J]. 技术经济，2015(01)：5-12.

[44] 孙晓华，王昀，刘小玲. 范式转换、异质性与新兴产业演化[J]. 管理科学学报，2016(08)：67-83.

[45] 张秀娥，祁伟宏，李泽卉. 创业者经验对创业机会识别的影响机制研究[J]. 科学学研究，2017(03)：419-427.

[46] 李晓华，吕铁. 战略性新兴产业的特征与政策导向研究[J]. 宏观经济研究，2010(9)：20-26.

[47] 李丫丫，潘安，彭永涛. 新兴产业产生：识别、路径及驱动因素[J]. 技术经济，2016,35(8).

[48] 陆亚东. 中国管理学理论研究的窘境与未来[J]. 外国经济与管理，2015,37(3).

[49] 杨俊，张玉利，刘依冉. 创业认知研究综述与开展中国情境化研究的建议[J]. 管理世界，2015(09)：158-169.

[50] 单标安，李文玉，鲁喜凤，等. 技术创业者的创业学习：学习目标与学习方式变革——基于新生创业者的多案例研究[J]. 外国经济与管理，2018(06)：17-28.

[51] 王瑞，薛红志. 创业经验与新企业绩效：一个研究综述[J]. 科学学与科学技术管理，2010,31(6)：80-84.

[52] BRETTEL M，ROTTENBERGER J D. Examining the link between entrepreneurial orientation and learning processes in small and medium-sized enterprises[J]. Journal of Small Business Management，2013,51(4)：471-490.

[53] LANS T，BIEMANS H，VERSTEGEN J，et al. The influence of the work environment on entrepreneurial learning of small-business owners[J]. Management Learning，2008,39(5)：597-613.

[54] COPE J. Toward a dynamic learning perspective of entrepreneurship[J]. Entrepreneurship Theory and Practice，2005,29(4)：373 - 397.

[55] MAN T W Y. Understanding entrepreneurial learning a competency approach [J]. The International Journal of Entrepreneurship and Innovation，2007,8(3)：189 - 198.

[56] MINNITI M，BYGRAVE W. A dynamic model of entrepreneurial learning[J]. Entrepreneurship Theory and Practice，2001,25(3)：5 - 16.

[57] SANTARELLI E，TRAN H T. The interplay of human and social capital in shaping entrepreneurial performance：the case of Vietnam[J]. Small Business Economics，2013(40)：435 - 458.

[58] WANG C L，CHUGH H. Entrepreneurial learning：past research and future challenges[J]. International Journal of Management Reviews，2014,16：24 - 61.

[59] KARATA C S O ZKAN M. Understanding relational qualities of entrepreneurial learning：Towards a multi-layered approach [J]. Entrepreneurship & Regional Development，2011,23(9 - 10)：877 - 906.

[60] DEAKINS D，O'NEILL E，MILEHAM P. Executive learning in entrepreneurial firms and the role of external directors[J]. Education + Training，2000,42(4/5)：317 - 325.

[61] MAN T W Y，THERESA LAU K F C. The competitiveness of small and medium enterprises：conceptualization with focus on entrepreneurial competencies[J]. Journal of Business Venturing，2002(17)：123 - 142.

[62] MAN T W Y. Exploring the behavioral patterns of entrepreneurial learning—A competency approach[J]. Education + Training，2006,48 (5)：309 - 321.

[63] MCCALL J. Leadership development through experience[J]. Academy of Management Executive，2004,18(3)：127 - 130.

[64] MITCHELMORE S，ROWLEY J. Entrepreneurial competencies：a literature review and development agenda[J]. International Journal of Entrepreneurial Behaviour & Research，2010,16(2)：92 - 111.

[65] POLITIS D. The process of entrepreneurial learning: a conceptual framework[J]. Entrepreneurship Theory and Practice, 2005, 29(4): 399 -424.

[66] RAE D, CARSWELL M. Using a life-story approach in researching entrepreneurial learning: the development of conceptual model and its implications in the design of learning experiences [J]. Education Training, 2000, 42(4/5): 220 - 227.

[67] HOLCOMB T R, IRELAND R D, HOLMES R M, et al. Architecture of entrepreneurial learning: exploring the link among heuristics, knowledge, and action [J]. Entrepreneurship Theory and Practice, 2009, 33(1): 173 - 198.

[68] DOWN S. Owner-manager learning in small firms[J]. Journal of Small Business and Enterprise Development, 1999, 6(3): 267 - 280.

[69] COPE J, WATTS G. Learning by doing: an exploration of experience, critical incidents and reflection in entrepreneurial learning [J]. International Journal of Entrepreneurial Behaviour & Research, 2000, 6 (3): 104 - 124.

[70] MAN T W Y. Developing a behaviour-centred model of entrepreneurial learning[J]. Journal of Small Business and Enterprise Development, 2012, 19(3): 549 - 566.

[71] UCBASARAN D, WESTHEAD P, WRIGHT M. The extent and nature of opportunity identification by experienced entrepreneurs[J]. Journal of Business Venturing, 2009, 24: 99 - 115.

[72] ADAMS M. The practical primacy of questions in action learning [M]// Lex. Action Learning and Its Applications, Present and Future. Palgrave Macmillan Publishers, 2010: 1 - 11.

[73] STEWART J. Evaluation of an action learning programme for leadership development of SME leaders in the UK[J]. Action Learning: Research and Practice, 2009, 6: 131 - 148.

[74] THORPE R, COPE J, RAM M, et al. Leadership development in small-

and medium-sized enterprises: the case for action learning[J]. Action Learning: Research and Practice, 2009,6(3): 201 – 208.

[75] RAE D. Action learning in new creative ventures[J]. International Journal of Entrepreneurial Behaviour & Research, 2012, 18 (5): 603 –623.

[76] RAELIN J A. Individual and Situational Precursors of successful action learning[J]. Journal of Management Education, 1997,21(3): 368 – 394.

[77] REVANS R W. ABC of action learning[M]. London: Lemos and Crane, 1998.

[78] PEDLER M. Action learning in practice (2nd ed.)[M]. Gower: Aldershot, UK, 1991.

[79] MILLER D, SHAMSIE J. The resource-based view of the firm in two environments: the hollywood film studios from 1936 to 1965 [J]. Academy of Management Journal, 1996,39(3): 519 – 543.

[80] FRESE M. The psychological actions and entrepreneurial success: an action theory approach[M]//JR B, M F, RA B. The Psychology of Entrepreneurship. Mahwah, NJ: Lawrence Erlbaum, 2007.

[81] MCGILL I, BEATY L. Action learning: a practitioner's guide [M]. London: Routledge, 2001.

[82] SILINS H. Action learning: a strategy for change[J]. International Education Journal, 2001,2: 79 – 95.

[83] MARQUARDT M J, LEONARD H S, FREEDMAN A M, et al. Action learning for developing leaders and organizations: principles, strategies, and cases [M]. Washington: American Psychological Assn, 2009.

[84] HARPER D A. Towards a theory of entrepreneurial teams[J]. Journal of Business Venturing, 2008,23: 613 – 626.

[85] MCMULLEN J S, SHEPHERD D A. Entrepreneurial action and the role of uncertainty in the theory of the entrepreneur[J]. Academy of Management Review, 2006,1(31): 132 – 152.

[86] BRUSH C. How do "resource bundles" develop and change in new ventures? A dynamic model and longitudinal exploration[J]. Entrepreneurship Theory and Practice, 2001,25(3): 37 - 58.

[87] LANS T, BIEMANS H, VERSTEGEN J, et al. The influence of the work environment on entrepreneurial learning of small-business owners [J]. Management Learning, 2008,39(5): 597 - 613.

[88] ENSLEY M D, HMIELESKI K M, PEARCE C L. The importance of vertical and shared leadership within new venture top management teams: implications for the performance of startups[J]. The Leadership Quarterly, 2006,17(3): 217 - 231.

[89] SCHUMPETER J A. The theory of economic development: an inquiry into profits, capital, credit, interest, and the business cycle. new brunswick[Z]. NJ, London: Transaction Publishers, 1934.

[90] KEMPSTER S, COPE J. Learning to lead in the entrepreneurial context [J]. International journal of entrepreneurial behaviour, 2010,16(1): 5 -34.

[91] HIRST G, MANN L, BAIN P, et al. Learning to lead: The development and testing of a model of leadership learning[J]. The Leadership Quarterly, 2004,15(3): 311 - 327.

[92] CASSON M. The entrepreneur: an economic theory[M]. Rowman & Littlefield Pub Incorporated, 1982.

[93] SHANE S. Prior knowledge and the discovery of entrepreneurial opportunities [J]. Organization Science, 2000,11(4): 448 - 469.

[94] CARSRUD A, BRÄNNBACK M. Entrepreneurial motivations: what do we still need to know? [J]. Journal of Small Business Management, 2011,49(1): 9 - 26.

[95] GARTNER W B, CARTER N M, REYNOLDS P D. Entrepreneurial behavior: Firm organizing processes [M]//Acs Z J, Audretsch D B. Handbook of Entrepreneurship Research: An Interdisciplinary Survey and Introduction. New York: Springer-Verlag, 2010:99 - 127.

[96] MOROZ P W, HINDLE K. Entrepreneurship as a process: toward harmonizing multiple perspectives[J]. Entrepreneurship Theory and Practice, 2012,36(4): 781 - 818.

[97] STOCKLEY S, BIRLEY S. Strategic process adaptation in entrepreneurial teams: a real time micro-theoretical perspective: Frontiers of entrepreneurship research, Babson-Kauffman Entrepreneurship Research Conference[C]. Babson, 2000.

[98] CLARYSSE B, MORAY N. A process study of entrepreneurial team formation: the case of a research-based spin-off[J]. Journal of Business Venturing, 2004,19(1): 55 - 79.

[99] IRELAND R D, HITT M A, SIRMON D G. A model of strategic entrepreneurship: The construct and its dimensions [J]. Journal of management, 2003,29(6): 963 - 989.

[100] SHARMA P, CHRISMAN S J J. Toward a reconciliation of the definitional issues in the field of corporate entrepreneurship [J]. Entrepreneurship: concepts, theory and perspective, 1999: 83 - 103.

[101] UCBASARAN D, WESTHEAD P, WRIGHT M. The focus of entrepreneurial research: contextual and process issues [J]. Entrepreneurship theory and practice, 2001,25(4): 57 - 80.

[102] SHANE S, VENKATARMAN S. The promise of entrepreneurship as a field of research[J]. Academy of Management Review, 2000,25(1): 217 - 226.

[103] ZAHRA S, DESS G G. Entrepreneurship as a field of research: encouraging dialogue and debate [J]. Academy of Management Review, 2001,26: 8 - 10.

[104] WESTHEAD P, UCBASARAN D, WRIGHT M. Decisions, actions, and performance: do novice, serial, and portfolio entrepreneurs differ? [J]. Journal of Small Business Management, 2005, 43 (4): 393 - 417.

[105] GRIFFITHS M, KICKUL J, BACQ S, et al. A dialogue with William

J. baumol: insights on entrepreneurship theory and education[J]. Entrepreneurship Theory and Practice, 2012,36(4): 611 - 625.

[106] HÉBERT R, LINK A N, SHACKLE G. The entrepreneur: mainstream views and radical critiques[J]. History of Political Economy, 1983,4 (2): 135 - 137.

[107] COONEY T M. Editorial: What is an entrepreneurial team? [J]. International Small Business Journal, 2005,23(3): 226 - 235.

[108] CARLAND J W, HOY F, BOULTON W R, et al. Differentiating entrepreneurs from small business owners: a conceptualization[J]. Academy of management review, 1984,9(2): 354 - 359.

[109] BRESLIN D, JONES C. The evolution of entrepreneurial learning[J]. International Journal of Organizational Analysis, 2012, 20 (3): 294 - 308.

[110] GRÉGOIRE D A, BARR P S, SHEPHERD D A. Cognitive processes of opportunity recognition: the role of structural alignment [J]. Organization Science, 2010,21(2): 413 - 431.

[111] ERIKSON T. Towards a taxonomy of entrepreneurial learning experiences among potential entrepreneurs [J]. Journal of Small Business and Enterprise Development, 2003,10(1): 106 - 112.

[112] ANDERSON J R. Acquisition of cognitive skill[J]. Psychological review, 1982,89(4): 369.

[113] KOLB D A. Experiential learning: Experience as the source of learning and development[M]. New Jersey: Prentice-Hall, 1984.

[114] LAVIOLETTE E M, LEFEBVRE M R, BRUNEL O. The impact of story bound entrepreneurial role models on self-efficacy and entrepreneurial intention[J]. International Journal of Entrepreneurial Behaviour & Research, 2012,18(6): 720 - 742.

[115] RUDOLPH J W, MORRISON J B, CARROLL J S. The dynamics of action-oriented problem solving: linking interpretation and choice[J]. Academy of Management Review, 2009,34(4): 733 - 756.

[116] BARNETT W P, HANSEN M T. The red queen in organizational evolution[J]. Strategic Management Journal, 1996,17(S₁): 139 - 157.

[117] SHANE S, VENKATARAMAN S. The promise of entrepreneurship as a field of research[J]. Academy of Management Review, 2000(1): 217 - 226.

[118] SHANE S. Reflections on the 2010 AMR decade award: delivering on the promise of entrepreneurship as a field of research[J]. Academy of Management Review, 2012,37(1): 10 - 20.

[119] RUEF M. The entrepreneurial group: social identities, relations, and collective action [M]. Princeton: NJ: Princeton University Press, 2010: 306.

[120] REVANS R W. The origin and growth of action learning[M]. London: Chartwell Bratt, 1982.

[121] MARSICK V J, O'NEIL J. The many faces of action learning[J]. Management Learning, 1999,30(2): 159 - 176.

[122] MARQUARDT M J. Optimizing the power of action learning: Solving problems and building leaders in real time [M]. London: Nicholas Brealey Publishing, 2004.

[123] RAELIN J. Does action learning promote collaborative leadership? [J]. Academy of Management Learning & Education, 2006 (5): 152 - 168.

[124] REVANS R W. The golden jubilee of action learning[M]. Manchester: Manchester Action Learning Exchange, 1989.

[125] KUHN J S, MARSICK V J. Action learning for strategic innovation in mature organizations: key cognitive, design and contextual considerations [J]. Action Learning: Research and Practice, 2005(2): 27 - 48.

[126] RAELIN J. Seeking conceptual clarity in the action modalities[J]. Action Learning: Research and Practice, 2009,6(1): 17 - 24.

[127] CHENHALL E C, CHERMACK T J. Models, definitions, and outcome variables of action learning A synthesis with implications for HRD[J].

Journal of European Industrial Training，2010，34(7)：588－608.

[128] PATON G. A systemic action learning cycle as the key element of an ongoing spiral of analyses[J]. Systemic Practice and Action Research，2001，14(1)：95－111.

[129] MARQUARDT M，WADDILL D. The power of learning in action learning：a conceptual analysis of how the five schools of adult learning theories are incorporated within the practice of action learning[J]. Action Learning：Research and Practice，2004，1(2)：185－202.

[130] DICKENSON M，BURGOYNE J，PEDLER M. Virtual action learning：practices and challenges[J]. Action Learning：Research and Practice，2010，7(1)：59－72.

[131] GREGORY M. Accrediting work-based learning：action learning－a model for empowerment[J]. Journal of Management Development，1994，13(4)：41－52.

[132] WATKINS K E，MARSICK V J. Sculpting the learning organization：lessons in the art and science of systemic change[M]. San Francisco，CA：Jossey-Bass，1993.

[133] HAMBRICK D C，MASON P A. Upper echelons：the organization as a reflection of its top managers[J]. Academy of Management Review，1984，9(2)：193－206.

[134] HAMBRICK D C. Upper echelon theory：an update[J]. Academy of Management Review，2007(2)：334－343.

[135] CHEN H S，MITCHELL R K，BRIGHAM K H，et al. Perceived psychological distance，construal processes，and abstractness of entrepreneurial action[J]. Journal of Business Venturing，2018，33(3)：296－314.

[136] FRESE M，GIELNIK M M. The psychology of entrepreneurship[J]. Annual Review of Organizational Psychology and Organizational Behavior，2014(1)：413－438.

[137] LERNERA D A, HUNTB R A, DIMOVC D. Action! Moving beyond the intendedly-rational logics of entrepreneurship [J]. Journal of Business Venturing, 2018(33): 52 – 69.

[138] SHEPHERD D. Party On! A call for entrepreneurship research that is more interactive, activity based, cognitively hot, compassionate, and prosocial[J]. Journal of Business Venturing, 2015,30(4): 489 – 507.

[139] LORD R G, KERNAN M C. Scripts as determinants of purposeful behavior in organizations[J]. Academy of Management Review, 1987, 12(2): 265 – 277.

[140] FRESE M. Towards a psychology of entrepreneurship: An action theory perspective[J]. Foundations and Trends in Entrepreneurship, 2009,5(6): 435 – 494.

[141] FRESE M, ZAPF D. Action as the core of work psychology: a german approach[M]//Triandis H C, Dunnette M D, Hough L M. Handbook of industrial and organizational psychology. Palo Alto, CA: Consulting Psychologists Press, 1994:271 – 340.

[142] FRESE M, KEITH N. Action errors, error management, and learning in organizations [J]. Annual Review of Psychology, 2015 (66): 661 – 687.

[143] SITZMANN T, ELY K. A meta-analysis of self-regulated learning in work-related training and educational attainment: What we know and where we need to go[J]. Psychological Bulletin, 2011,137(3): 421.

[144] FRESE M. Entrepreneurial actions: an action theory approach[M]// De Cremer D, van Dick R, Murnighan J K. Social psychology and organizations. New York: Routledge, 2011:87 – 120.

[145] KEITH N, FRESE M. Self-Regulation in error management training: emotion control and metacognition as mediators of performance effects [J]. Journal of Applied Psychology, 2005,90(4): 677 – 691.

[146] Van Der LINDEN D, SONNENTAG S, FRESE M, et al. Exploration, strategies, performance, and consequences when learning a complex

computer task[J]. Behaviour & Information Technology，2001,20(3)：189 - 198.

[147] LAVIE D. The competitive advantage of interconnected firms：An extension of the resource-based view[J]. Academy of management review，2006,31(3)：638 - 658.

[148] WALTER A，AUERB M，RITTER T. The impact of network capabilities and entrepreneurial orientation on university spin-off performance[J]. Journal of Business Venturing，2006,21(4)：541 - 567.

[149] MCGRATH H，O'TOOLE T. Enablers and inhibitors of the development of network capability in entrepreneurial firms：A study of the Irish micro-brewing network[J]. Industrial Marketing Management，2013,42(7)：1141 - 1153.

[150] ALVAREZ S A，BARNEY J B. Organizing rent generation and appropriation：Toward a theory of the entrepreneurial firm[J]. Journal of Business Venturing，2004,19(5)：621 - 635.

[151] EDMONDSON A C. The local and variegated nature of learning in organizations：a group-level perspective[J]. Organization Science，2002,13(2)：128 - 146.

[152] WILSON J M，GOODMAN P S，CRONIN M A. Group learning[J]. Academy of Management Review，2007,32(4)：1041 - 1059.

[153] KLIMOSKI R，MOHAMMED S. Team mental model：Construct or metaphor? [J]. Journal of management，1994,20(2)：403 - 437.

[154] MOHAMMED S，KLIMOSKI R，RENTSCH J R. The measurement of team mental models：We have no shared schema[J]. Organizational Research Methods，2000,3(2)：123 - 165.

[155] EDWARDS B D，DAY E A，ARTHUR JR W，et al. Relationships among team ability composition，team mental models，and team performance[J]. Journal of Applied Psychology，2006,91(3)：727.

[156] MATHIEU J E，HEFFNER T S，GOODWIN G F，et al. The influence of shared mental models on team process and performance[J]. Journal

of Applied Psychology，2000，85(2)：273.

[157] STOUT R J，CANNON-BOWERS J A，SALAS E，et al. Planning，shared mental models，and coordinated performance：An empirical link is established[J]. Human Factors：The Journal of the Human Factors and Ergonomics Society，1999，41(1)：61 - 71.

[158] MARKS M A，SABELLA M J，BURKE C S，et al. The impact of cross-training on team effectiveness [J]. Journal of Applied Psychology，2002，87(1)：3 - 13.

[159] MARKS M A，ZACCARO S J，MATHIEU J E. Performance implications of leader briefings and team-interaction training for team adaptation to novel environments[J]. Journal of Applied Psychology，2000，85(6)：971.

[160] BORGATTI S，FOSTER P C. The network paradigm in organizational research—A review and typology[J]. Journal of Management，2003，29(6)：991 - 1013.

[161] BHAGAVATULA S，ELFRING T，Van TILBURG A，et al. How social and human capital influence opportunity recognition and resource mobilization in India's handloom industry[J]. Journal of Business Venturing，2010，25(3)：245 - 260.

[162] NEWBERT S L，TORNIKOSKI E T，QUIGLEY N R. Exploring the evolution of supporter networks in the creation of new organizations [J]. Journal of Business Venturing，2013(28)：281 - 298.

[163] HINKIN T R. A brief tutorial on the development of measures for use in survey questionnaires[J]. Organizational research methods，1998，1(1)：104 - 121.

[164] BAGHERI A，PIHIE Z A L. Entrepreneurial leadership：towards a model for learning and development [J]. Human Resource Development International，2011，14(4)：447 - 463.

[165] KEMPSTER S，COPE J. Learning to lead in the entrepreneurial context [J]. International journal of entrepreneurial behaviour &

research，2010,16(1)：5-34.

[166] LOASBY B J. A cognitive perspective on entrepreneurship and the firm [J]. Journal of Management Studies，2007,44(7)：1078-1106.

[167] MAGRAB P R. Commentary—pioneer in pediatric psychology：echoing the voices of children：a journey through pediatric psychology [J]. Journal of Pediatric Psychology，2012(1)：12-17.

[168] BRESHEARS E，VOLKER R. Facilitative leadership in social work practice[M]. Springer Publishing Company，2012.

[169] JONES P，FORLIN C，GILLIES A. The contribution of facilitated leadership to systems development for greater inclusive practices [J]. International Journal of Whole Schooling，2013,9(1).

[170] GUASTELLO S J. Facilitatlvc styie，individual innovation，and emergent leadership in problem solving groups[J]. Journal of Creative Behaviro，1995,29(4)：225-239.

[171] SCHWARZ R. The skilled facilitator[M]. San Fransisco，CA：Jossey Bass，2002.

[172] MOORE T L. Facilitative leadership：one approach to empowering staff and other stakeholders [J]. Library Trends，2004，53（1）：230-237.

[173] HIRST G，MANN L. A model of R&D leadership and team communication：the relationship with project performance[J]. R&D Management，2004,34(2)：147-160.

[174] MURPHY G B，TRAILER J W，HILL R C. Measuring performance in entrepreneurship research[J]. Journal of business research，1996,36 (1)：15-23.

[175] RAUCH A，WIKLUND J，LUMPKIN G T，et al. Entrepreneurial orientation and business performance：An assessment of past research and suggestions for the future [J]. Entrepreneurship Theory and Practice，2009,33(3)：761-787.

[176] HAYTON J C. Strategic human capital management in SMEs：An

empirical study of entrepreneurial performance[J]. Human Resource Management，2003,42(4)：375 - 391.

[177] CHATTERJI A K. Spawned with a silver spoon? Entrepreneurial performance and innovation in the medical device industry [J]. Strategic Management Journal，2008,30(2)：185 - 206.

[178] KEH H T，NGUYEN T T M，NG H P. The effects of entrepreneurial orientation and marketing information on the performance of SMEs [J]. Journal of Business Venturing，2007,22(4)：592 - 611.

[179] POON J M L，AINUDDIN R A，JUNIT S O H. Effects of self-concept traits and entrepreneurial orientation on firm performance [J]. International Small Business Journal，2006,24(1)：61 - 82.

[180] QUIÑONES M A，FORD J K，TEACHOUT M S. The relationship between work experience and job performance：a conceptual and meta-analytic review[J]. Personnel Psychology，1995,48(4)：887 - 910.

[181] LAMONT L M. What entrepreneurs learn from experience[J]. Journal of small business management，1972,10(4)：36 - 41.

[182] DUTTA D K，CROSSAN M M. The nature of entrepreneurial opportunities：understanding the process using the 4I organizational learning framework[J]. Entrepreneurship Theory and Practice，2005，29(4)：425 - 449.

[183] RAE D，CARSWELL M. Towards a conceptual understanding of entrepreneurial learning[J]. Journal of Small Business and Enterprise Development，2001,8(2)：150 - 158.

[184] LANGOWITZ N，MINNITI M. The entrepreneurial propensity of women [J]. Entrepreneurship Theory and Practice，2007, 31 (3)：341 - 364.

[185] REVANS R W. What is action learning? [J]. Journal of Management Development，1982,1(3)：64 - 75.

[186] EDMONDSON A C，MCMANUS S E. Methodological fit in management field research[J]. Academy of Management Review，2007, 32 (4)：

55 - 79.

[187] EISENHARDT K M. Building theories from case study research[J]. Academy of Management Review，1989,14：532 - 550.

[188] YIN R K. Case study research：design and methods[M]. Fourth Edition. Thousand Oaks：Sage，2009.

[189] EISENHARDT K M，GRAEBNER M E. Theory building from cases：opportunities and challenges[J]. Academy of Management Journal，2007,50(1)：25 - 32.

[190] EISENHARDT K M，GRAEBNER M E. Theory building from cases：opportunities and challenges[J]. Academy of Management Journal，2007,50(1)：25 - 32.

[191] MOSS J，KOTOVSKY K，CAGAN J. The effect of incidental hints when problems are suspended before，during，or after an impasse[J]. Journal of Experimental Psychology：Learning，Memory，and Cognition，2011,37(1)：140 - 148.

[192] DAUDELIN M W. Learning from experience through reflection[J]. Organisational Dynamics，1996,24(3).

[193] CAMPOS A，HORMIGA E. The state of the art of knowledge research in entrepreneurship：a ten-year literature review [M]//Welter F，Smallbone D，Van Gils A. Entrepreneurial processes in a changing economy：frontiers in european entrepreneurship research. Cheltenham：Elgar，Edward Publishing，Inc.，2012:177 - 208.

[194] SUDDABY R. Editors' comments：construct clarity in theories of management and organization[J]. Academy of Management Review，2010,35(3)：346 - 357.

[195] BACHARACH S. Organizational theories：Criteria for evaluation[J]. Academy of Management Review，1989,14(4)：496 - 515.

[196] SIMON H A. Administrative behavior：a study of decision-making processes in administrative organizations[M]. Beijing：China Machine Press，2004.

[197] PITTAWAY L, THORPE R. A framework for entrepreneurial learning: A tribute to Jason Cope[J]. Entrepreneurship & Regional Development: An International, 2012,24(9 - 10): 837 - 859.

[198] ARGYRIS C, SCHON D A. Organizational learning: a theory of action perspective[M]. Reading,MA: Addison-Wesley, 1978.

[199] FAYOLLE A, PITTAWAY L, POLITIS D, et al. Entrepreneurial learning: diversity of education practices and complexity of learning processes[J]. Entrepreneurship & Regional Development, 2014,26(3): 398 - 400.

[200] BRUSH C G, CHAGANTI R. Businesses without glamour? An analysis of resources on performance by size and age in small service and retail firms[J]. Journal of Business Venturing, 1999,14(3): 233 - 257.

[201] CHRISMAN J J, BAUERSCHMIDT A, HOFER C W. The determinants of new venture performance: An extended model[J]. Entrepreneurship Theory and Practice, 1998(23): 5 - 30.

[202] IACOBUCCI D, ROSA P. The growth of business groups by habitual entrepreneurs: the role of entrepreneurial teams[J]. Entrepreneurship Theory and Practice, 2010,34(2): 351 - 377.

[203] ZHENG Y. Unlocking founding team prior shared experience: A transactive memory system perspective [J]. Journal of Business Venturing, 2012(27): 577 - 591.

[204] ZHAO Y L, SONG M, STORM G L. Founding team capabilities and new venture performance: the mediating role of strategic positional advantages[J]. Entrepreneurship Theory and Practice, 2014, 37 (4): 789 - 814.

[205] HINKIN T R. A brief tutorial on the development of measures for use in survey questionnaires[J]. Organizational Research Methods, 1998 (1): 104 - 121.

[206] BARON R A, ENSLEY M D. Opportunity recognition as the detection of meaningful patterns: evidence from comparisons of novice and

experienced entrepreneurs [J]. Management Science, 2006 (52):
1331 – 1344.

[207] FIET J O. The systematic search for entrepreneurial discoveries[M].
Praeger Pub Text, 2002.

[208] MUMFORD A. Learning styles and mentoring[J]. Industrial and
Commercial Training, 1995,27(8): 4 – 7.

[209] SHALLEY C E. Effects of coaction, expected evaluation, and goal
setting on creativity and productivity[J]. Academy of Management
Journal, 1995,38(2): 483 – 503.

[210] BATEMAN T S, CRANT J M. The proactive component of organizational
behavior: A measure and correlates[J]. Journal of organizational
behavior, 1993,14(2): 103 – 118.

[211] WATSON D, CLARK L A, TELLEGEN A. Development and validation of
brief measures of positive and negative affect: the PANAS scales[J].
Journal of personality and social psychology, 1988,54(6): 1063 – 1070.

[212] DE CLERCQ D, HONIG B, MARTIN B. The roles of learning
orientation and passion for work in the formation of entrepreneurial
intention[J]. International Small Business Journal, 2012, 31 (6):
652 –676.

[213] KREMER A L. Predictors of participation in formal and informal
workplace learning: demographics, situational, motivational and
deterrent factors[D]. Virginia: George Mason University, 2005.

[214] ARYEE S, CHU C W L. Antecedents and outcomes of challenging job
experiences: a social cognitive perspective[J]. Human Performance,
2012(25): 215 – 234.

[215] De PATER I E. Employees' challenging job experiences and supervisors'
evaluations of promotability[J]. Personnel Psychology, 2009,62(2):
297 – 325.

[216] DRAGONI L, TESLUK P E, HO I. Understanding managerial
development: integrating developmental assignments, learning

orientation and accesss to developmental opportunities in predicting managerial competencies[J]. Academy of Management Journal, 2009, 52(4): 731 - 743.

[217] COPE J. Entrepreneurial learning from failure: An interpretative phenomenological analysis[J]. Journal of Business Venturing, 2011, 26 (6): 604 - 623.

[218] DERUE D S, WELLMAN N. Developing leaders via experience: the role of developmental challenge, learning orientation, and feedback availability[J]. Journal of Applied Psychology, 2009, 94(4): 859.

[219] PAYNE S C, YOUNGCOURT S S, BEAUBIEN J M. A meta-analytic examination of the goal orientation nomological net[J]. Journal of Applied Psychology, 2007, 92(1): 128 - 150.

[220] DWEEK C S. Motivational processes affecting learning[J]. American Psychologist, 1986, 41(10): 1040 - 1048.

[221] BUSENITZ L W, III G P W, SHEPHERD D, et al. Entrepreneurship research in emergence: past trends and future directions[J]. Journal of Management, 2003(29): 285 - 308.

[222] GIBSON C, VERMEULEN F. A Healthy divide: subgroups as a stimulus for team learning behavior[J]. Administrative Science Quarterly, 2003, 48(2): 202 - 239.

[223] BARON R, KENNY D. The moderator-mediator variable distinction in social psychological research: conceptual, strategic, and statistical considerations[J]. Journal of Personality and Social Psychology, 1986 (51): 1173 - 1182.

[224] PODSAKOFF P M, MACKENZIE S B, LEE J. Common method biases in behavioral research: a critical review of the literature and recommended remedies[J]. Journal of Applied Psychology, 2003, 88 (5): 879 - 903.

[225] Van GELDEREN M, van de SLUIS L, JANSEN P. Learning opportunities and learning behaviours of small business starters: relations with goal

achievement，skill development and satisfaction[J]. Small Business Economics，2005,25(1)：97 - 108.

[226] RAVASI D，TURATI C. Exploring entrepreneurial learning：a comparative study of technology development projects[J]. Journal of Business Venturing，2005,20(1)：137 - 164.

[227] GULATI R. Network location and learning：The influence of network resources and firm capabilities on alliance formation[J]. Strategic management journal，1999,20(5)：397 - 420.

[228] LOASBY B J. A cognitive perspective on entrepreneurship and the firm [J]. Journal of Management Studies，2007,44(7)：1078 - 1106.

[229] BURKE J L，MURPHY R R. Human-robot interaction in USAR technical search：Two heads are better than one：Robot and Human Interactive Communication[C].ROMAN，2004. IEEE.

[230] ENSLEY M D，PEARSON A W，AMASON A C. Understanding the dynamics of new venture top management teams：cohesion，conflict，and new venture performance[J]. Journal of Business Venturing，2002,17(4)：365 - 386.

[231] SHROUT P E，FLEISS J L. Intraclass correlations：uses in assessing rater reliability[J]. Psychological bulletin，1979,86(2)：420.

[232] ROBINSON K C. An examination of the influence of industry structure on eight alternative measures of new venture performance for high potential independent new ventures[J]. Journal of Business Venturing，1999,14(2)：165 - 187.

[233] CAMPOS A，HORMIGA E. The state of the art of knowledge research in entrepreneurship：a ten-year literature review[M]//Welter F，Smallbone D，Van Gils A. Entrepreneurial Processes in a Changing Economy：Frontiers in European Entrepreneurship Research. Cheltenham：Elgar，Edward Publishing，Inc.，2012：177 - 208.

[234] CHEN Y，PAN J. Do entrepreneurs' developmental job challenges enhance venture performance in emerging industries? a mediated

moderation model of entrepreneurial action learning and entrepreneurial experience [J]. Frontiers in Psychology，2019，10 (1371)：1 - 11.

[235] RERUP C. Learning from past experience：Footnotes on mindfulness and habitual entrepreneurship[J]. Scandinavian Journal of Management，2005，21(4)：451 - 472.

[236] TESLUK P E，JACOBS R R. Toward an intergrated model of work experience[J]. Personnel Psychology，1998,51(2)：321 - 355.

[237] DINLERSOZ E M，MACDONALD G. The industry life-cycle of the size distribution of firms[J]. Review of Economic Dynamics，2009 (12)：648 - 667.

[238] ALDRICH. H E. Learning together：national differences in entrepreneurship research[M]//Sexton D L，Landstrom H. The Blackwell Handbook of Entrepreneurship. London：2000;5 - 25.

[239] FORBES D P，KIRSCH D A. The study of emerging industries：Recognizing and responding to some central problems[J]. Journal of Business Venturing，2011,26(5)：589 - 602.

[240] SARASVATHY S D. Causation and effectuation：toward a theoritical shift from economic inevitability to entrepreneurial contingency[J]. Academy of Management Review，2001,26(2)：243 - 263.

[241] LI H，ZHANG Y. The role of managers' political networking and functional experience in new venture performance：Evidence from China's transition economy[J]. Strategic Management Journal，2007,8 (28)：791 - 804.

[242] SIMON R A. Administrative behavior，a study of decision-making processes in administrative organization [M]. New York：The Macmillan Co.，1947.

[243] MARSICK V J，WATKINS K E. Informal and incidental learning in the workplace[M]. London：Routledge，1990.

[244] MCCAULEY C D，RUDERMAN M N，OHLOTT P J，et al. Assessing

the developmental components of managerial jobs[J]. Journal of Applied Psychology，1994,79(4)：544－560.

[245] BARON R A. The cognitive perspective：a valuable tool for answering entrepreneurship's basic "why" questions[J]. Journal of Business Venturing，2004,19(2)：221－239.

[246] SANTOS F M，EISENHARDT K M. Constructing markets and shaping boundaries：entrepreneurial power in nascent fields[J]. Academy of Management Journal，2009,52(4)：643－671.

[247] BARON R A，HENRY R A. How entrepreneurs acquire the capacity to excel：insights trom research on expert performance[J]. Strategic Entrepreneurship Journal，2010(4)：49－65.

[248] KEITH N，UNGER J M，RAUCH A，et al. Informal learning and entrepreneurial success：a longitudinal study of deliberate among small business owners[J]. Applied Psychology：an International Review，2016,3(65)：515－540.

[249] LAFONTAINE F，SHAW K. Serial entrepreneurship：learning by doing?[J]. Journal of Labor Economics，2016,34(S2)：217－254.

[250] FORBES D P. Managerial determinants of decision speed in new ventures[J]. Strategic Management Journal，2005(26)：355－366.

[251] DIMOV D. Nascent entrepreneurs and venture emergence：opportunity confidence，human capital，and early planning[J]. Journal of Management Studies，2009,47(6)：1123－1153.

[252] BECKER G S. Human capital：a theoretical analysis with special reference to education[M]. New York and London：The University of Chicago Press，1964.

[253] DINLERSOZ E，MACMILLAN G. The industry life-cycle of the size distribution of firms[J]. Review of Economic Dynamics，2009(12)：648－667.

[254] MCCAULEY C D，RUDERMAN M N，OHLOTT P J，et al. Assessing the developmental components of managerial jobs[J]. Journal of

Applied Phycology，1994，79(4)：544 - 560.

[255] SEIBERT S E，SARGENT L D，KRAIMER M L，et al. Linking Developmental experiences to leader effectiveness and promotability： the mediating role of leadership self-efficacy and mentor network[J]. Personnel Psychology，2017，70(2)：357 - 397.

[256] CARETTE B，ANSEEL F，LIEVENS F. Does career timing of challenging job assignments influence the relationship with in-role job performance? [J]. Journal of Vocational Behavior，2013，83(1)：61 - 67.

[257] PREENEN P T Y，De PATER I E，Van VIANEN A E M，et al. Managing voluntary turnover through challenging assignments [J]. Group & Organization Management，2011，36(3)：308 - 344.

[258] CAO J，HAMORI M. The impact of management development practices on organizational commitment[J]. Human Resource Management，2016, 55(3)：499 - 517.

[259] CHEN Y，WANG Z. The research on the progress of entrepreneurial action learning：Evidence from emerging industry [J]. Studies in Science of Science (Chinese)，2015，33(3)：419 - 431.

[260] ZOZIMO R，JACK S，HAMILTON E. Entrepreneurial learning from observing role models[J]. Entrepreneurship & Regional Development， 2017，29(2)：1 - 23.

[261] SOETANTO D. Networks and entrepreneurial learning：coping with difficulties[J]. International Journal of Entrepreneurial Behaviour and Research，2017，23(3)：547 - 565.

[262] LOCKE E A. Toward a theory of task motivation and incentives[J]. Organizational Behavior and Human Performance，1968，3(2)： 157 - 189.

[263] ZAHRA S A，ZHENG C，YU J. Learning advantages of newness：A reconceptualization and contingent framework [J]. Journal of International Entrepreneurship，2018，16(1)：12 - 37.

[264] UNGER J M，RAUCH A，FRESE M，et al. Human capital and

entrepreneurial success: A meta-analytical review [J]. Journal of Business Venturing, 2011,26(3): 341-358.

[265] HMIELESKI K M, CARR J C, BARON R A. Integrating discovery and creation perspectives of entrepreneurial action: the relative roles of founding CEO human capital, social capital, and psychological capital in contexts of risk versus uncertainty [J]. Strategic Entrepreneurship Journal, 2015,9(4): 289-312.

[266] UCBASARAN D, WRIGHT M, WESTHEAD P, et al. The impact of entrepreneurial experience on opportunity identification and exploitation: Habitual and Novice Entrepreneurs [M]//Katz J A, Shepherd D A. Cognitive Approaches to Entrepreneurship Research (Advances in Entrepreneurship, Firm Emergence and Growth, Volume 6). Emerald Group Publishing Limited, 2003:231-263.

[267] MULLER D, JUDD C M, YZERBYT V Y. When moderation is mediated and mediation is moderated[J]. Journal of Personality and Social Psychology, 2005,89(6): 852-863.

[268] SMART D T, CONANT J S. Entrepreneurial orientation, distinctive marketing competencies and organizational performance[J]. Journal of Applied Business Research (JABR), 1994,10(3): 28-38.

[269] WALL T D, MICHIE J, PATTERSON M, et al. On the validity of subjective measures of company performance[J]. Personnel Psychology, 2004,57(1):95-118.

[270] DAVIDSSON P, HONIG B. The role of social and human capital among nascent entrepreneurs[J]. Journal of Business Venturing, 2003, 18(3): 301-331.

[271] HMIELESKI K M, BARON R A. Entrepreneurs' optimism and new venture performance: a social cognitive perspective[J]. Academy of Management Journal, 2009,52(3): 473-488.

[272] FARMER S M, YAO X, KUNG-MCINTYRE K. The behavioral impact of entrepreneur identity aspiration and prior entrepreneurial

experience[J]. Entrepreneurship Theory and Practice，2011,35（2）：245 - 273.

[273] DAWES R M. Rational choice in an uncertain world[M]. New York：Harcourt Brace Jovanovich，1988.

[274] BRÜDERL J，PREISENDÖRFER P，ZIEGLER R. Survival chances of newly founded business organizations[J]. American Sociological Review，1992,57（2）：227 - 242.

[275] KIM P H，ALDRICH H E，KEISTER L A. Access（not）denied：the impact of financial，human，and cultural capital on entrepreneurial entry in the united states [J]. Small Business Economics，2006（27）：5 - 22.

[276] GLICK W H，JENKINS G D，GUPTA N. Method versus substance：how strong are underlying relationships between job characteristics and attitudinal outcomes? [J]. Academy of Management journal，1986,29（3）：441 - 464.

[277] SPECTOR P E. Using self-report questionnaires in ob research：a comment on the use of a controversial method [J]. Journal of Organizational Behavior，1994,15（5）：385 - 392.

[278] FORBES D P，KIRSCH D A. The study of emerging industries：Recognizing and responding to some central problems[J]. Journal of Business Venturing，2011（26）：589 - 602.

[279] COPE J，DOWN S. I think therefore I learn? Entrepreneurial cognition，learning and knowing in practice：Babson College Entrepreneurship Research Conference[C]. Lausanne，Switzerland，2010.

[280] CORBETT A C. Experiential learning within the process of opportunity identification and exploitation [J]. Entrepreneurship Theory and Practice，2005,29（4）：473 - 491.

[281] RAE D. Entrepreneurial learning：peripherality and connectedness[J]. International Journal of Entrepreneurial Behavior & Research，2017,23（3）：486 - 503.

［282］COPE J. Entrepreneurial learning from failure: An interpretative phenomenological analysis［J］. Journal of Business Venturing，2011,6 (26): 604 - 623.

［283］ZAHEER S，ALBERT S，ZAHEER A. Time scales and organizational theory［J］. Academy of Management Review，1999,24(4): 725 - 741.

［284］COOK T D，CAMPBELL D T，DAY A. Quasi-experimentation: Design & analysis issues for field settings［M］. Houghton Mifflin Boston，1979.

［285］WHETTEN D A. What constitutes a theoretical contribution? ［J］. Academy of Management Review，1989,14(4): 490 - 495.

［286］HANDFIELD R，MELNYK S. The scientific theory-building process: A primer using the case of TQM ［J］. Journal of Operations Management，1998,16(4): 321 - 339.

［287］YANG C. The relationships among leadership styles，entrepreneurial orientation， and business performance ［J］. Managing Global Transitions International Research Journal，2008,6(3): 257 - 276.

［288］COGLISER C C，BRIGHAM K H. The intersection of leadership and entrepreneurship: mutual lessons to be learned［J］. The Leadership Quarterly，2004,15(6): 771 - 799.

索 引

后 记

　　创业学习是嵌入情境且与行动紧密相连的学习过程。以往创业学习理论聚焦于传统行业下的个体学习行为。在新兴产业背景下,创业学习理论遇到新挑战:新兴产业的低经验性和低参照性使创业者面临更大的不确定性和挑战性,创业者的学习行为受情境特征影响更大;团队项目模式使创业者更需要依靠他人力量来实现创业成功。创业学习理论需要新的突破,创业学习的概念模型需要改变。基于该研究缺口,本书研究新兴产业创业情境下的创业行动学习内涵和概念结构,开发测量量表并建构理论模型。

　　本书是在我的博士论文《创业行动学习的特征和效能机制研究》的基础上,结合我所主持的国家自然科学基金青年课题的研究成果编写而成的。书中第4章和第7章已分别发表在中文期刊《科学学研究》和《软科学》上;第9章已发表在英文期刊 *Frontiers in Psychology* 上;第8章的部分研究已被中文期刊《中国人力资源社会保障》录用;另有部分研究正在与国外学者合作修改中,将投稿英文期刊。本书的读者对象为创业研究者,从事创业培训与咨询的工作者,以及高校从事创业教育工作的老师。

　　感谢我的导师——浙江大学王重鸣教授,感谢老师促进我研究创业者的行动学习行为,感谢老师在研究路上一直引领。我至今仍十分喜爱研究创业学习这个领域,并将继续努力探索。本书的完成也离不开我爱人倪思然先生的大力支持,感谢倪先生在润稿工作和家庭事务上的大量投入。当然,也不得不感谢倪婉清小朋友,你让本书的出版推迟了不少时间!

作者

2020 年 9 月